Rechtspolitische Implikationen von Gefährlichkeitsprognosen im Vollzug von Maßregeln nach § 63 StGB

Frankfurter kriminalwissenschaftliche Studien

Bd./Vol. 122

PETER LANG
Frankfurt am Main · Berlin · Bern · Bruxelles · New York · Oxford · Wien

Verena Maria Brenneis

Rechtspolitische Implikationen von Gefährlichkeitsprognosen im Vollzug von Maßregeln nach § 63 StGB

Zum Subjektstatus von Eingewiesenen

PETER LANG
Internationaler Verlag der Wissenschaften

Bibliografische Information der Deutschen Nationalbibliothek
Die Deutsche Nationalbibliothek verzeichnet diese Publikation in der Deutschen Nationalbibliografie; detaillierte bibliografische Daten sind im Internet über http://dnb.d-nb.de abrufbar.

Zugl.: Frankfurt (Main), Univ., Diss., 2009

D 30
ISSN 0170-6918
ISBN 978-3-631-60377-2

www.peterlang.de

MEINEN ELTERN

Gliederung

1. Einleitung **1**

2. Anmerkungen zu Grundlagen und Geschichte der forensischen Psychiatrie und Prognostik **7**

3. Begriff und Methode der Prognostik **17**

3.1 Zum Begriff der Prognose 17
3.2 Zum juristischen Krankheitsbegriff 21
3.3 Kriminalprognose und Gefährlichkeitsprognose 29
3.4 Anwendungsbereiche und Methoden der Prognostik im Maßregelvollzug 51
3.4.1 Anwendungsbereiche 51
3.4.2. Methoden 55

4. Wahrscheinlichkeit und Gefährlichkeit **62**

5. Grundrechte und Patientenrechte im Maßregelvollzug nach § 63 StGB 73

5.1 Grundrechte und Grundrechtseinschränkungen 73
5.2. Patientenrechte 78

6. Strafökonomie und Gesellschaft **81**

6.1 Ökonomie des Rechts: Grundlagen 81
6.2 Zur Rolle der Medien und der medialen Öffentlichkeit 87
6.3 Der Maßregelvollzug unter straf- und rechtsökonomischen Aspekten 93
6.4 Strafökonomie und Patientenrechte 103

7. Zur Methode und den Fragestellungen der empirischen Untersuchung 108

7.1 Grundsätzliche Überlegungen 108
7.2 Zur Methode 109

7.3 Zum „ethnographischen“ Forschungsansatz 117

8. Zusammenfassung und Analyse ausgewählter Interviews 120

8.1 Grundsätze 120
8.2 Analyse der Interviews 124
8.2.1 Zum Umgang mit der Tat und mit den Motiven 124
8.2.2 Therapeutische Ansätze vor der Tat 126
8.2.3 Therapeutische Bearbeitung der Tat im Maßregelvollzug 128
8.2.4 Zur Selbsteinschätzung der Rückfallgefährlichkeit 132
8.2.5 Zur Einschätzung der Gutachter und ihrer Prognostik 134
8.2.6 Vollzugslockerung, soziale Kontakte und Nachbetreuung 136
8.2.7 Zur Rolle der Medien 138
8.2.8 Grundrechte und Grundrechtseinschränkungen zum Subjektstatus von Eingewiesenen 140

9. Fazit 147

Literatur 151

Abkürzungsverzeichnis

Abs.	Absatz
a.F.	alte Fassung
Aks-Rundbrief	Arbeitskreis der Sprachzentren (Zeitschrift)
Anm.	Anmerkung
Auf.	Auflage
Bd.	Band
Beschl.	Beschluss
BGBl.	Bundesgesetzblatt
BGH	Bundesgerichtshof
BGHST	Amtliche Sammlung der Entscheidung des Bundesgerichtshofes in Strafsachen
Bl.	Blatt
bspw.	beispielsweise
BT	Bundestag
BT-Drucksache	Drucksache des Deutschen Bundestages
BVerfG	Bundesverfassungsgericht
BVerfGE	Bundesverfassungsgerichtsentscheidung
bzgl.	bezüglich
bzw.	beziehungsweise
ders.	derselbe/dieselbe
d.h.	das heißt
DFG	Deutsche Forschungsgemeinschaft
ebd.	ebenda
et al.	und andere
f.	folgende Seite
ff.	folgende Seiten
Fußn.	Fußnote
GG	Grundgesetz
Hrsg.	Herausgeber
i.S.	im Sinne

Jg.	Jahrgang
Jura	Juristische (Zeitschrift)
JVA	Justizvollzugsanstalt
JVKostO	Justizverwaltungskostenordnung
Kap.	Kapitel
KG	Kammergericht
KrimZ	Kriminologische Zentralstelle e.V. Forschungsinstitut für Kriminologie mit Spezialsammlung relevanter Literatur
LKH	Landeskrankenhaus
m.n.w.	mit weiteren Nachweisen
MschKrim	Monatsschrift für Kriminologie und Strafrechtsreform
Nr.	Nummer
NRW	Nordrhein-Westfalen
NS	National Sozialismus
NStZ	Neue Zeitschrift für Strafrecht (Zeitschrift)
NStZ- RR	Neue Zeitschrift für Strafrecht-Rechtsprechungsreport
NZS	Neue Zeitschrift für Sozialrecht
ÖAR	Ökonomische Analyse des Rechts
OLG	Oberlandesgericht
o.O.	ohne Ortsangabe
R & P	Recht und Psychiatrie (Zeitschrift)
RStGB	Reichsstrafgesetzbuch
s.	siehe
S.	Seite
StGB	Strafgesetzbuch
StPO	Strafprozessordnung
StVollzG	Strafvollzugsgesetz
u.a.	unter anderem
Urt.	Urteil
usw.	und so weiter
u.U.	unter Umständen

v.	vom
vgl.	vergleiche
z.B.	zum Beispiel
z.T.	zum Teil
zit.	zitiert

1. Einleitung

Der Maßregelvollzug ist seit einigen Jahren verstärkt in der öffentlichen Diskussion. Einzelne Vorkommnisse während Vollzugslockerungen oder nach der Entlassung von Eingewiesenen, insbesondere bei Sexualstraftätern sind von den Medien aufgegriffen worden, und in der Öffentlichkeit ist auf diese Weise das Gefühl einer gefährlichen Bedrohungslage entstanden, die von diesen Eingewiesenen ausgehe.

Umfragen haben ergeben, dass trotz eines signifikanten Rückganges der Kriminalitätsrate insbesondere im Bereich der Sexualdelinquenz[1] in den letzten 15 Jahren die ‚gefühlte' Einschätzung der Bevölkerung von einer umgekehrten Tendenz ausgeht. Dabei haben sich Fehleinschätzungsmargen von z.T. mehreren 100 % herausgestellt.

Die Politik hat sich aus diesem Grunde unter dem Druck der öffentlichen Meinung zu einer Reihe von Einschränkungen und Verschärfungen im Maßregelrecht entschieden. Dennoch ist in der Bevölkerung – sicherlich vor allem aufgrund der Berichterstattung in den Medien – der Eindruck einer gefährlichen Bedrohungslage, insbesondere durch Sexualdelinquenten, unverändert geblieben. Spektakuläre Fälle, wie z.B. der Inzest von Amstetten in Österreich, die nachgerade einen Medienhype ausgelöst haben, rufen immer wieder einen allgemeinen Aufschrei und den Ruf nach mehr Sicherheit und Kontrolle hervor. Aus wahltaktischen – häufig recht populistisch formulierten Gründen – folgt die Politik diesen Forderungen. Unvergessen ist in diesem Zusammenhang die Formulierung des ehemaligen Bundeskanzlers, Gerhard Schröder im Blick auf Sexualstraftäter: "Wegschließen für immer."[2]

Immer wieder wird von einem Teil der Medien der Vorwurf erhoben, der Maßregelvollzug sei in seiner Organisation insgesamt ‚zu lax', gefährliche Straftäter würden mit zuviel Nachsicht behandelt. Vor allem die Sachverständigen, deren Prognosen bezüglich einer möglichen Legalbewährung von Tätern von den zuständigen Gerichten angefordert werden, sehen sich inzwischen fast als die ‚Prügelknaben der Nation'.

Vor diesem Hintergrund setzt die vorliegende Arbeit an, indem sie sich die forensische Psychiatrie, insbesondere aber die Wahrscheinlichkeitsaussagen bei Kriminalprognosen zum einen unter ökonomischen Gesichtspunkten vornimmt, zum anderen aber dabei auch vor allem die Aspekte von Grund-

---

[1] Insbesondere gilt dies für sexuell motivierte Kindstötungen.

[2] In: Bild am Sonntag, 08.07.2001.

rechten der Eingewiesenen und Patientenrechten thematisiert, die leider nur allzu oft gerade in diesem Zusammenhang vernachlässigt werden.

Dabei besteht hier ein ausgeprägtes Spannungsverhältnis zwischen Prognostik, Strafökonomie und Grundrechten, d.h. zwischen den Erfordernissen eines geordneten Maßregelvollzuges einerseits und dem Subjektstatus der Eingewiesenen andererseits, dessen inneren Widersprüche mit der allgemein formulierten Forderung, eine angeordnete Maßnahme müsse sowohl geeignet als auch erforderlich sein sowie ein „angemessenes Verhältnis zwischen der Bedeutung (dem Rang bzw. der Wertigkeit) des mit der Einschränkung [von Grundrechten] bezweckten öffentlichen Interesses und der Einschränkung selbst" aufweisen,[3] allenfalls unzureichend beschrieben aber keineswegs abgemildert werden können.

In der Prognostik geht es im Grunde um dichotome Ja-Nein-Entscheidungen der Gerichte z.B. über Vollzugslockerungen, Aussetzungen von Strafresten zur Bewährung oder Entlassungen aus dem Maßregelvollzug, die differenzierte Gutachten nur in einem begrenzten Maße unterstützen oder gar abdecken können. Es handelt sich hier im Grunde um ein Dilemma, in dem sich Gerichte und Sachverständige befinden, das sich nicht ohne weiteres auflösen lässt, zumal wenn diese sich darum bemühen, den Subjektstatus von Eingewiesenen zu respektieren, und Patientenrechte anzuerkennen.

Dass es hier nicht nur darum geht, die Beziehung von Grundrechten und Grundrechtseinschränkungen im Maßregelvollzug angemessen zu gestalten, sondern dass es sich letzten Endes auch unter ökonomischen Gesichtspunkten „lohnt", den Subjektstatus und die Patientenrechte von Eingewiesenen zu respektieren, wird die vorliegende Arbeit zum einen auf theoretischer Basis nachzuweisen versuchen. Zum anderen zeigen aber auch die im empirischen Teil der Untersuchung analysierten Interviews mit Eingewiesenen, dass der Respekt vor dem Subjektstatus und den Patientenrechten in vielfältiger Hinsicht eine wichtige Voraussetzung für erfolgreiche therapeutische Arbeit zu sein scheint.

Die vorliegende Untersuchung beginnt mit einer Reihe von Begriffsdefinitionen. Dies mag auf den ersten Blick erstaunen, aber es wird sich herausstellen, dass bei den Begriffen Prognose, psychische Krankheit, den Diskrepanzen zwischen juristischem und medizinischem Krankheitsbegriff oder gar dem Begriff der Gefährlichkeit nach wie vor erheblicher Klärungsbedarf besteht (Kap. 3.1 bis 3.3). Solange dies so bleibt, wird sich auch die deutlich

---

[3] Kammeier (2002) S. 60

spürbare Unsicherheit der Verantwortlichen bezüglich der Patientenrechte von Eingewiesenen nicht auflösen lassen.

Der zweite Arbeitsschritt der vorliegenden Untersuchung befasst sich ebenfalls mit fortbestehenden Abgrenzungs- und Definitionsproblemen sowie ihren rechtspolitischen Implikationen. Er setzt sich mit den Problemen psychiatrischer Prognostik vor dem Hintergrund des vielfältigen und differenzierten Begriffsfeldes der psychischen Krankheit auseinander und klärt die Einsatzfelder sowie den rechtlichen Bezugsrahmen von psychiatrischer Prognostik (Kap. 3.4).

Der dritte Arbeitsschritt fokussiert die Anwendungsbereiche und Methoden der Prognostik im Maßregelrecht. Hier sind die thematischen Schwerpunkte vor allem die Einweisungsprognose und die Behandlungsprognose. Darüber hinaus werden die Methodenfragen der Kriminalprognostik einer kritischen Analyse unterzogen.

Der nächste Arbeitsschritt befasst sich mit den Aspekten von Wahrscheinlichkeit und Gefährlichkeit in der psychiatrischen Kriminalprognostik sowie mit der im Grunde unlösbaren Aufgabe, auf der Basis von Wahrscheinlichkeitsaussagen dichotome Entscheidungen treffen zu müssen (Kap. 4).

Das oben bereits erwähnte Spannungsfeld zwischen Grundrechten, und Patientenrechten einerseits sowie Grundrechtseinschränkungen und den Erfordernissen eines geordneten Vollzuges andererseits behandelt der darauf folgende Abschnitt der vorliegenden Untersuchung (Kap. 5).

Den Abschluss des vorwiegend theoretischen Teils der Abhandlung bildet die Auseinandersetzung mit den Fragen von Strafökonomie und Gesellschaft, der Frage also nach einer Ökonomik des Rechts, die in der Lage sein sollte, Nutzen und Effizienz von Gesetzen zu bestimmen (Kap. 6). In diesem Zusammenhang wird auch die Rolle der Medien, insbesondere bei der Beeinflussung der öffentlichen Meinung bezüglich einer scheinbar immer bedrohlicher werdenden Sexualdelinquenz ausführlich diskutiert. Darüber hinaus wird auch vor diesem Hintergrund der Zusammenhang zwischen Grundrechten, Patientenrechten und Strafökonomie thematisiert (Kap. 6.4).

An dieser Stelle gilt es kurz ein gliederungstechnisches Problem anzusprechen. Das Ökonomie-Kapitel ist in meiner Arbeit vor allem deshalb dem Kapitel über Grund- und Patientenrechte nachgeordnet, weil die verfassungsrechtlichen Erwägungen es erst ermöglichen, den ökonomischen Überlegungen den angemessenen Rahmen zu geben. Eine andere Gewichtung und Anordnung würde argumentationslogisch dazu führen, den ökonomischen Aspekt des Maßregelvollzuges tendenziell im Sinne reiner Effizienzgesichtspunkte zu betrachten, ihn also den verfassungsrechtlichen vor- und damit überzuordnen.

Die Gliederungssystematik hängt vor allem auch mit meinem Begriff von Rechtsökonomie, bzw. Strafökonomie zusammen. Hier geht es eben nicht in erster Linie um betriebswirtschaftliche Fragen von Landeskrankenhäusern. Diese spielen zwar durchaus eine Rolle, aber sie sind im Rahmen übergeordneter Überlegungen, im Sinne gesellschaftlicher, verfassungsrechtlicher und in letzter Instanz eben auch rechtsphilosophischer Fragestellungen zu betrachten.

Insofern unterscheidet sich mein Analyse-Ansatz grundlegend von Autoren, wie z.B. Horst Entorf.[4] Seine Analyse ist eine betriebswirtschaftliche Kosten-Nutzen-Untersuchung und hebt daher ausschließlich auf Effizienzgesichtspunkte wie Belegungszahlen, Verweildauer oder Größe der Einrichtungen ab. Mein Argumentationsduktus hingegen kommt von den verfassungsrechtlichen Grundlagen her. Er bezieht sich auf eine Stärkung des Subjekt-Status der Eingewiesenen und zeigt erst indirekt, dass es durchaus auch im Sinne von Effizienz sinnvoll ist, einen humanen Maßregelvollzug sicher zu stellen.

Die Ergebnisse der theoretischen Erwägungen fließen ein in die Leitfragen einer empirischen Untersuchung, die ich in drei verschiedenen Landeskrankenhäusern durchgeführt habe. Hier sind nach den Methoden der qualitativen Sozialforschung Interviews mit insgesamt 107 Eingewiesenen durchgeführt worden. (Kap. 7 und 8).

Die Analyse dieser Interviews wird gegliedert dargestellt. Im Mittelpunkt stehen neben der Auseinandersetzung um Grundrechte und Patientenrechte die Anlasstat und ihre Motive, therapeutische Ansätze vor der Tat, die therapeutische Bearbeitung der Tat im Maßregelvollzug, die Selbsteinschätzung der Rückfallwahrscheinlichkeit, die Einschätzung der Sachverständigen und ihrer Prognostik durch die Eingewiesenen sowie schließlich Vollzugslockerungen, soziale Kontakte und die Möglichkeit einer Nachbetreuung im Gefolge einer Entlassung.

Ich möchte es an dieser Stelle nicht versäumen, mich bei den Patienten sowie den vielen Mitarbeiterinnen und Mitarbeitern der untersuchten Landes-

---

[4] Vgl. u.a. Entorf (2007) S. 2 ff. sowie Entorf/ Meyer/ Möbert (2008) S. 3 ff.

krankenhäuser zu bedanken, deren Unterstützung ich bei der organisatorischen Abwicklung der Interviews erfahren durfte, und die meine Arbeit mit Rat und Tat begleitet haben. Gleichsam „pars pro toto“ danke ich hier ganz besonders Herrn Dr. Martin Schott, dem Ärztlichen Direktor des Landeskrankenhauses Moringen, der mich insbesondere auch bei meinen Interviews vor Ort beraten und unterstützt hat, sowie Herrn Volker Thesing, dem Regionalgeschäftsführer der Asklepios Kliniken. Ich hatte bei meiner Arbeit das große Glück, Menschen zu treffen, deren Engagement Eingewiesenen gilt, die zu Recht oder zu Unrecht im öffentlichen Ansehen am untersten Ende der Skala stehen, die aber dennoch Hilfe brauchen.

Und diese Hilfe kann ganz unterschiedlicher Art sein: Medizinische Hilfe, therapeutische Hilfe oder die Unterstützung durch Freunde und Verwandte. Wichtig scheint mir jedoch vor allem zu sein, dass die Eingewiesenen anerkannt werden als Patienten mit ihnen zustehenden Rechten und vor allem als Menschen, deren Menschenwürde zu achten ist.

An dieser Stelle ist weiterer Dank abzustatten: Herrn Professor Dr. Dirk Fabricius, der die vorliegende Arbeit als ein „Doktorvater“ im klassischen Sinne mit profunden Anregungen und großem Engagement betreut hat, sowie Herrn Professor Dr. Wolfgang Naucke, der als Zweitgutachter tätig geworden ist, und dem die Druckfassung dieser Arbeit einige wichtige Anregungen und kenntnisreiche Hinweise verdankt.

Ein besonderer Dank gilt auch Herrn Dr. Heinz Kammeier für die vielen fruchtbaren Gespräche, Diskussionen und Anregungen, die er mir als einer der führenden deutschen Experten auf dem Gebiet des Maßregelvollzuges ermöglicht hat. Dank sage ich an dieser Stelle auch Herrn Dr. Matthias Meyn für seine Hinweise und Anregungen auf dem Feld der Ökonomik des Rechts sowie bei methodischen Fragen der Empirischen Sozialforschung, die bei meinen Interviews und ihrer analytischen Bearbeitung zu berücksichtigen waren.

Besonderer Dank gilt auch meiner Familie, insbesondere meinen Eltern, denen ich dieses Buch gewidmet habe. Alle Beteiligten haben die ihnen zugemuteten Belastungen, die sich aus meiner Doppelrolle als einer Doktorandin, die bereits ihren Beruf als Rechtsanwältin auszuüben hatte, und als Mutter eines Neugeborenen zwangsläufig ergaben, mit bewundernswertem Gleichmut und ausdauernder Unterstützung nicht nur „ertragen“ sondern großmütig und geduldig ausgefüllt. Hier sind insbesondere meine Schwester, Dagmar Puritz, der ich für das nicht immer leichte Korrekturlesen zu danken habe, und mein Schwager, Dr. Ernst-Wolfgang Puritz, der neben anfallenden

Korrekturarbeiten auch die für die Drucklegung notwendigen Formatierungen vorgenommen hat, zu nennen. Last not least habe ich an dieser Stelle meinen Sohn Maximilian zu erwähnen, dem ich es nachsehe, wenn sein erstes gesprochenes Wort nicht „Mama“, sondern „Maßregelvollzug“ sein wird.

2. Anmerkungen zu Grundlagen und Geschichte der forensischen Psychiatrie und Prognostik

Nach der Definition von Kröber bedeutet forensische Psychiatrie „die wissenschaftliche Sichtung, Auswertung und Darstellung der Erfahrung aus psychiatrischer Begutachtungs- und Forschungstätigkeit, die sich in den letzten Jahrhunderten entwickelt und zu einem großen Bestand an empirischem Wissen geführt hat. Dies geschieht im Abgleich mit anderen psychiatrischen Forschungsfeldern, aber auch in der kriminologischen Forschung."[5] Forensische Psychiatrie sei zwar einerseits ‚Gehilfe des Gerichts', aber andererseits auch eine medizinische Fachdisziplin und gleichzeitig eine empirische Sozialwissenschaft. „Es geht um die grundlegende Abklärung der Bedeutung von psychischer Verfassung, Persönlichkeit und psychischer Krankheit für die Bewährung des Einzelnen in der Begegnung mit den anderen und mit den sozialen Anforderungen und Regeln."[6]

Das Arbeitsfeld der forensischen Psychiatrie ist somit interdisziplinär angelegt. Es reicht von zivil- und arbeitsrechtlichen Fragen bis hin zur Gefährlichkeitsprognostik, wobei für das Fach insgesamt vor allem das Strafrecht im Hinblick auf Begutachtung, Prävention und Intervention von Bedeutung ist. „Forensische Psychiatrie wird daher häufig mit Kriminalpsychiatrie gleichgesetzt. Sicherlich ist dies ein wichtiger Bereich, aber sie erschöpft sich nicht darin; weitere Schwerpunkte sind die zivil- und sozialrechtliche Begutachtung sowie das Betreuungsrecht."[7]

Die interdisziplinäre Anlage der forensischen Psychiatrie bringt es mit sich, dass die ursprünglich medizinische Ausrichtung des Faches zum einen in Richtung auf psychologische Fragen erweitert werden musste, vor allem auch aber zum anderen, dass die forensische Psychiatrie von ihrer Schwerpunktaufgabe her in der Lage sein muss, sich Juristen verständlich zu machen, wenn sie denn diese Aufgabe erfolgreich bewältigen will: „Die forensische Psychiatrie ist [somit] in besonderer Weise auf Interdisziplinarität angelegt und steht im regen Gedankenaustausch mit Juristen, Kriminologen und Kriminalisten, Psychologen, Sozialwissenschaftlern, aber auch Rechtsmedizinern, Neurologen und Neurobiologen."[8]

---

[5] Kröber (2007) S. 1
[6] Ebd. S. 1
[7] Ebd. S. 1, vgl. auch Blasius (1994) S. 9 ff. sowie Leygraf (2006) S. 87 ff. und Melzer (2001) S. 2 ff.
[8] Kröber (2007) S. 3

Ihre in Zuarbeit für die Gerichte bedeutsamste Funktion hat die forensische Psychiatrie in der Begutachtung der Täterbehandlung und des strafrechtlichen Umgangs mit delinquent gewordenen Menschen. Hier geht es vor allem um die Frage, ob eine rechtlich relevante Fähigkeit möglicherweise durch eine psychische Störung beeinträchtigt war, wobei der psychiatrische Sachverständige auf der Basis umfassender medizinischer Kenntnisse und klinischer Erfahrungen über Persönlichkeitsstörungen, sexuelle Deviationen, und Anpassungsstörungen zu befinden hat. Dabei gibt es durchaus unterschiedliche fachliche Zugänge zum Gesamtbereich der forensischen Psychiatrie.

Grob unterschieden werden kann im Rahmen der vorliegenden Untersuchung zwischen einem eher psychologischen Zugang, der von der Psychologie der normalen psychischen Abläufe ausgeht, und einem eher psychiatrischen Zugang, der von der Psychopathologie herkommt. „Das genuin psychiatrische ist [...] die kasuistisch-biographische Auseinandersetzung mit der real existierenden, psychisch auffälligen einzelnen Person unter Handlungs- und Entscheidungsdruck.“[9] Während infolgedessen der Psychiater bei der Begutachtung einer Täterpersönlichkeit vor allem von der Beschwerdeschilderung des Patienten ausgeht und großen Wert auf die biographische Anamnese legt, würde der Psychologe eher mit standardisierten Fragebögen arbeiten, um eine an Durchschnittswerten orientierte Befunderhebung zu erzielen. Das heißt jedoch keineswegs, dass ein als Sachverständiger beauftragter Psychologe nicht auch im Rahmen einer explorativen Gesprächsführung Anamnesedaten erheben kann, oder dass ein Psychiater niemals standardisierte Fragebögen verwenden würde. Viele klinische Psychologen bzw. psychologische Psychotherapeuten arbeiten ebenfalls hauptsächlich mit dem Mittel der Exploration. Dennoch sind in diesem komplexen Bereich die den jeweiligen beruflich-fachlichen Orientierungen und Ausbildungsgängen zuzuordnenden Akzentuierungen bemerkenswert.

Als strafgerichtlich beauftragte Sachverständige führen forensische Psychologen und Psychiater Untersuchungen durch, um dem zuständigen Gericht die Grundlagen für eine Einschätzung zu liefern, zum Beispiel indem sie die Schuldfähigkeit eines Angeklagten analysieren oder in einer Prognose über das Fortbestehen der Gefährlichkeit eines Verurteilten gutachten.

Dabei ist allerdings nach Apfelbaum streng zwischen psychiatrischen Gutachtern und Therapeuten zu unterscheiden: „Therapeuten haben die primäre Pflicht, die Interessen ihrer Patienten zu vertreten und entsprechend den

---

[9] Ebd. S. 4 f. sowie Melzer (2001) S. 2 und Blasius (1980) S. 10

Prinzipien von Benefiz und Normaleffizienz Beeinträchtigungen und Schädigungen zu vermeiden. Die Patienten können darauf vertrauen, dass das, was sie dem Arzt anvertrauen, nur zu ihrem Nutzen verwendet wird. Forensische Psychiater [haben] hingegen ein anderes ethisches Bezugssystem, das sich aus den legitimen Interessen des Justizsystems [ableitet].“[10] Insbesondere fehlt dem forensischen Psychiater, wenn er als Sachverständiger für das Gericht tätig wird, das Schweigerecht des Therapeuten. Hier handelt es sich vor allem um eine Frage der jeweiligen Rolle oder Funktion. In jedem Falle dürfte es sich als nachteilig erweisen, einen Sachverständigen ohne therapeutische Erfahrung einzusetzen, da ohne eine solche Erfahrung die diagnostischen Aufgaben eines Gutachtens wohl kaum befriedigend zu lösen sind.

In der Praxis des Maßregelvollzuges z.B. lassen sich therapeutische und gutachterliche Tätigkeiten jedoch nicht immer sauber von einander trennen.[11] Im Vollzug tätige Therapeuten werden in der Regel auch zur Begutachtung von Möglichkeiten zur Vollzugslockerung oder bei beabsichtigten Einschränkungen von Patientenrechten herangezogen. „Im strafrechtlichen Bereich ist aber nach den in Deutschland etablierten Standards bei gewichtigen Entscheidungen (Schuldfähigkeit, Unterbringung, bedingte Entlassung) eine klare Trennung von Gutachter und Therapeuten geboten. Dies folgt nicht nur Fairnessgesichtspunkten sondern hat auch pragmatische Gründe: Die intime Kenntnis aus der therapeutischen Beziehung, die aber auch vereinseitigen kann, soll ergänzt werden durch den ‚fremden' Blick von außen.“[12]

Dabei ist die Geschichte der Psychiatrie, wie Blasius schreibt, fraglos „ein Teil der Medizingeschichte.“[13] Mit ihr teilt sie auch den optimistischen Fortschrittsglauben, der davon ausgeht, dass die Erkenntnisfortschritte der Medizin kontinuierlich zugenommen haben und den kranken Menschen zugute gekommen sind.[14] Ein sozialgeschichtlicher Zugriff auf die Geschichte der Psychiatrie ist vor allem erst durch die Arbeiten von Foucault eröffnet worden, der zugleich mit seiner ‚Geschichte des Wahns’ eine sozialgeschichtliche Theorie der bürgerlichen Gesellschaft entworfen hat.[15]

Blasius fasst die Grundidee Foucaults wie folgt zusammen: „Foucaults Ansatz hat die historische Beschäftigung mit Fragen der Sozialpathologie be-

---

[10] Apfelbaum (1990 und 1997) zit. nach Kröber (2006) S. 8

[11] Vgl. Boetticher u.a. (2006) S. 537 ff. sowie Nedopil (2002) S. 87 ff.

[12] Kröber (2006) S. 8

[13] Blasius (1994) S. 9

[14] Vgl. Huber (1987) S. 25

[15] Vgl. Foucault (1969) S. 227

sonders im angelsächsischen und französischen Sprachbereich angeregt. Hier war man aufnahmebereiter für die provokante These, dass der Bildungsprozess der neuzeitlichen Gesellschaft keineswegs im Zeichen des Fortschritts, der Mehrung der bürgerlichen Freiheiten und der Verwirklichung von Menschenrechten gestanden habe. Den Gesellschaftsentwurf der Aufklärung rückte Foucault in die Perspektive einer geradezu dämonologisch gefassten ‚Disziplinargesellschaft', die immer verfeinerte Techniken der Sozialkontrolle ausgebildet habe. Irrenhaus und Gefängnis sollten in dieser Lesart den Formationsprozess eines gesellschaftlichen Zwangszusammenhangs symbolisieren, der sich wie ein nicht abschüttelbarer Mehltau auf das Denken und Handeln des modernen Menschen gelegt hat."[16]

Neben seiner Untersuchung zum Thema ‚Wahnsinn und Gesellschaft', in der er vor allem auf die Geschichte des gesellschaftlichen Umgangs mit den unterschiedlichen Phänomenen des ‚Wahnsinns' eingeht, hat Foucault in seinem Werk ‚Überwachen und Strafen' die historische Entwicklung der Strafsysteme und Gefängnisse in Europa im Blick. Er beschreibt hier das ‚Einschließen', ‚Bestrafen' und ‚Überwachen' als eine spezifische Machttechnik der bürgerlichen Gesellschaft, die der Repression individueller Freiheiten diene. Die moderne Gesellschaft ist daher in der Tat aus der Sicht Foucaults eine ‚Disziplinargesellschaft'. Gefängnisse und psychiatrische Krankenhäuser stellen aus dem analytischen Blickwinkel Foucaults nachgerade einen Kulminationspunkt gesellschaftlicher Repression dar.[17]

Vor diesem Hintergrund können an die historische Entwicklung von Maßregelvollzug und forensischer Psychiatrie sicherlich eine Reihe von kritischen Fragen gestellt werden. So diagnostiziert Castel in Anlehnung an die Thesen Foucaults eine repressive Grundierung der Psychiatriegeschichte. Die Psychiatrie sei von einer Vernunft konstruiert worden, die „alles den Rhythmus des bürgerlichen Lebens Störende habe ausmerzen und in streng bewachten Psychiatriekasernen einschließen wollen."[18]

So anregend die Denkanstöße Foucaults auch sein mögen, festzuhalten bleibt, dass der Schwerpunkt seiner Argumentation auf der Entstehung der bürgerlichen Gesellschaften in Europa seit dem 18. bis hinein ins 19 Jahrhundert liegt. Blasius bemerkt zu Recht: „Die Geschichte der Psychiatrie in Deutschland, und das gilt auch für deren Tiefstand in der Zeit des Nationalsozialismus, sollte nicht zu ideologischen Fixpunkten hin verlängert, son-

---

[16] Blasius (1994) S. 9 f. sowie Foucault (1969) S. 523 ff und Foucault (1975/ 1994) S. 17 ff.
[17] Vgl. Foucault (1975/ 1994) S. 235 f.
[18] Blasius (1994) S. 11, vgl. auch Castel (1979) S. 21 f.

dern an die großen Verlaufslinien der neueren deutschen Geschichte angeschlossen werden."[19]

Die rechtliche Grundlage für den psychiatrischen Maßregelvollzug ist am 24.11.1933 durch das von der nationalsozialistischen Regierung erlassene ‚Gesetz gegen gefährliche Gewohnheitsverbrecher und über die Maßregeln der Sicherung und Besserung' gelegt worden.[20] Es handelte sich jedoch hier keineswegs um ein Gesetz gleichsam aus nationalsozialistischem Gedankengut, sondern es war Ergebnis einer „jahrzehntelangen Diskussion über mögliche Sicherungsmaßnahmen gegenüber gefährlich erscheinenden psychisch kranken oder gestörten Rechtsbrechern."[21] Eine vergleichbare Diskussion hat es dabei nicht nur in Deutschland gegeben, sondern im Zusammenhang mit sozialdarwinistischem und eugenischem Gedankengut auch in den USA oder auch in einigen skandinavischen Ländern. Eine auf Deutschland beschränkte direkte Herleitung von Kontinuitäten oder auch Diskontinuitäten kann daher nur mit aller Vorsicht vorgenommen werden.

Das heute im Strafgesetzbuch festgeschriebene System von Maßregeln war im Reichsgesetzbuch von 1871 noch nicht vorgesehen.[22] Hier war lediglich eine Bestrafung von Tätern möglich. Damals wie heute setzte allerdings Strafe die „Vorwerfbarkeit des geahndeten Verhaltens, d.h. die Schuldfähigkeit des Täters voraus. Handelte der Täter ohne Schuld, so hatte nach dem RStGB eine Verurteilung zu unterbleiben, eine andere – strafrechtliche – Möglichkeit der Einflussnahme auf den Täter bestand nicht."[23] Lag also keine Schuldfähigkeit vor, so hatte auf der Grundlage dieser Regelung der Schutz der Allgemeinheit strafrechtlich keine Relevanz, es konnte jedoch mit polizeilichen Eingriffsbefugnissen auf eine akute Gefährdungslage reagiert werden. Erst das Gesetz gegen gefährliche Gewohnheitsverbrecher eröffnete die Möglichkeit einer Anordnung von Maßregeln, die der Reaktion auf ein Delikt durch eine Strafe zur Seite gestellt werden konnte.

In der Tat war dieses Gesetz zunächst nicht Ergebnis nationalsozialistischer Ideologie. Es wurde aber recht bald von den Nazis für ihre Zwecke der Rassehygiene sowie der Herrschaftsideologie von ‚Starken und Gesunden' und von einem ‚gesunden Volkskörper' missbraucht. Beispiel hierfür ist die Maßregel der Kastration.[24] Kammeier bemerkt zu Recht: „Das Maßregel-

---

[19] Blasius (1994) S. 13 f. vgl. auch Dörner (1988) S. 83 f.
[20] Vgl. Leygraf (1988) S. 1 sowie ders. (2006) S. 87 f.
[21] Leygraf (2006) S. 87, vgl. auch Kröber (2001) S. 147 ff.
[22] Vgl. Müller (1997) S. 16 ff.
[23] Melzer (2001) S. 2
[24] Vgl. Melzer (2001) S. 3 sowie Leonhardt/Foerster (1996) S. 163

recht zeigt sich am Ende der Weimarer Republik als ein ambivalenter kriminalpolitischer Modernismus, der fast nahtlos zum Bestandteil der Ausgangsbasis für eine faschistische Umgestaltung des Strafrechts wird, eines Strafrechts, das Ausdruck der Gesellschafts- und Herrschaftsideologie der Starken und Gesunden ist, die Kranke, ‚Minderwertige', Unangepasste und andere per definitionem sozial Ausgegrenzte entrechtet, zwangsweise sterilisiert und schließlich systematisch ermordet."[25]

In einer zeitgenössischen Begründung zur Verabschiedung des Gewohnheitsverbrechergesetzes von 1933 heißt es: „Nach den Zahlen über die Zunahme der schweren Verbrechen war der Zusammenbruch des Zwischenreiches[26] so offenkundig, dass längeres Zögern ein Verbrechen an der Volksgemeinschaft bedeutet hätte. Gesetzgebung und Verwaltung hatten seit Kriegsende immer nur zu Milderungen in der Strafrechtspflege Anlass gefunden [...]. Die Verweichlichung des Strafvollzugs hatten die Strafrechtspflege jedes Ansehens beraubt und ihre Schlagkraft völlig unterhöhlt; kein Wunder, dass das berufsmäßige Verbrechertum überzeugt war, goldene Tage zu verleben, und glaubte der Strafrechtspflege geradezu spotten zu können [...]. Diesen Zuständen musste schleunigst ein Ende gemacht werden."[27] Dass eine solche Begründung nur recht wenig mit der kriminalstatistisch festgehaltenen damaligen Realität zu tun hatte,[28] eröffnet bezeichnende Parallelen zur aktuellen öffentlichen Diskussion des Themas.[29]

Das Maßregelrecht galt trotz seines Missbrauchs durch die Nationalsozialisten denn auch nach dem Zusammenbruch der Nazi-Herrschaft nicht als nationalsozialistisches Unrecht und wurde in seinen Grundzügen, insbesondere auch was den Aspekt der Sicherungsverwahrung angeht, auch nach dem Ende des Zweiten Weltkrieges beibehalten. Lediglich die Bestimmungen über Kastration und die seit 1941 geltende Todesstrafe für Gewohnheits- und Sittlichkeitsverbrecher wurden durch den Alliierten Kontrollrat aufgehoben.[30]

Auch die ‚große Strafrechtsreform' von 1969 behielt das zweigleisige System von Strafe und Maßregel bei. Man wollte vor allem die Strafe nicht zu

---

[25] Kammeier (1996) S. 103, vgl. auch Frenz (2005) S. 22 f.

[26] Gemeint ist hier die Zeit der Weimarer Republik die von der nationalsozialistischen Propaganda auch als „Systemzeit" verunglimpft wurde. Vgl. Müller (1997) S. 7

[27] Otto Rietzsch: Die Abwehr des Gewohnheitsverbrechertums (1938). Zit. nach Müller (1997) S. 7

[28] Vgl. Müller (1997) S. 5 ff.

[29] Vgl. unten Kap. 6

[30] Vgl. Menzel (2001) S. 4 sowie Müller (1997) S. 100

sehr an präventiven Bedürfnissen orientieren; von einem reinen Maßregelrecht in dem Sinne, dass der Gesichtspunkt von Strafe wegfallen könnte, wurde abgesehen. Eine solche Regelung stand seinerzeit unter dem starken Vorbehalt, dass sie eine totalitäre Handhabung begünstigen könnte. Dennoch wurde auch das Maßregelrecht durch die große Strafrechtsreform von 1969 insoweit aktualisiert, als es sich nun stärker daran orientierte, zugunsten des Schutzbedürfnisses der Bevölkerung vorwiegend gefährliche Täter zu treffen.[31] Neu eingeführt wurde unter anderem die Möglichkeit einer Aussetzung der Maßregel zur Bewährung. Bereits die Umstellung des Gesetzestitels von ‚Maßregeln zur Sicherung und Besserung' auf ‚Maßregeln zur Besserung und Sicherung' zeigt darüber hinaus im Grunde einen Paradigmenwechsel im Maßregelrecht, der den Schwerpunkt nunmehr klar auf den Gesichtspunkt der Besserung zu legen gedenkt.

Kammeier fasst dies folgendermaßen zusammen: „Der Vollzug der Maßregeln in einem psychiatrischen Krankenhaus oder in einer Entziehungsanstalt orientiert sich programmatisch an den Kategorien Besserung und Sicherung. In den gesetzlich normierten Voraussetzungen der Anordnung (§§ 62 ff StGB) und den Grundlagen der Vollstreckung (§§ 67 ff StGB) wird diese Terminologie jedoch nicht aufgegriffen. Stattdessen wird auf den Zweck der Maßregeln Bezug genommen. Mit einer Ausnahme (Hbg § 2 S 2) nehmen auch die Landesgesetze diese Begrifflichkeit nicht auf, sondern verweisen entweder auf das Vollzugsziel nach §§136 S 2, 137 StVollzG […], oder formulieren die Aufgaben des Maßregelvollzugs in Anlehnung an §§ 2, 3 StVollzG als Eingliederung in die Gemeinschaft und Schutz der Allgemeinheit."[32]

Bis heute wird diskutiert, in welcher Weise Resozialisierungsgedanke und Sicherungsbedarf zu gewichten sind. Aus diesem nur schwer aufzulösenden, auf den ersten Blick sogar unauflöslich erscheinenden Antagonismus ergeben sich bis heute die meisten praktischen Probleme des Maßregelvollzuges, insbesondere vor dem Hintergrund eines in den letzten Jahren stark anwachsenden Sicherheitsbedürfnisses der Bevölkerung. Dabei ist allgemeiner Zweck der Maßregeln nach §§ 63 und 64 StGB „die Verbrechensverhütung, die Gefahrenabwehr, die Verhütung weiterer erheblicher rechtswidriger Handlungen, kurzum die Gewährleistung von Sicherheit der Rechtsgemeinschaft […]. Dieser Zweck wird allerdings vom Gesetz nicht absolut gesetzt. Aus § 67d II 1 StGB folgt, dass Zweck der Maßregeln nicht die absolute Straftatenverhütung im Sinne der dauernden Erreichung des Zustandes völ-

[31] Vgl. Menzel (2001) S. 5 sowie Kammeier (1996) S. 179 ff.
[32] Kammeier (2002) S. 46

liger Ungefährlichkeit des Täters ist, sondern vielmehr die Herstellung eines Zustandes, in der die Erwartung der relativen Ungefährlichkeit des Täters seine Entlassung in Freiheit verantwortbar erscheinen lässt."[33] Zweck des Maßregelrechts ist also die Gewährleistung einer angemessenen Sicherheit vor erheblichen Straftaten, wobei die Frage, was denn in diesem Zusammenhang angemessen sei, von entscheidender Bedeutung insbesondere auch für rechtsökonomische Erwägungen ist, die einen wichtigen Teilaspekt der in der vorliegenden Arbeit vorgetragenen Überlegungen darstellen.[34] Maßregelvollzug vor diesem Hintergrund unterliegt dann eben nicht zwangsläufig einem scheinbaren Antagonismus zwischen Sicherheits- und Resozialisierungsziel, sondern alles, was tatsächlich der Resozialisierung dient, kann langfristig gesehen dann auch einer Verbesserung der Sicherheitsperspektive zugerechnet werden.

Frenz weist vor dem Hintergrund des beschriebenen Antagonismus zwischen Besserungs- und Sicherungszwecken des geltenden Maßregelrechts zu Recht auf einen neuerlichen Paradigmenwechsel hin, der sich in der aktuellen Gesetzgebungsdebatte abzeichnet: „Heute lässt sich eine gewisse Rückläufigkeit des Besserungsgedankens feststellen, der Sicherungsaspekt rückt zunehmend wieder in den Vordergrund. Aufgrund heftiger Reaktionen der Öffentlichkeit auf Zwischenfälle werden nicht etwa die Mittel [für die Therapie im Maßregelvollzug] erhöht, vielmehr werden immer mehr Maßregeleinrichtungen in Hochsicherheitstrakte verwandelt. Die Politik reagiert entsprechend."[35]

Im Mittelpunkt der Diskussion um die Angemessenheit von Maßregeln steht dabei immer wieder die Kriminalprognose, wie sie das urteilende Gericht vom psychiatrischen Sachverständigen anfordert. Hierzu hat es bereits seit den 1920er Jahren eine empirische Forschung gegeben, wobei immer wieder aufs Neue die Frage gestellt wurde, wie solche Prognosen zu erstellen seien, wer sie abgeben solle und wie zuverlässig sie sind. [36] Als Methoden für eine forensische Prognostik wurden bis in die 1970er Jahre dabei vor allem die intuitive Methode der ‚Einfühlung' in Täter und Bedingungen der Anlasstat, die statistische Methode, die auf standardisierten empirischen Untersuchungen basiert, und schließlich die klinische Methode diskutiert und gegeneinander abgewogen. Unter forensischen Psychiatern wurde zumeist die an Krankheitsbildern orientierte klinische Methode bevorzugt, wobei die „Fä-

---

[33] Kammeier (2002) S. 47

[34] Vgl. unten Kap. 6.1

[35] Frenz (2005) S. 23, vgl. auch Haffke (2000) S. 31 ff.; vgl. Leonhardt/ Foerster (1996) S. 163 ff.

[36] Vgl. Nedopil/ Stadtland (2006) S. 8; vgl. Müller-Isberner (Jöckel) (1994) S. 30 ff.

higkeiten der Humanwissenschaftler, insbesondere der Psychiater, Kriminalprognosen zu erstellen, kritisch hinterfragt [wurden].“[37]

Dabei stützte man sich auf empirische Untersuchungen, die zu dem Ergebnis geführt haben, dass forensische Psychiater sich bei der Abgabe von Prognosen etwa dreimal so häufig irrten, wie sie Recht behielten. Man mag über die wissenschaftliche Grundlage solcher Untersuchungen streiten, sie taten jedenfalls ihre Wirkung.

Die Entwicklung, so Nedopil und Stadtland mit feiner Ironie, verlief „jedoch anders, als es sich aus der skeptischen Einstellung, die Anfang der 80er Jahre des vergangenen Jahrhunderts geäußert wurde, hätte ableiten lassen. Weder waren die Gerichte bereit, auf humanwissenschaftlich begründete Kriminalprognosen zu verzichten, noch fanden sich andere Berufsgruppen, die in der Lage waren, bessere Kriminalprognosen abzugeben als Psychiater und Psychologen.“[38]

Dies ist also nach wie vor das Dilemma, in dem die für das geltende Maßregelrecht unerlässliche Prognostik sich befindet: Ihr wird mit abgrundtiefem Misstrauen begegnet, in einer z.T. von den Medien hysterisierten Öffentlichkeit werden Sachverständige für alle denkbaren Zwischenfälle im Maßregelvollzug, vor allem in den Bereichen Lockerung, Aussetzung zur Bewährung oder Entlassung verantwortlich gemacht.
Hieran sind allerdings vielfältige Unklarheiten im Bereich der Anforderungen an die Kriminalprognostik mit schuld, von denen im Verlauf der vorliegenden Arbeit noch ausführlich die Rede sein wird. Viel wäre sicherlich bereits damit erreicht, wenn der Auftrag an Prognosen im Maßregelkontext präziser formuliert werden könnte: „Wer wird wann und unter welchen Umständen und mit welchem Delikt rückfällig, und wie können wir es verhindern?“[39]

Dabei ist jedoch zu berücksichtigen, dass sich diese Fragestellung nicht gleichsam im ‚luftleeren Raum' beantworten lässt. Die Gestaltung des Maßregelvollzuges ist immer auch eine Kostenfrage, wie Kammeier zu Recht feststellt.[40] Es geht also nicht nur um die unter medizinischen und psychologischen Gesichtspunkten optimale Ausgestaltung therapeutischer Maßnahmen zur Vermeidung von Rückfälligkeit, sondern immer auch um die

---

[37] Vgl. Nedopil/ Stadtland (2006) S. 8 f.
[38] Nedopil/ Stadtland (2006) S. 9
[39] Ebd. S. 9
[40] Vgl. Kammeier (2005) S. 2 ff.

Kosten, die damit verbunden sind.[41] Dabei wiederum geht es nicht allein um betriebswirtschaftliche Kosten im engeren Sinne, sondern auch um die sozialen Kosten, die bestimmt und abgewogen werden müssen.

[41] Vgl. unten Kap. 6 und 7

3. Begriff und Methoden der Prognostik

3.1 Zum Begriff der Prognose

Viele Entscheidungen im Bereich von Strafzumessung und Strafvollstreckung haben eine entsprechende Prognose zur Voraussetzung. Meistens geht es dabei um die Frage von Freiheitsentzug oder –erhaltung bzw. Freilassung. Die Frage ist zu beantworten, ob eine Person innerhalb eines gegebenen Zeitraumes (z.B. innerhalb einer Bewährungszeit) strafbare Handlungen begehen wird oder nicht. Dabei kann es wie bei der Bewährungsfrist um relativ große Zeiträume gehen oder auch lediglich um ein paar Stunden Ausgang oder einige Tage Hafturlaub „Stets ist aber eine Vorhersage über das Handeln jenes Menschen im fraglichen Zeitraum erforderlich, eine Projektion in die Zukunft aufgrund von Wissen über Gegenwart und Vergangenheit.“[42]

Wenn Kühl und Schumann vor nunmehr fast zwanzig Jahren schreiben: „Kriminalprognosen werden meist in Unkenntnis ihrer methodischen Grundlagen getroffen“[43], so mag dieses Urteil zugespitzt sein. Es reflektiert jedoch sicherlich ein grundsätzliches Dilemma, in dem Kriminalprognostik seinerzeit steckte und sich trotz aller inzwischen absolvierten Methodendiskussion immer noch befindet. Dabei ist Prognose, wie der folgende Textüberblick zeigt, unerlässliche und gesetzlich nach Zielen und Maßstäben definierte Voraussetzung von Rechtsprechung. In folgenden Fällen ist sie vorgeschrieben:[44]

Materielles Recht – Anordnung

- **§ 63 StGB** – Unterbringung in einem psychiatrischen Krankenhaus: „wenn […] erhebliche rechtswidrige Taten zu erwarten sind.“
- **§ 64 StGB** – Unterbringung in einer Entziehungsanstalt: „wenn die Gefahr besteht, dass er […] erhebliche rechtswidrige Taten begehen wird.“
- **§ 66 StGB** – Unterbringung in der Sicherungsverwahrung: „wenn die Gesamtwürdigung ergibt, dass er für die Allgemeinheit gefährlich ist.“
- **§ 66a StGB** – Vorbehalt der Sicherungsverwahrung: „wenn nicht mit hinreichender Sicherheit festzustellen ist, ob der Täter gefährlich ist.“

[42] Kühl/ Schumann (1989) S. 126
[43] Ebd. S. 126
[44] Vgl. Boetticher u.a. (2005 a) S. 538

- **§ 66b StGB** – nachträgliche Sicherungsverwahrung: „mit hoher Wahrscheinlichkeit erhebliche Straftaten."
- **§ 67a StGB** – Überweisung in eine andere Maßregel: „wenn die Resozialisierung des Täters dadurch besser gefördert werden kann."
- **§ 67c StGB** – Späterer Beginn der Unterbringung: „ob der Zweck der Maßregel die Unterbringung nicht erfordert."
- **§ 68 StGB** – „wenn die Gefahr besteht, dass er weitere Straftaten begehen wird."
- **§ 68f StGB** – Führungsaufsicht nach Vollverbüßung: „ist zu erwarten."

Materielles Recht – Aussetzung

- **§ 56 StGB** – anfängliche Strafaussetzung: „wenn zu erwarten ist, dass der Verurteilte sich schon die Verurteilung zur Warnung dienen lassen [...] wird."
- **§§ 57, 57a StGB** – Reststrafenaussetzung: „wenn dies unter Berücksichtigung des Sicherheitsinteresses der Allgemeinheit verantwortet werden kann."
- **§ 67b StGB** – Aussetzung einer Maßregel (nach §§ 63, 64) zugleich mit der Anordnung: „wenn der Zweck der Maßregel auch dadurch erreicht werden kann."
- **§ 67d StGB** – Aussetzung der Unterbringung (Abs.2 – allgemeine Aussetzung): „wenn zu erwarten ist, dass der Untergebrachte keine rechtswidrigen Taten mehr begehen wird."
- **§ 67d Abs. 3 StGB** – Erledigung der Sicherungsverwahrung nach 10 Jahren: „wenn nicht die Gefahr besteht, dass der Untergebrachte infolge seines Hanges erhebliche Straftaten begehen wird."

Strafprozessrecht – Anordnung

- **§ 46a StPO** – allgemeine Voraussetzungen „über den Zustand und die Behandlungsaussichten."
- **§ 275a StPO** – Unterbringungsbefehl zur Vorbereitung der nachträglichen Sicherungsverwahrung: „dringende Gründe für die Annahme, dass nachträglich Sicherungsverwahrung angeordnet wird."

Strafprozessrecht – Aussetzung

- **§ 454 Abs. 2 StPO** – Gutachten über Reststrafe oder Maßregel: „ ob keine Gefahr mehr besteht, dass dessen in der Tat zutage getretene Gefährlichkeit fortbesteht."
- **§ 463 Abs. 3 Satz 3 StPO** – Gutachten nach 10 Jahren Sicherungsverwahrung: „ob auf Grund seines Hanges weiterhin erhebliche rechtswidrige Taten zu erwarten sind."

Strafvollzugsrecht

- **§§ 10, 11, 15 StVollzG** – Lockerungen und offener Vollzug: „wenn nicht zu befürchten ist [...]."

Der Überblick zeigt mit großer Deutlichkeit schon von der Quantität der Anwendungsfelder her, welche Bedeutung die Kriminalprognose im Straf- und Strafvollzugsrecht hat.[45] In der überwiegenden Anzahl der Fälle wird ein Sachverständiger tätig, der ein Prognosegutachten zu erstellen hat, das dem zuständigen Gericht Entscheidungsgrundlagen liefern soll.[46] Dabei werden die Kriterien zur Erstellung einer Prognose in § 56 I 1 und § 57 I 2 StGB (Aussetzung) beispielhaft beschrieben. Danach sind „namentlich" genannt

- die Persönlichkeit des Verurteilten,
- sein Vorleben,
- die Tatumstände,
- das Verhalten des Verurteilten nach der Tat,
- seine Lebensverhältnisse und
- die Wirkungen für den Verurteilten, die von der Aussetzung zu erwarten sind.[47]

Zusätzlich sind bei der Aussetzung einer Reststrafe das Gewicht des Rechtsgutes, das bei einem Rückfall bedroht ist, sowie das Verhalten des Verurteilten während des Strafvollzuges im Einzelnen zu bewerten. Darüber hinaus muss ggf. die Frage beantwortet werden, ob die im Begehen der Straftat zum Ausdruck kommende Gefährlichkeit noch fortbesteht (§ 454 II StPO). Bei der nach Ablauf von 10 Jahren regelmäßig vorgesehenen Prüfung einer

---

[45] Vgl. Murach (1989) S. 57 ff. sowie Hinz (1986) S. 122 ff. und Boetticher u. a. (2005 b) S.57 ff. sowie auch Kröber u.a. (2006) S. 87 ff. und Wolf (2005) S. 80 f.

[46] Dass es dabei keine Entsprechung zwischen den forensisch-psychiatrischen Begutachtungskriterien und den normativen Maßstäben des Gerichts gibt, ist ein Problem, dass uns an späterer Stelle dieser Arbeit beschäftigen wird. Vgl. Wolf (2005) S. 80

[47] Vgl. Boetticher u.a. (2005a) S. 538

Erledigung der Sicherungsverwahrung hat sich das Gutachten vor allem mit der Frage zu beschäftigen, ob von dem Eingewiesenen „aufgrund seines Hanges“ weiterhin rechtswidrige Taten zu erwarten sind (§ 463 III 3 StPO). [48]

Hier hat bereits der Gutachtenauftrag[49] die entsprechenden Fragen vorzugeben:

- Wie hoch ist die Wahrscheinlichkeit, dass der zu begutachtende Straftäter erneut Straftaten begehen wird?
- Welcher Art und von welchem Schweregrad werden die möglicherweise zu erwartenden Straftaten sein? Wie häufig werden sie vorkommen?
- Wie und ggf. mit welchen flankierenden Maßnahmen kann das Risiko zukünftiger Straftaten verringert oder beherrscht werden?
- Gibt es Umstände, die das Risiko einer erneuten Straftat steigern könnten?

Insbesondere bei Maßregeln nach §§ 63 und 64 StGB muss im Gutachten dargelegt werden, ob „ein Zusammenhang zwischen der überdauernden psychischen Störung bzw. dem Hang zum übermäßigen Genuss berauschender Mittel und dem Einweisungsdelikt sowie der Gefahr neuer Straftaten besteht.“[50]

Dabei hat die Rechtsprechung eine Reihe wichtiger Grundsätze[51] für die Erstellung von Gutachten entwickelt:[52]

- Das Gutachten muss bezüglich der Wertungen und Wertungsprozesse des Sachverständigen nachvollziehbar und transparent sein.
- Es muss darlegen, aufgrund welcher Erkenntnisse der Sachverständige zu seiner Einschätzung gekommen ist.
- Es muss Auskunft über die vom Probanden (dem Verurteilten) erlangten Anknüpfungstatsachen als Beweisgrundlagen

---

[48] BVerfG Beschl. v. 10.02.2004 – 2BvR 2029/01, vgl. auch ausführlich unten Kap. 5.1
[49] Vgl. Boetticher u.a. (2005a) S. 539
[50] Boetticher u.a. (2005a) S. 539
[51] Vgl. Wolf (2005) S. 80 f. und Kammeier (1996) S. 204 ff.
[52] Vgl. u.a. zur Anordnung nach § 63 StGB: BGH Urt. v. 19.02.2002 – 1 StR 546/01 oder BGH Beschl. v. 12.11.2004 – 2StR 367/04, zur Entlassung aus der Maßregel nach § 63 StGB OLG Frankfurt Beschl. v. 24.01.2000 – 3 Ws 1123/99

des Gutachtens geben. Um ausreichende Beweisgrundlagen zu erlangen, kann der Sachverständige nach § 80 StPO bei Staatsanwaltschaft oder Gericht auf eine entsprechende Zeugenvernehmung hinwirken. Dabei kann dem Gutachter auch ein eigenes Fragerecht zugestanden werden.

3.2 Zum juristischen Krankheitsbegriff

Wie bereits weiter oben ausgeführt, basiert die Einschätzung von Maßregeln auf einer gutachterlich durch einen Sachverständigen festzustellenden psychischen Krankheit, wobei hier zunächst vor allem über Schuld- oder Schuldunfähigkeit zu befinden ist. § 20 StGB spricht dabei ausdrücklich von

- einer krankhaften seelischen Störung,
- einer tief greifenden Bewusstseinsstörung,
- Schwachsinn oder
- einer schweren anderen seelischen Abartigkeit,

die eine Unfähigkeit begründen können, das „Unrecht der Tat einzusehen oder nach dieser Einsicht zu handeln."[53] Zugrunde liegt hier ein ‚juristischer Krankheitsbegriff', mit dem das 2. Strafrechtsreformgesetz eine „Abkehr von einem ausschließlich am Somatischen orientierten Krankheitsbegriff eindeutiger als bisher vollzogen" hatte.[54] Diese Abkehr von einem eher medizinisch geprägten Krankheitsbegriff war seinerzeit nicht unumstritten, wobei an dieser Stelle nur die Auffassungen von Kargl, dass mit einer „Ausweitung des Krankheitsbegriffs auf Psychopathen und Neurotiker wenig gewonnen [sei], da soziale Probleme nur wiederum in das Individuum verlagert und dort behandelt" würden, und die Meinung von Rasch, der einen stärker an empirisch nachvollziehbaren, dem Bestimmtheitsgebot entsprechenden[55] und damit juristisch einwandfreien Krankheitsbegriff forderte, genannt werden sollen.

Kammeier konstatiert vor diesem Hintergrund: Festzuhalten sei, dass „Rechtsprechung, Strafrechtsreform und wissenschaftliches Schrifttum [...] in den letzten Jahrzehnten im Blick auf die strafrechtliche Schuldunfähig-

[53] § 20 StGB, vgl. BGH Entsch. 2 StR 573/05 vom 15.03.2006 sowie BGH Entsch. 5 StR 8/06 vom 21.02.2006 und BGH Entsch. 2 StR 348/05 vom 25.01.2006

[54] Psychiatrie-Enquete der Bundesregierung BT-Drs. 7/4200, 281, zit. nach Kammeier (1996) S. 191

[55] Vgl. Kargl (1975) S. 563, Anm. 67 sowie im Unterschied dazu Rasch (1982) S. 182 ff.

keitsfeststellung zu einer Entmythologisierung des dabei verwendeten Krankheitsbegriffs geführt [haben].“[56]

Dennoch ist der nunmehr seit Jahren eingeführte juristische Krankheitsbegriff in vielerlei Hinsicht problematisch, da er gleichsam ‚quer' zu den psychiatrischen Krankheitsbildern und ihren Definitionsgrundlagen steht. Boetticher, Nedopil und andere[57] konstatieren zwar recht lapidar: „Gelangt der Sachverständige zu der Feststellung, dass das Störungsbild die Merkmale eines oder mehrerer Muster oder einer Mischform der Klassifikationen in ICD-10 oder DSM-IV-TR[58] erfüllt, ist auch das Ausmaß der psychischen Störung und deren Auswirkung auf die Tat(en) zu bestimmen, die vom Sachverständigen auf Grund einer Gesamtbetrachtung der Persönlichkeit des Beschuldigten, des Ausprägungsgrads der Störung und ihrer Auswirkung auf seine soziale Anpassungsfähigkeit [zu] ermitteln [sind].“

Die Autoren räumen jedoch unumwunden ein, dass damit die grundsätzlichen Zuordnungsprobleme einerseits und die Problematik des Ausmaßes der psychischen Erkrankung andererseits nicht gelöst seien: „Rechtlich besagt die Zuordnung eines Befundes zu einem in den Klassifikationen ICD-10[59] oder DSM-IV-TR genannten Störungsbild noch nichts über das Ausmaß der psychischen Störungen und deren forensische Bedeutung. Allerdings [so befinden die Autoren], weist eine solche Zuordnung in der Regel auf eine nicht ganz geringfügige Beeinträchtigung hin.“[60]

Rasch / Konrad weisen denn auch darauf hin, dass an den Begrifflichkeiten in § 20 StGB vielfach Kritik geübt werde: „Dies liegt zum Teil an der Unschärfe der Rechtsbegriffe, zum Teil an den Verwechslungsmöglichkeiten mit gleich lautenden psychologischen und psychiatrischen Termini oder schließlich daran, das sich die Vertreter der seelenkundlichen Wissenschaften in vielen Grund- und Einzelfragen so uneins sind.“[61]

Freilich muss an dieser Stelle eingeräumt werden, dass der juristische Krankheitsbegriff in der Tat Unschärfen und Schwächen hat. Es ist jedoch die Frage zu stellen, wie diese Unschärfen zu beheben wären, und welche Maßstäbe an die Stelle der Kriterien von § 20 StGB treten könnten. Rasch / Konrad verweisen darauf, dass in diesem Zusammenhang gerade von psy-

[56] Kammeier (1996) S. 191
[57] Boetticher u.a. (2005a) S. 58
[58] Diagnostic and Statistical Manual of Mental Disorders
[59] International Classification of Diseases
[60] Ebd. S. 58
[61] Rasch/ Konrad (2004) S. 46

chologischer Seite keine überzeugenden Maßstäbe vorgelegt worden seien: „Gut ablesbar ist dies insbesondere an den Vorschlägen, die von psychologischer Seite zur Beurteilung der so genannten normalpsychologischen Bewusstseinsstörung vorgelegt wurden [...]. Ihre Heranziehung würde allen Beliebigkeiten Tür und Tor öffnen."[62] Krankheit oder Krankhaftigkeit seien daher als Konzept zur Beurteilung der Kriterien von § 20 StGB unerlässlich, da sonst die Begutachtungsgrundlagen nachgerade ‚zerfließen' würden.

Dabei ist das entscheidende Problem, dass es in der Psychiatrie und Psychologie keinen Krankheitsbegriff gibt, der allgemein anerkannt wäre.[63] Die internationale Klassifikation psychischer Störungen nach ICD-10, Kap. V oder nach DSM-IV verzichtet völlig auf Termini wie ‚Krankheit' oder ‚Erkrankung' sondern beschränkt sich auf den Begriff der ‚Störung'.

Insbesondere der ICD-10 vermeidet mit Ausnahme von Vergiftungen und ihren Folgen sowie bei Störungen mit organischem Ursprung eine ätiopathogenetische Zuordnung, die sich mit den Ursachen beschäftigen und sie benennen würde. Er basiert völlig theoriefrei ausschließlich auf einer abprüfbaren Checkliste von Kriterien. „Damit wird das der bundesdeutschen Gesetzgebung zugrunde gelegte Einteilungsprinzip aufgeweicht, das nur die sicher oder wahrscheinlich auf eine körperliche Ursache zurückführbaren psychischen Veränderungen als ‚krankhafte seelische Störung' erfassen wollte und von der ‚Abartigkeit' abgrenzte."[64]

In der Rechtsprechungspraxis kann die Checkliste der ICD nach Berichten von Rasch / Konrad zu der Absonderlichkeit führen, dass Richter in der Verhandlung den Gutachter nach einzelnen Kriterien befragen, um das Gewicht von seelischen Störungen gleichsam nachzurechnen. „In der forensischen Situation kann das zur Posse geraten, wenn besonders psychologiebeflissene Juristen beginnen, den Sachverständigen wie in einer Quizveranstaltung das Vorliegen dieser oder jener Symptome abzufragen, die der Proband nach dem im Diagnoseschlüssel enthaltenen Itemkatalog haben müsste. So sehr es wünschenswert ist, dass der Gutachter das Gericht nicht nur mit höchstpersönlichen Phantasie-Diagnosen abspeist, so wenig dient [es] der Klärung eines Falls, wenn die Diagnose lediglich nach einer primitiven Zutatenliste konstruiert wird."[65]

---

[62] Rasch/ Konrad (2004) S. 46
[63] Vgl. Rasch (1962), Bochnik (1966), Dörner (1974), Meyer (1976), sowie Helmchen (2003) und Rasch/ Konrad (2004) S. 47 f.
[64] Rasch/ Konrad (2004) S. 47
[65] Rasch/ Konrad (2004) S. 48

In der Tat würde eine solche Vorgehensweise die Hinzuziehung eines Sachverständigen überflüssig machen, vor allem jedoch ist ein solches Vorgehen bereits deswegen fragwürdig, weil die bei ICD und DSM aufgeführten Kriterien keineswegs klar, sondern äußerst interpretationsbedürftig sind.[66]

Rasch / Konrad bringen diesen Zusammenhang auf den Punkt, wenn sie schreiben: „Speziell auf dem Gebiet der forensischen Psychiatrie ist [es] erforderlich, sich von Entstehung, Verlauf und Prognose des in Frage stehenden Zustands ein Bild zu machen, um den Einfluss des krankhaften Zustands auf das rechtlich in Frage stehende Verhalten zu prüfen. Letztlich bedarf es also nosologischer Vorstellungen. Das führt jedoch nicht zwangsläufig zu einer Einteilung, nach der bestimmten Krankheiten automatisch die Qualität zugeschrieben wird, die Schuldfähigkeit einzuschränken oder aufzuheben und anderen nicht. Für die forensisch-psychiatrische Beurteilung bleiben die Schwere der psychischen Störung und das Ausmaß der durch sie verursachten Beeinträchtigung der sozialen Kompetenz entscheidend.“[67]

Im Grunde hat hier also ein ganzheitlicher Ansatz zu gelten, wie er im Übrigen auch nach Auffassung der Autorin der vorliegenden Untersuchung den in § 20 StGB aufgeführten Kriterien, die in unserem Zusammenhang als ‚juristischer Krankheitsbegriff' bezeichnet werden[68], entspricht. Dennoch mutet es sicherlich ein wenig umständlich und als anfällig für Missverständnisse an, dass die forensisch-psychiatrischen Diagnosekriterien in der Gerichtspraxis immer gleichsam ‚übersetzt' werden müssen, um den Kriterien des juristischen Systems zu entsprechen. Gleichwohl kann der Versuch einer solchen Zuordnung unternommen werde, was im Folgenden anhand der Kriterien des ICD auszugsweise und beispielhaft geschehen soll:

➢ ***„Krankhafte seelische Störung“***
- Demenz (F00 –F04)
- Delir, nicht durch Alkohol oder psychotrope Substanzen bedingt (F05)
- Andere psychische Störungen auf Grund einer Schädigung oder Funktionsstörung des Gehirns oder einer körperlichen Erkrankung (F06)
- Persönlichkeits- und Verhaltensstörung auf Grund einer Erkrankung, Schädigung oder Funktionsstörung des Gehirns (F07)

---

[66] Vgl. Vogt (2006) S. 14 ff.
[67] Rasch/ Konrad (2004) S. 49 vgl. auch Wolf (2005) S. 80
[68] Vgl. Leygraf (1988) S. 45 ff.

- Psychische und Verhaltensstörungen durch psychotrope Substanzen (F1, 10, 11, 12, 13, 14, 15, 16, 17, 18, 19)
- Schizophrenie, schizotype und wahnhafte Störungen (F2)
- Affektive Störungen (F3)

➢ ***„Tiefgreifende Bewusstseinsstörung"***
- Reaktionen auf schwere Belastungen und Anpassungsstörungen (F43)

➢ ***„Schwachsinn"***
- Intelligenzminderung (F7)
- Leichte Intelligenzminderung (F70)
- Mittelgradige Intelligenzminderung (F71)
- Schwere Intelligenzminderung (F72)
- Schwerste Intelligenzminderung (F73)
- Andere Intelligenzminderung (F78)
- Nicht näher bezeichnete Intelligenzminderung (F79)

➢ ***„Andere seelische Abartigkeit"***
- phobische Störung (F40)
- andere Angststörungen (F41)
- Zwangsstörung (F42)
- Reaktion auf schwere Belastungen und Anpassungsstörungen (F43)
- Dissoziative Störungen (Konversionsstörungen) (F44)
- Somatoforme Störungen (F45) andere neurotische Störungen
- Persönlichkeits- und Verhaltensstörungen (F6)
- Persönlichkeitsstörungen (F60)
- Kombinierte und andere Persönlichkeitsstörungen (F61)
- Abnorme Gewohnheiten und Störungen der Impulskontrolle (F63) wie pathologisches Spielen (F63.0), pathologische Brandstiftung (Pyromanie, F63.1), pathologisches Steheln (Kleptomanie, F63.2) u.a.
- Störungen der Geschlechtsidentität (F64) wie Transsexualismus (F64.0), Transvestitismus unter Beibehaltung beider Geschlechterrollen (F64.1), Störung der Geschlechtsidentität des Kindesalters (F64.2)
- Störungen der Sexualpräferenz (F65) wie Fetischismus (F65.0), Fetischistischer Transvestitismus (F65.1), Exhibitionismus (F65.2), Voyeurismus (F65.3), Pädophilie

(F65.4), Sadomasochismus (F65.5), multiple Störungen der Sexualpräferenz (F65.6).
- Psychische und Verhaltensprobleme in Verbindung mit der sexuellen Entwicklung und Orientierung (F66) wie sexuelle Reifungskrise (F66.0), ichdystone Sexualorientierung (F66.1), sexuelle Beziehungsstörung (F66.2)
- Andere Persönlichkeits- und Verhaltensstörung (F68) wie die Entwicklung körperlicher Symptome aus psychischen Gründen (F68.0)
- Schizotype Störung (F21)
- Induzierte wahnhafte Störung (F24)
- Abhängigkeitssyndrom (Sucht) (Flx.2).

Dieser zusammenfassende Überblick über die im ICD aufgeführten Störungen und ihr Bezug auf die Kriterien des § 20 StGB zeigt vor allem zweierlei: Zum einen wird die Vielfalt der Störungsarten sichtbar. Zum anderen zeigt sich das besonders differenzierte Bild bezüglich des Kriteriums der ‚schweren anderen seelischen Abartigkeit'. Dabei hat die höchstrichterliche Rechtsprechung die psychiatrischen Störungsbilder entsprechend verarbeitet. Dies wird z.B. in einem Urteil des 5. Strafsenats des BGH aus 1991[69] deutlich, wo es heißt: „Liegt bei einem Angeklagten eine schwere seelische Abartigkeit in Form einer schizotypen Persönlichkeitsstörung vor, muss der Tatrichter prüfen, ob die Persönlichkeitsstörung Symptome aufweist, die in ihrer Gesamtheit das Leben des Angeklagten unvergleichbar schwer und mit ähnlichen auch sozialen Folgen stören, belasten oder einengen wie krankhafte seelische Störungen."

Das zitierte Urteil geht also davon aus, dass eine Diagnostik auf Basis der ICD-Kriterien zwar die Grundlage für eine nachvollziehbare Diagnose darstellt, die zu einer weiteren Überprüfung die notwendigen Grundlageninformationen aufbereitet, dass jedoch darüber hinaus eine weitere Prüfung stattzufinden habe.

Dies verdeutlicht auch ein kurz darauf folgender Beschluss des 4. Strafsenats des BGH, wo es heißt: „Die von einem Sachverständigen erfolgende Zuordnung eines psychiatrischen Befundes zu einer in der ‚International Classification of Deseases' ICD anhand eines Merkmalskatalogs definierten Persönlichkeitsstörungen (hier Soziopathie) hat für die rechtliche Bewertung unter dem Gesichtspunkt der Schuldfähigkeit zwar keine Verbindlichkeit, weist i.d.R. aber auf eine nicht ganz geringfügige Beeinträchtigung hin, mit

[69] BGH Urt. v. 04.06.1991 – 5 StR 122/91

der sich der Tatrichter im Hinblick auf den Schweregrad der seelischen Störung besonders sorgfältig auseinanderzusetzen hat."[70]

Einschränkend ist an dieser Stelle also darauf hinzuweisen, dass, wie weiter oben bereits erwähnt, das Gutachten eines psychiatrischen Sachverständigen und die in ihm enthaltene Diagnose für das urteilende Gericht lediglich eine Entscheidungshilfe darstellen. Hier erweitert die Tatsache, dass Psychiatrie und Psychologie sich in einer permanenten Theoriediskussion befinden, die auch modische Diagnosen, wie z.B. das umstrittene ‚Borderlinesyndrom' oder das Störungsbild der ‚narzistischen Persönlichkeit' hervorbringt, im Grunde den Entscheidungsspielraum des erkennenden Gerichts.

Dabei kann eine psychische Störung, wie sie § 20 StGB voraussetzt, durchaus unterschiedliche Ursachen haben, deren Einschätzung vor allem auch für eine eventuelle therapeutische Perspektive[71] von entscheidender Bedeutung sein kann: „Eine psychische Störung kann exogen, reaktiv oder endogen verursacht sein. Exogen heißt, dass eine Störung durch eine bekannte körperliche Erkrankung verursacht wird."[72]

Exogene Störungen sind zumeist mehr oder weniger vorübergehend, wie z.B. ein Alkoholrausch, der am nächsten Tag verfliegt, oder der Schmerz über den Tod eines geliebten Menschen, der sicherlich eine längere Auseinandersetzung erfordert, aber in der Regel ein zeitliches Ende hat, an dem der Betroffene wieder in der Lage ist, sein Leben selbständig zu organisieren.

Demgegenüber ist der Begriff der endogenen Störung konzeptionell mit den Begriffen Erblichkeit und Anlage verbunden, gilt jedoch trotz seiner Anschaulichkeit eher als unklar, sodass er als Krankheitsbild weder in ICD-10 noch in DSM-IV aufgenommen worden ist.[73] Dass dieses Vorgehen zu einem im Grunde insbesondere für die forensische Psychiatrie unbefriedigenden Verzicht auf die Entstehungsgeschichte der Störung sowie zu einer Vernachlässigung der Gesamtpersönlichkeit des Patienten führen muss, liegt auf der Hand.

---

[70] BGH Beschl. 4 StR 43/92 zit. nach Rasch/ Konrad (2004) S. 61

[71] Vgl. Schöch (2007) S. 120 ff.

[72] Rasch/ Konrad (2004) S. 48

[73] Wie weiter oben gezeigt worden ist, hat man sich hier aus Gründen der internationalen Vereinheitlichung auf eine Verständigungsbasis geeinigt, die dem kleinsten gemeinsamen Nenner entspricht, nämlich lediglich beobachtbare Zustandsbilder in einer Symptomliste zu erfassen.

Im Folgenden seien daher die wichtigsten Kritikpunkte aufgelistet:

- Grundlage eines forensisch-psychiatrischen Gutachtens ist der psychopathologische Befund. Dieser basiert in aller Regel nicht deckungsgleich auf einem somatologisch diagnostizierbaren Krankheitsbild.
- Insbesondere gilt dies für die so genannten ‚endogenen Psychosen'[74], für die keine ihr Auftreten präzise erklärenden körperlichen Befunde nachgewiesen werden können.
- Gerade was die endogenen Psychosen angeht, ist die Annahme zumindest begründet, dass „der menschliche Organismus nur über ein begrenztes Reservoir an Reaktionsmöglichkeiten verfügt, die auf verschiedene Weise in Gang gesetzt werden können. Diese Annahme ist im Grunde fester Bestandteil der psychiatrischen Krankheitslehre."[75]

Rasch / Konrad konstatieren daher zu Recht: „Psychiater behandeln in *Klinik und Praxis* ständig Menschen, die im Sinne der am körperlichen Prozess orientierten Krankheitslehre nicht ‚krank' sind, die aber trotzdem leiden und möglicherweise höhergradige psychische Auffälligkeiten erkennen lassen als Patienten, denen eine Psychose attestiert wurde. Kein Neurotiker oder Psychopath wird von der Schwelle gewiesen, solange er oder seine Krankenkasse für die Behandlungskosten aufkommen und er die Situation nicht missbraucht. Dass der Psychiater diesen pragmatischen Krankheitsbegriff aufgibt und sich anstrengt, für seine Tätigkeit in foro einen zu konstruieren, der keinen Bezug zur Aufgabe hat, aber angeblich theoretisch besser abgestützt ist, dürfte schon deswegen verfehlt sein, weil die Juristen ihrerseits wiederum andere Krankheitsbegriffe bemühen, die an den Zielsetzungen der gesetzlichen Bestimmungen orientiert sind."[76]

---

[74] Vgl. oben Kap. 3.1.3.
[75] Rasch/ Konrad (2004) S. 49
[76] Rasch/ Konrad (2004) S. 51, vgl. auch Nedopil (2005) S. 99 ff.

3.3 Kriminalprognose und Gefährlichkeitsprognose

Unter Kriminalprognose versteht die vorliegende Untersuchung in Anlehnung an Dahle „Annahmen über das zukünftige strafrechtsrelevante Verhalten von Personen [...], die bereits einschlägig in Erscheinung getreten sind – also individuelle Rückfallprognosen.“[77]

Dabei dienen Strafen mehreren Zielen und Zwecken. Sie sollen im Sinne einer Generalprävention die Gesellschaft durch die glaubhafte Androhung von negativen Konsequenzen vor Normenverletzungen zu schützen und bei vollzogener Normverletzung das begangene Unrecht durch den Vollzug von Strafe sühnen. Zusätzlich sollen sie im Sinne einer Spezialprävention auf Mitglieder der Gesellschaft, die Recht gebrochen haben, einwirken und sie in dem Sinne bessern, dass sie zukünftige Normverletzungen unterlassen.[78]

Insofern hat Strafe gleichzeitig drei Zeitdimensionen zu berücksichtigen: Die Vergangenheit, in der eine Normverletzung stattgefunden hat, die Gegenwart, in der ein Urteil formuliert und die Strafe vollzogen wird, sowie die Zukunft, für die bestimmte Erwartungen an das Verhalten des Straftäters gelten. Das deutsche Rechtssystem sieht bezüglich der Zukunftsdimension von Strafe Rechtsfolgen vor, die sich in diesem Sinne z.B. auf die „Gefährlichkeit“[79] eines Rechtsbrechers beziehen, und sich somit an der Möglichkeit bzw. auch Wahrscheinlichkeit zukünftiger Normverletzungen orientieren. Vor diesem Hintergrund stellen entsprechende Prognosen „die wichtigste Voraussetzung für die Verhängung freiheitsentziehender Maßregeln der Besserung und der Sicherung dar.“[80] Dabei sind allerdings rechtssystematisch Strafen einerseits und Maßregeln der Besserung oder der Sicherung andererseits strikt voneinander zu unterscheiden, auch wenn sie jeweils auf Normen und Bestimmungen des Strafrechts basieren.

Kriminalprognosen spielen somit als Steuerungsinstrument des Strafrechts eine erhebliche Rolle, die z.B. bereits im Vorfeld eines Hauptverfahrens von Bedeutung sein kann, wenn wegen der Gefahr weiterer Straftaten Untersuchungshaft angeordnet wird oder bei eingeschränkter Schuldfähigkeit oder Schuldunfähigkeit eines Beschuldigten die Einweisung in ein psychiatrisches Krankenhaus angezeigt erscheint.

---

[77] Dahle in Kröber/ Dölling/ Leygraf/ Sass (Hrsg.) (2006) S. 1, Fußn. 1
[78] Vgl. Jeschek/ Weigend (1996) S. 27 ff.
[79] Vgl. oben Kap. 3.1.3.
[80] Dahle in Kröber/ Dölling/ Leygraf/ Sass (Hrsg.) (2006) S. 1. Vgl. auch Streng (1995) S. 5

Im Hauptverfahren selbst haben Kriminalprognosen erheblichen Einfluss auf Strafbemessung und –auswahl. Sie entscheiden häufig auch mit über die Frage ihrer Vollstreckung. Insbesondere beim Vollzug von Freiheitsstrafen basieren Entscheidungen über deren Rahmenbedingungen häufig auf prognostischen Überlegungen: Offener oder geschlossener Vollzug, die Gewährung von Beurlaubungen oder Lockerungen, all dies ist abhängig von prognostischen Einschätzungen. Die Prognose über ein zukünftiges Legalverhalten ist darüber hinaus auch Grundlage für die Beantwortung der Frage nach dem geeigneten Zeitpunkt zur Beendigung der Strafe, ohne dass dabei allerdings die übrigen Strafzwecke, von denen oben die Rede war, sowie der spezialpräventive Schutz der Gesellschaft aus den Augen verloren werden dürfen. Insgesamt haben Kriminalprognosen in diesem Sinne das Ziel, die Genauigkeit von Strafen bezüglich ihrer spezialpräventiven Effektivität zu optimieren.[81]

Kriminalprognostische Einschätzungen sind dabei in aller Regel zunächst Sache des zuständigen Richters.[82] Im Vergleich dazu sind Prognosen von Sachverständigen wie z.B. Rechtspsychologen oder entsprechend geschulten Psychiatern zahlenmäßig eher selten.[83] Sie werden, so Dahle, jenen „Fällen vorbehalten sein, bei denen es um ganz erhebliche Rechtsgüter geht, bei denen außergewöhnliche psychische Besonderheiten des Rechtsbrechers eine Rolle spielen oder (gelegentlich insbesondere im Jugendstrafrecht) bei denen es in besonderer Weise um eine grundsätzliche Weichenstellung für die weitere Entwicklung der Betroffenen geht."[84] Dabei sind prognostisch basierte, vollzugsbezogene Entscheidungen vor allem solche über

- Vollzugsform,
- Vollzugslockerungen
- und Beurlaubungen.

Prognosen sind darüber hinaus vor allem dann unabdingbar, wenn es um die Aussetzung von Reststrafen bei befristeten oder auch lebenslangen Freiheitsstrafen geht,[85] bzw. umgekehrt um die Verlängerung freiheitsentziehender Maßnahmen (Maßregeln) zur weiteren Besserung oder Sicherung.[86] Dar-

---

[81] Vgl. Boers (2003) S. 13

[82] Vgl. BGH Beschl. v. 20.12.1996-2StR 470/96 sowie BGH Urt. v. 11.09.2002 – StR 193/02
BVerfGE 57,275 (279) BVerfGE vom 14.01.2005 - 2BvR983/04 sowie 109, 159 (165)

[83] Vgl. Volckart (1997) S. 17

[84] Dahle in Kröber/ Dölling/ Leygraf/ Sass (Hrsg.) (2006) S. 2

[85] §§ 57, 57a StGB

[86] §§ 63, 64, 66 StGB

über hinaus sind sie notwendig, um das Risiko bei der Aussetzung nach § 67d II StGB abzuschätzen.

Bei lebenslangen bzw. befristeten Freiheitsstrafen von Gewalt- oder Sexualstraftätern verlangt die Strafprozessordnung, § 454 II, in jedem Falle, dass vor einer Aussetzung von Strafen das Gutachten eines Sachverständigen einzuholen ist. Dieses hat sich vor allem zu der Frage zu äußern „ob bei dem Verurteilten keine Gefahr mehr besteht, dass dessen durch die Tat zutage getretene Gefährlichkeit fortbesteht.“[87] Dabei setzt die Anordnung einer mit Freiheitsentzug verbundenen Maßregel grundsätzlich die Erwartungsprognose weiterer Straftaten aufgrund einer eingeschränkten Schuldfähigkeit oder von Schuldunfähigkeit voraus, die in der Regel entweder auf einer beim Betroffenen vorliegenden psychischen Störung[88], dem chronischen Hang zum Rauschmittelkonsum[89] oder auf einem allgemeinen Hang zu erheblichen Straftaten[90] basiert. Wenn eine solche Maßregel zur Bewährung ausgesetzt wird, so bedarf dies umgekehrt folgerichtig ebenfalls einer entsprechenden Prognose darüber, dass der Eingewiesene, wenn er auf freien Fuß gesetzt wird, nunmehr keine Straftaten mehr begeht,[91] bzw. dass der Zweck der Maßregel auch ohne eine weitere Vollstreckung insoweit erfüllt ist, dass der Betroffene in Zukunft nicht mehr in einschlägigem Sinne straffällig werden wird.

Dabei ist insgesamt im Sinne der hier diskutierten Thematik vorab festzuhalten, dass es Prognosen über ein zukünftiges Verhalten von Menschen ohne Irrtumsrisiko bereits aus theoretischen Erwägungen heraus[92] nicht geben kann.[93] Es handelt sich demgemäß bei allen Strafrechtsentscheidungen immer auch um Risikoentscheidungen,[94] die deshalb die Einbeziehung weiterer Kriterien, wie z.B. von Verhältnismäßigkeitsabwägungen etc. notwendig machen.[95] Diese sind nicht Gegenstand der Prognostik sondern Sache des Richters. Die Aufgabe des Sachverständigen ist es lediglich, dafür zu sorgen, dass für die richterliche Entscheidung verhaltens- und erfahrungswissenschaftliche sowie methodische Grundlagen bereitgestellt werden: „Der Sachverständige unterliegt insoweit den rechtlichen Rahmenbe-

[87] § 54 StPO
[88] § 63 StGB
[89] § 64 StGB
[90] § 66 StGB
[91] § 67 d StGB
[92] Vgl. unten Kap. 4
[93] Vgl. Dahle in Kröber/ Dölling/ Leygraf/ Sass (Hrsg.) (2006) S. 3
[94] Vgl. Frisch (1994) S. 135
[95] Vgl. Volckart (1997) S. 87 sowie oben Kap. 3.1.3

dingungen des Strafverfahrens und hat die einschlägigen – insbesondere beweisrechtlichen – Kautelen, denen ein Strafverfahren unterworfen ist, im Rahmen seiner Arbeit zu beachten."[96]

Beweisrechtliche Vorgaben der Strafprozessordnung, wie z.B. Beweisthemen, -methoden oder -verwertungsverbote betreffen dabei die Arbeit des gutachterlichen Prognostikers eher selten. Eine Ausnahme stellt hier jedoch die Rückgriffsmöglichkeit des Prognosegutachtens auf frühere Gerichtsurteile, die die Vorgeschichte von Gewalttätern erhellen können, dar. Hier kann eine gutachterliche Prognose durchaus von bereits aktenkundigen Einschätzungen abweichen. Indessen, so Dahle, gilt „auch hier grundsätzlich das Prinzip der Verlässlichkeit rechtsgültiger Urteilsfeststellungen, insbesondere wenn [...] abweichende Beurteilungen für den Betroffenen prognostisch ungünstig zu werten wären."[97]

Grundsätzlich steht bei allen Kriminalprognosen eine Voraussage über die Wahrscheinlichkeit zukünftiger, strafrechtlich relevanter Handlungen im Vordergrund. Der Sachverständige hat die Wahrscheinlichkeit grundsätzlich zu beschreiben, während es in der Kompetenz des Richters steht, den urteilsrelevanten Aspekt des Wahrscheinlichkeitsgrades einzuschätzen. Der Richter macht dabei vom Expertenrat des Sachverständigen angemessenen Gebrauch.

Im Zusammenspiel zwischen Richter und Sachverständigem besteht jedoch das Dilemma, dass es für eine Reihe von Rechtsbegriffen kein Äquivalent in den Verhaltenswissenschaften gibt: „Sie bedürfen der Übersetzung in ein psychodiagnostisch handhabbares Konzept, um sie entsprechenden Methoden zugänglich zu machen."[98] Kinzig erläutert dies am Beispiel des „Hanges zu erheblichen Straftaten"[99], der mögliche Grundlage einer Anordnung von Sicherungsverwahrung sein kann. Ähnliches gilt auch für den Tatbestand der „in der Tat zutage getretenen Gefährlichkeit"[100], der im Rahmen des wissenschaftlichen Handwerkszeuges eines Psychologen nur schwer zu erfassen ist. Hier gibt es auch bis heute keine verbindlichen rechtlichen Vorgaben, zumal es zweifelhaft erscheint, ob es einen „Hang zur Gefährlichkeit" als logisches Konstrukt überhaupt geben kann.[101] Dahle merkt hier zu Recht an: „Kon-

96 Dahle in Kröber/ Dölling/ Leygraf/ Sass (Hrsg.) (2006) S. 3. Vgl. auch Eisenberg (2002) S. 243
97 Ebd. S. 4
98 Ebd. S. 6
99 § 66 StGB. Vgl. Kinzig (1998) S. 17
100 §454 StPO
101 Vgl. oben Kap. 3.1.3

krete inhaltliche oder methodische Anforderungen an Prognosegutachten sucht man in den Gesetzestexten [...] vergebens."[102]

Dennoch lassen sich durchaus eine Reihe von Anforderungen aus der Funktion von Gutachtern im Strafverfahren sowie aus der vorliegenden Rechtsprechung ableiten:

- Es geht darum, wissenschaftliche Expertise zur Verfügung zu stellen.
- Das heißt, dass auch die Methodik des Gutachters wissenschaftlichen Grundsätzen, insbesondere denjenigen der Überprüfbarkeit, zu genügen hat.
- Kriminalprognostik kann daher in der Regel kaum ausschließlich auf Erfahrungswissen oder spekulative Vermutungen gestützt sein.
- Wenn sich der Rechtsanwender bei seiner Urteilsfindung auf das Wissen des Prognostikers stützen soll, so müssen dessen Methoden, Befunde, Aussagen und Wertungen vor allem transparent und nachvollziehbar sein.
- Die Prognosen haben darüber hinaus auf den vorliegenden Einzelfall und seine individuellen Spezifika Bezug zu nehmen.
- Die Wahrscheinlichkeitsprognose ist dabei im Hinblick auf eine Analyse der Tatursachen und auf die Entwicklung des Straftäters während des Vollzuges zu entwickeln.[103]
- Diese Anforderungen kann eine vorwiegend auf statistischen Daten über Durchschnittsverhältnisse basierende Prognostik nicht erfüllen. „Der alleinige Rekurs auf entsprechende Methoden und Instrumente genügt den rechtlichen Anforderungen daher nicht."[104]

Dies vorausgesetzt, muss es also darum gehen, die wissenschaftstheoretischen Grundlagen von Kriminalprognosen kurz zu umreißen, wobei nicht aus dem Blickfeld geraten sollte, dass es hier keineswegs nur um eine reine Theorie geht, die, wenn sie nur korrekt eingesetzt und ausreichend standardisiert wird, gleichsam automatisch zum gewünschten Erfolg führt. Forensische Prognostik sollte sich vielmehr stets der Tatsache vergewissern, dass sie es nicht mit Objekten zu tun hat, sondern mit Menschen, deren Würde

---

[102] Dahle in Kröber/ Dölling/ Leygraf/ Sass (Hrsg.) (2006) S. 5

[103] Vgl. u.a. KG Berlin Beschl. vom 11.12.1998 – 5 Ws 672/98 sowie OLG Nürnberg, Beschluss vom 22.08.2001 – Ws 942/01

[104] Dahle in Kröber/ Dölling/ Leygraf/ Sass (Hrsg.) (2006) S. 5, vgl. auch BVerfG Beschl. v. 10.02.2004 – 2BvR 2029/01 sowie BGH Beschl. v. 20.12.1996 – 2StR 470/96 sowie 70, 311 (314), BVerfGE in NJW 1998, S. 2202 und BGH 49, 1 ff.

anzuerkennen ist, und deren Rechte, auch wenn diese formal eingeschränkt wurden, zu respektieren sind.[105]

Prognosen sind, wissenschaftstheoretisch gesehen, Anwendungen definierter Theorien auf konkrete Problemstellungen, wobei eine Theorie in diesem Sinne dadurch definiert ist, dass sie auf einem Begriffssystem basiert, das dazu dient (zumindest aber dazu dienen soll), bestimmte Phänomene zu erklären. Grundsätzlich, so Albert, ist somit jede Theorie auch prognosefähig: „[Jedes...] System, das zur Erklärung bestimmter Arten von Vorgängen geeignet ist, kann grundsätzlich auch zu ihrer Vorhersage verwendet werden.“[106]

Dieser Grundsatz kann uneingeschränkt auch auf Kriminalprognosen übertragen werden. Auch sie stützen sich in aller Regel auf fest umrissene Theorien, wie z.B. Handlungstheorien, Verhaltenstheorien oder auch Kriminaltheorien, die sie auf eine bestimmte Fallkonstellation anwenden. Die damit verbundenen Denkfolgen sind dabei als ein deduktives Schlussfolgern im Sinne eines Syllogismus zu beschreiben.[107]

Dies vorausgesetzt, müsste also folgerichtig die Zuverlässigkeit von Kriminalprognosen vor allem – bzw. bei fehlerfreiem Vorgehen vollständig – von der Qualität der zugrunde gelegten Theorie abhängen. Unsicherheitsmargen wären nur dann zu befürchten, wenn es Ungenauigkeiten in der Erhebung von fallbezogenen Daten gäbe, wobei hier mittels test- und messtheoretischer Überprüfung Abhilfe zu schaffen wäre.

Tatsächlich ist dies jedoch bekanntlich nicht der Fall. Das Problem ist hier nämlich, dass es bis heute keine Handlungs-, Verhaltens- oder Kriminaltheorie gibt, die in der Lage wäre, alle denkbaren, strafrechtlich relevanten Normverletzungen mit all ihren z.T. widersprüchlichen Aspekten, Hintergründen und Zusammenhängen vollständig oder aber zumindest hinreichend zu erfassen und zu erklären. Dahle merkt dazu an: „Sieht man von einigen Versuchen einmal ab, <Generaltheorien> mit vergleichsweise weitgehendem Geltungsanspruch zu formulieren [...], deren Abstraktionsgrad konkrete Verhaltensvorhersagen jedoch nahezu ausschließt, so beziehen sich die verfügbaren Erklärungskonzepte auf mehr oder weniger eingeschränkte Ausschnitte aus dem Gesamtspektrum kriminellen Verhaltens.“[108]

---

[105] Vgl. Fabricius (2008) S. 1039 ff.
[106] Albert (1971) S. 127
[107] Vgl. Volckart (1997) S. 107 ff.
[108] Dahle in Kröber/ Dölling/ Leygraf/ Sass (Hrsg.) (2006) S. 6

Einschlägige Einzeltheorien befassen sich entweder mit eingegrenzten Verhaltensphänomenen wie z.B. Gewaltdelikten, Sexualdelikten oder Drogendelikten oder aber mit bestimmten Geltungsbereichen wie Altersgruppen, sozialen Gruppen oder einem soziokulturellen Umfeld. Sie arbeiten Einzelaspekte menschlichen Verhaltens heraus und sind auf diese Weise an sich genommen nicht in der Lage, die komplexen Zusammenhänge krimineller Handlungen und ihrer Genese zu erfassen.

Für die Kriminalprognose kommt es daher darauf an, die fallbezogenen relevanten Theorien zu definieren, sie gezielt heranzuziehen, ihre Verwendung nach ihrer Relevanz zu gewichten und sie in ihrer Kombination auf Widersprüche hin zu überprüfen. Auf dieser Basis ist sodann ein den spezifischen Anforderungen des konkreten Falles genügendes, individuelles Erklärungsmodell zu entwickeln, das den oben beschriebenen rechtlichen Vorgaben genügt.

Bereits hier zeigt sich jedoch, dass die Kriminalprognostik mehr Schwierigkeiten bereithält, als es die oben beschriebene deduktive Denkfolge im Sinne einer syllogistischen Ableitung prima vista vermuten lässt. Ob man dabei so skeptisch formulieren muss, wie Michael Murach,[109] sei vorerst dahingestellt. Dennoch gibt es zu denken, wenn der Praktiker schreibt: „Der Gewinnungsprozess von Missbrauchs- oder Gefährlichkeitsprognosen gilt gleichermaßen als Expertentätigkeit wie als ein Vorgang, der im mysteriösen Dunkelfeld der Intuition, d.h. der nicht vermittelbaren Erfahrung, angesiedelt ist. Die Ausgänge >Wissenschaft< und >Würfeln< erscheinen als hell aber sackgassenartig versperrt. Im Dunkelfeld dazwischen bewegt sich der Vollzugsprognostiker (welcher beruflichen Provenienz auch immer) und hat seine konkreten Entscheidungen (ja oder nein) über Mitmenschen (Inhaftierte, Angehörige, potentielle Opfer, etc.) zu treffen als eine Art Grenzwächter, der die Schranken zwischen der >Gesellschaft< und einer ihrer weithin unbekannten Enklaven, dem >Knast< bedient. Schelte und Prügel von allen Seiten sind ihm gewiss!“[110]

Und die persönliche Betroffenheit des Autors wird noch deutlicher, wenn er schreibt: „Am einen Ende verbietet sich die Philosophie des bloßen Würfelns als verantwortungslose Gleichgültigkeit. Am anderen Ende erweist sich das sog. verhaltenswissenschaftliche Handwerkszeug (Tests, Fragebögen, Prognose-Tafeln, etc.) als ebenso unüberschaubar wie unzureichend. Zu-

---

[109] Vgl. oben Kap.1 Murach (1989) S. 57 ff

[110] Murach (1989) S. 57, vgl. hierzu auch Hinz (1986) S. 122 ff. und Kühl/ Schumann (1989) S. 126 ff.

mindest ist niemand zu sehen, der allein mit diesem Handwerkszeug – glaubwürdig – über längere Zeit erfolgreich ist.“[111] An dieser Stelle erscheint es als angezeigt, sich diesem von Murach so pessimistisch beurteilten Handwerkszeug unter dem Gesichtspunkt seiner theoriegeleiteten Voraussetzungen einmal etwas näher zuzuwenden.

Das prognostische Handwerkszeug hat dabei wohl an erster Stelle verhaltenstheoretische Aspekte. Wenn man davon ausgehen kann, dass das menschliche Verhalten nicht nur von den langfristig erworbenen, aktuell vorhandenen und überdauernden persönlichen Eigenschaften und Merkmalen einzelner Personen bestimmt wird sondern sich jeweils vor dem situationalen Hintergrund einer konkreten Lage vollzieht, so ist Verhalten immer die Folge einer Interaktion zwischen einer handelnden Person einerseits und einem sie umgebenden situationalen Handlungsfeld andererseits.

Dieses Handlungsfeld wiederum ist geprägt durch die Handlungsmöglichkeiten und entsprechenden -spielräume, die es der handelnden Person bietet, sowie durch die konkreten Anforderungen, die es der handelnden Person stellt.[112] Dabei können die Relationen zwischen Handlungsspielräumen und –anforderungen jeweils stark variieren. Theoretisch konstruierbar sind hier Situationen mit sehr hohem Anforderungspotenzial und geringen Handlungsspielräumen sowie solche mit einem geringeren Anforderungsgehalt und einem damit verbundenen größeren Freiheitsraum für Verhaltensalternativen.

Darüber hinaus ist die Sensibilität von Menschen für situationale Rahmenbedingungen unterschiedlich stark entwickelt. Es gibt solche mit einer habituell sehr starken Orientierung an von ihnen wahrgenommenen äußeren Anforderungen (wie z.B. wenig selbstsichere Persönlichkeiten) sowie andere, die sehr unterschiedliche situationale Gegebenheiten immer wieder einseitig in der gleichen Weise wahrnehmen und interpretieren (wie z.B. chronisch misstrauische Personen).[113]

Weitere Personengruppen neigen immer wieder dazu, bestimmte interaktionale Konfigurationen (Gegebenheiten und Gelegenheiten) aktiv herzustellen bzw. aufzusuchen. So z.B. Menschen mit pädophiler Veranlagung, die sich immer wieder von Spielplätzen und vergleichbaren Orten gleichsam magisch angezogen fühlen.

---

[111] Murach (1989) S. 57
[112] Vgl. Lewin (1963) S. 264
[113] Vgl. Dahle in Kröber/ Dölling/ Leygraf/ Sass (Hrsg.) (2006) S. 7

Dabei liegen die günstigsten Voraussetzungen für eine gesicherte Kriminalprognose dann vor, wenn es sich um extreme Konstellationen handelt, die zu einer Normverletzung geführt haben. Wenn sich das Anlassdelikt in der rückblickenden Analyse als für die handelnde Person im Grunde atypisch und vor dem Hintergrund einer Ausnahmesituation mit hohem Anforderungsgehalt begangen darstellt, dann wird in aller Regel eine Rückfallprognose eher günstig ausfallen, weil die Wahrscheinlichkeit der Wiederholung einer solchen Konstellation zwischen personaler Verhaltensdisposition einerseits und Ausnahmesituation andererseits als gering angesehen werden kann. Beispiele für eine solche Konstellation liegen häufig bei Verzweiflungstaten oder klassischen Beziehungsdelikten vor.[114]

Deutlich ungünstiger wird eine Prognose hingegen dann ausfallen, wenn das Anlassgeschehen sehr stark von der persönlichen Prädisposition eines Straftäters geprägt wurde und die situativen Rahmenbedingungen eine eher untergeordnete Rolle gespielt haben. Die Prognose wird nur dann günstiger sein, wenn sich z.B. durch die Einwirkung des Vollzuges die personalen Dispositionen entscheidend und nachvollziehbar verändert haben.

Dies sind jedoch die für eine Prognose günstigen Randbereiche auf der Skala der möglichen Konstellationen zwischen personaler Disposition einerseits und den handlungskonstituierenden Rahmenbedingungen andererseits. Die Mehrzahl der zu begutachtenden Fälle bewegt sich aber eher im mittleren Bereich dieser gedachten Skala, sodass auf der Basis einer Konstellationsanalyse Wiederholungstaten nur eingeschränkt prognostizierbar sind. In einem solchen Falle hat sich die Kriminalprognose dann folgerichtig so gut wie ausschließlich auf personale Handlungsvoraussetzungen zu beschränken.[115]

Aus diesem Grunde sind z.B. die Voraussetzungen für eine Kriminalprognostik bei gravierender Gewaltkriminalität eher günstig. Kriminelle Handlungen dieser Art sind in aller Regel mit hohen Hemmschwellen verbunden, sodass die Analyse des Anlassgeschehens sich entweder auf außergewöhnliche situationale Rahmenbedingungen und auf eher seltene personale Handlungsvoraussetzungen konzentrieren kann, oder aber auf die tatspezifische Konstellation zwischen beiden Faktoren.

Dies zugrunde gelegt, ist im Rahmen der vorliegenden Arbeit die so genannte Gefährlichkeitsprognose der entscheidende Teilaspekt der Kriminal-

---

[114] Vgl. Hinz (1986) S. 123
[115] Vgl. Dahle/ Erdmann (2001) S. 172

prognostik. Die Begriffe „Gefahr“ und „gefährlich“ tauchen in den unterschiedlichsten Bereichen und Zusammenhängen des StGB auf. Vor allem in seinem Allgemeinen Teil, der für die Strafvollstreckung von zentraler Bedeutung ist, fällt dies besonders auf:

- § 63 StGB formuliert im Zusammenhang mit der Unterbringung in einem psychiatrischen Krankenhaus, dass von dem Täter aufgrund seines Zustandes erhebliche rechtswidrige Taten zu erwarten seien und dass er deshalb für die Allgemeinheit *„gefährlich“* sei. Das heißt, Gefährlichkeit steht hier als Synonym für die Erwartung von erheblichen rechtswidrigen Taten.
- § 64 StGB, der sich mit der Unterbringung in einer Entziehungsanstalt befasst, stellt fest, es bestehe *„die Gefahr“* dass der Täter aufgrund seiner Sucht erhebliche rechtswidrige Taten begehen werde.
- § 66 StGB postuliert bezüglich der Unterbringung in der Sicherungsverwahrung, der Täter sei infolge eines nicht therapierbaren (also unabänderlichen) Verhaltensmuster für die *„Allgemeinheit gefährlich.“*
- § 68 StGB, der die Anordnung der Führungsaufsicht regelt, stellt ebenfalls fest, dass vom Täter die *„Gefahr“* ausgehe, dass er weitere Straftaten begehen werde und
- § 68c StGB, der die Anordnung der unbefristeten Führungsaufsicht betrifft, thematisiert ebenfalls die *„Gefahr“* erheblicher Straftaten.

Wolf stellt dazu fest, es falle auf, dass „der Begriff der Gefahr im Zusammenhang mit der Aussetzung des Restes einer zeitigen oder lebenslangen Freiheitsstrafe (§§ 57, 57a StGB) nicht zu finden ist, ohne dass aus dem Gesetz oder aus einem anderen evidenten Umstand ein Grund dafür herleitbar wäre: Ob ein Mörder einfach ein Mörder ist oder ein geisteskranker oder ein süchtiger Mörder, erscheint für die Frage seiner Gefährlichkeit völlig belanglos, und doch nennt das materielle Gesetz die „Gefahr“ nur bei Maßregeln, nicht [aber] bei Strafen […].“[116]

Auch der bewährte Blick auf die Meinung des „Duden“ zeigt, dass es sich bei Gefahr und Gefährlichkeit um Begriffe handelt, die nur schwer abzugrenzen sind. Der Duden umschreibt eher als dass er definiert. Er setzt „gefährlich“ mit „drohendem Schaden, drohendem Unheil“ gleich und nimmt

[116] Wolf (2005) S. 74

auf diese Weise eine ausgesprochen subjektive Sichtweise ein, indem er eine Möglichkeit andeutet, die sich aus der Sicht eines Betroffenen, nicht aber von übergeordneten, abstrakten Gesichtspunkten her ergibt. Die subjektiv empfundene „Gefährlichkeit" wird denn auch nicht mit konkretem Inhalt gefüllt (etwa dem Gegenstand der Gefahr), sondern einer Dynamik überlassen, die sich auf einer nicht messbaren Skala zwischen einer subjektiven Empfindung und einem konkret eingetretenen Ereignis bewegt.

Der Besondere Teil des StGB konkretisiert die Zusammenhänge, in denen er den Gefahrenbegriff verwendet (z.B. Gefährlicher Eingriff in den Straßenverkehr, Baugefährdung, gefährliche Köperverletzung etc.). Hier werden in der Regel die Inhalte des Gefahrenbegriffs zum einen durch die Begriffszusammensetzung, zum anderen aber auch durch weitere Konkretisierungen präzisiert. Z.B. bei gefährlicher Körperverletzung durch den tatbestandsbeschreibenden Hinweis auf Gift, Waffe oder gefährliches Werkzeug. Das Prozessrecht fordert im Sinne einer Ergänzung des materiellen Rechts in leicht pleonastischer Weise in § 454 Abs. 2 StPO (Fortdauer der Unterbringung nach §§ 63, 64, 66 StGB), dass „keine Gefahr mehr besteht, dass [...] die Gefährlichkeit fortbesteht." Hier findet ebenfalls keine weitere Konkretisierung statt.

Aus der Überschrift des „Gesetzes zur Bekämpfung von Sexualdelikten und anderen gefährlichen Straftaten" (vom 26.01.1998) könnte man formal korrekt und auch inhaltlich folgerichtig ableiten, dass alle Sexualdelikte „Gefährlichkeit" begründen. Hier ist jedoch zunächst einmal zu prüfen, welchen Zusammenhang dieses Gesetz zu anderen Bestimmungen des StGB herstellt. Aus § 56 Abs. 3 Nr. 1 und § 68c Abs. 2 StGB ergibt sich, dass derjenige als gefährlich zu gelten hat, der nicht dazu bereit ist, sich einer psychischen Behandlung zu unterziehen. In einem solchen Fall kann eine Aussetzung der Strafe zur Bewährung widerrufen und die Auflage von Führungsaufsicht verlängert werden. Weiterhin zeigt die Neufassung des § 66 Abs. 2 und 3 StGB, dass „der Gesetzgeber alle Verbrechen und eine Reihe von Sexualdelikten für gefährlich hält, wenn mehrere Taten vorliegen und eine in der Persönlichkeit verwurzelte Wiederholungsgefahr erkennbar ist."[117] Wichtig ist darüber hinaus beim Gesetz zur Bekämpfung von Sexualdelikten und anderen gefährlichen Straftaten der Hinweis auf §§ 57, 57a StGB, die die Berücksichtigung der Sicherheitsinteressen der Allgemeinheit fordern.

Die Gesetze zu Einführung der vorbehaltenen und der nachträglichen Sicherungsverwahrung legen in ihren einschlägigen (ebenfalls leicht tautologi-

---

[117] Wolf (2005) S. 76

schen) Formulierungen den Schluss nahe, der Gesetzgeber sehe denjenigen als gefährlich an, der nach dem Abschluss des Strafvollzuges immer noch gefährlich ist.

Zusammenfassend lässt sich an dieser Stelle festhalten, dass es weder eine präzise gesetzliche Definition von „gefährlich" oder „Gefahr" gibt, noch einen verbindlichen inhaltlichen Bezugspunkt (z.B. das verletzte Rechtsgut, spezifische Tatmittel oder die Erheblichkeit der Rechtsgutverletzung). Die Inhalte des Begriffskomplexes von Gefahr können auch nicht von angewandter Gewalt hergeleitet werden, da z.B. auch der völlig gewaltlose Verführer eines Kindes ggf. als gefährlich zu gelten hat und der Anordnung von Sicherungsverwahrung unterworfen werden kann. Der Begriffsrahmen von Gefährlichkeit ist demnach nicht eindeutig abzugrenzen und verbleibt – was die Gesetzestexte angeht – im Ungefähren.[118]

Dennoch haben die genannten Gesetze erheblich Einfluss auf die Strafvollstreckung. Hier sei ein kurzer Überblick gegeben:

- Aussetzung oder Widerruf von Strafe und / oder Maßregel (§§ 56, 56f, 57, 57a, 67b, 67g StGB),
- Beginn einer Maßregel (§ 67c Abs. 1 und 2 StGB),
- Erledigung der Maßregel (§ 67d Abs. 2, 3 und 6 StGB),
- Änderung von Reihenfolge oder Art der Maßregel (§§ 67 Abs. 3, 67a StGB)
- Anordnung und Dauer von Führungsaufsicht (§ 68, 68c Abs. 2 StGB)oder
- Lockerungen des Vollzuges (§ 11 u.a. StVollzG).

Es sind hier eine Vielzahl von nach dem Urteil zu fällenden Entscheidungen betroffen, deren Vielfalt und Auslegungsspielräume durchaus den Grundsatz der Rechtssicherheit nach Art. 103 Abs. 2 GG berühren.[119] Kein Beteiligter eines Verfahrens kann noch abschätzen, was auf einen Verurteilten tatsächlich und wie lange zukommt.[120]

Hier ergibt sich also in der Tat ein Dilemma: Eigentlich ist der Begriff der Gefährlichkeit absolut unklar, er könnte also im Grunde folgenlos bleiben. Dennoch gibt es trotz dieser Tatsache einen Bereich von Straftaten, der unbestritten in der Gesellschaft als gefährlich angesehen wird, und es „gibt die

---

[118] Vgl. Baltzer, U. (2005) S. 29f.; Lincoln/ Hodgins/ Müller-Isberner/ Jöckel/ Freese/ Born/ Eucker/ Schmidt/ Gretenkord (2005) S. 49

[119] Vgl. Nedopil, N. (2005) S. 24

[120] Vgl. Wolf, T. (2005) S. 78; vgl. auch Baltzer (2008) S. 150

schlichte praktische Notwendigkeit, mit Tätern solcher Taten in der Strafvollstreckung umzugehen.“[121]

Wesentlich ist dabei, dass es in diesem Bereich von Straftaten neben dem Ziel der Wiedereingliederung des Täters in die Gesellschaft vor allem um Opferschutz geht. Dies hat zur Folge, dass für die Aussetzung einer Reststrafe oder Maßregel erhöhte Anforderungen an eine günstige Kriminalprognose zu stellen sind. Dabei gibt es durchaus gängige und verbindliche Parameter, bei deren Vorliegen die Kriminalprognose ungünstig ausfallen wird:

- Mangelnde Tataufarbeitung oder Leugnen der Tat,
- keine Entwicklung von Vermeidungsstrategien,
- Drogenprobleme,
- ein deliktförderndes Milieu sowie
- unter anderem das Fehlen von Ausbildung und Arbeitsplatz.

Im Zweifel wird beim Vorliegen solcher Parameter, zumal dann, wenn sie gehäuft auftreten, gegen den Täter entschieden. Hier wird im Übrigen eine besondere Genauigkeit und Schärfe zugrunde gelegt was die Einschätzung der Gefahren anbetrifft, die vom Täter nach wie vor ausgehen können.

Diese Erwägungen führen folgerichtig in den Problemkreis der Gefährlichkeitsprognostik, die das zuständige Gericht mit Hilfe eines Sachverständigen seinen Entscheidungen zugrunde zu legen hat (§ 454 Abs. 2, § 463 Abs. 3, § 246a StPO).

Hatten wir bereits oben festgestellt, dass das Gesetz dem zuständigen Gericht für einen solchen Fall keine präzisen normativen Maßstäbe an die Hand gibt, so gilt dies in ähnlicher Weise für die kriminal-psychiatrischen Gutachten, die erforderlich werden. Sie können ebenfalls nicht mit der wünschenswerten Präzision das von einem Täter nach wie vor ausgehende Gefährdungspotential beschreiben, sondern müssen sich auf eine möglichst präzise Risikoanalyse beschränken.

Kein noch so erfahrener Gutachter kann allerdings mit vollständiger Sicherheit die Rückfälligkeit eines Täters ausschließen. Er muss immer ein Restrisiko einräumen und mit Wahrscheinlichkeiten rechnen, was nicht intuitiv erfolgen muss, sondern durchaus in der Regel auf quantifizierenden Methoden beruht (Checklistenverfahren wie PCL, SVL, HCR etc.). Hier ist allerdings

[121] Ebd. S. 79

immer die Frage zu stellen, ob solche Checklisten nicht eher eine Scheinobjektivität erzeugen, hinter der sich im Einzelfall unreflektierte Voreingenommenheiten verbergen können.

Der Gutachter kann grundsätzlich Wahrscheinlichkeiten nur für Kollektive angeben, nicht aber für ein Individuum; hier muss die klinische Prognose den Bezug auf den Einzelnen z.B. durch Bewertungen individueller Risikofaktoren etc. herstellen. Die Entscheidung über die mögliche Aussetzung einer Reststrafe oder einer Maßregel hat aber dann das Gericht auf der Basis seiner normativen Vorgaben über gefährliche Straftäter zu treffen.[122]

Dennoch gibt es praxisbezogene Möglichkeiten, diesem Dilemma zu entgehen, indem man z.B. die Feststellung der Gefährlichkeit eines Täters an der Sicherungsverwahrungsfähigkeit seines Deliktes nach § 66 StGB orientiert, die Strafhöhe als Parameter ansetzt oder leitende Prognosekriterien, wie z.B. das Lebensalter bei Begehen der Anlasstat heranzieht (je jünger der Täter bei der Ersttat, desto größer in der Regel die Wiederholungswahrscheinlichkeit).[123]

Gehen diese Parameter vom Täter aus, so könnte bei einer Gefährlichkeitsprognose auch die Opferperspektive gewählt und es könnte die Frage gestellt werden, ob z.B. Straftaten gegen besonders Schutzbedürftige (Kinder, alte Menschen) drohen oder ob die Art der Ausführung der begangenen oder möglicherweise bevorstehenden Tat (Wiederholbarkeit der Tatumstände, deliktfördernde Situationen etc.) Rückschlüsse für die Gefährlichkeitsprognose zulassen.

Weiterhin kann die drohende Anwendung von Gewalt ein Beurteilungskriterium sein sowie folgenreiche Verletzungen oder seelische Schäden des Opfers. Insgesamt darf jedoch niemals unterschlagen werden, dass es sich im Bereich der Prognostik immer nur um Wahrscheinlichkeiten handelt, bei denen trotz vorliegender Erfahrungswerte die individuellen Besonderheiten des Täters nicht außer Acht gelassen werden dürfen.

Die Einschätzung der Gefährlichkeit hat darüber hinaus immer auch mit ganz unmittelbar praktischen Erwägungen wie z.B. der Rückholbarkeit eines Entlassenen zu tun. Hier sind zusätzliche Risiken sowie vor allem auch die

---

[122] Vgl. Cornel, H. (1994) S. 21 ff.
[123] Vgl. ebd. S. 24

Verhältnismäßigkeit der Entscheidung zwischen Freiheit und Sicherheit[124] zu prüfen.

Das BVerfG hat in seinem Beschluss vom 08.11.2006 folgende Leitsätze festgeschrieben, die für die hier behandelte Thematik wichtig sind:

> 1. „Die Vollstreckung der lebenslangen Freiheitsstrafe über den durch die besondere Schwere der Schuld bedingten Zeitpunkt hinaus aus Gründen der Gefährlichkeit des Straftäters verletzt weder die Garantie der Menschenwürde (Art. 1 Abs. 1 GG) noch das Freiheitsgrundrecht aus Art. 2 Abs. 2 S.2 GG.
>
> 2. Die konkrete und grundsätzlich auch realisierbare Chance des Verurteilten auf Wiedererlangung der Freiheit ist durch eine strikte Beachtung des Verhältnismäßigkeitsgrundsatzes bei der Entscheidung über die Aussetzung der lebenslangen Freiheitsstrafe sicherzustellen."[125]

Obwohl das BVerfG einräumt, eine „im Ergebnis perfekte Vorhersage menschlichen Verhaltens [könne es] nicht geben", vertritt es in der ausführlichen Begründung seines Beschlusses vom 08.11.2006 die Auffassung: „Die Prognose über die Gefährlichkeit des Verurteilten bildet eine hinreichende Entscheidungsgrundlage für die über den Zeitraum, in dem bereits die besondere Schwere der Schuld einer bedingten Haftentlassung entgegensteht, hinausgehende Freiheitsentziehung [...]. Die Verfassung fordert in diesen Fällen allerdings die strikte Beachtung des Verhältnismäßigkeitsgrundsatzes; dem Sicherungsbedürfnis der Allgemeinheit kann in diesem Zusammenhang der Vorrang vor dem Freiheitsanspruch des Verurteilten zukommen [...]. An diesen schon früher entwickelten Grundsätzen hat sich durch das Gesetz zur Bekämpfung von Sexualdelikten und anderen gefährlichen Straftaten vom 26.01.1998 (BGBl I S. 160) nichts geändert."

Die Implementierung des Instituts der nachträglichen Sicherungsverwahrung durch den Bundesgesetzgeber in § 66b StGB , so Lindemann, bilde demgegenüber den vorläufigen Schlusspunkt der seit der zweiten Hälfte der 1990er Jahre mit bemerkenswertem Aufwand geführten Diskussion um einen adäquaten Schutz der Gesellschaft vor Straftätern, gegen die im Strafverfahren keine Sicherungsverwahrung nach §66 StGB angeordnet (bzw. nach dem 2002 eingeführten § 66a StGB vorbehalten) wurde. Deren Verhalten wäh-

---

[124] Vgl. Dessecker (2004) S. 187ff.

[125] BVerfGE 50, 5 (11); vgl. StV 90, 157,93,355, NStZ-RR 99,171 (172)

rend des Strafvollzugs solle jedoch den Schluss auf eine hohe Wahrscheinlichkeit erneuter schwerster Straffälligkeit nach der Haftentlassung zulassen.[126]

Damit habe im Widerstreit zweier gegenläufiger kriminalpolitischer Argumentationslinien, deren eine gekennzeichnet ist von dem Bemühen der Gesetzgeber um immer weiter gehende Verschärfungen von Regelungen zum dauerhaften, präventiven Freiheitsentzug zugunsten eines vermuteten gesteigerten Sicherheitsbedürfnisses der Bevölkerung,[127] und deren andere durch die wachsende grundlegende Kritik der Rechtswissenschaft an eben dieser Extension von Gefahrenabwehrbestimmungen geprägt ist,[128] die erstgenannte einen erneuten Etappensieg davongetragen.

Lindemann merkt daher aus damaliger Sicht (2005) offensichtlich zu Recht an, dass „die Erfolgschancen einer prinzipiellen Opposition gegen das Vorhaben nachträglicher Sicherungsverwahrung eher verhalten zu beurteilen“ seien.[129]

Das Rechtsinstitut der nachträglichen Sicherungsverwahrung wird demgemäß trotz seiner Auswirkungen z.B. auf das Bestimmtheitsgebot des GG durch das BVerfG in der Begründung zu seinem Beschluss vom 08.11.2006 ausdrücklich bestätigt, in der es u.a. heißt: „Das Bestimmtheitsgebot erfordert keine gesetzliche Regelung, die eine absolute Höchstfrist für den Vollzug der lebenslangen Freiheitsstrafe vorsieht. Sind fünfzehn Jahre lebenslanger Freiheitsstrafe verbüßt, und gebietet die besondere Schwere der Schuld des Verurteilten die weitere Vollstreckung nicht, beruht die weitere Freiheitsentziehung in erster Linie auf einer Prognose, dass die Gefährlichkeit in einem Maße fortbesteht, welche die weitere Vollstreckung der lebenslangen Freiheitsstrafe rechtfertigt.“[130]

Es liegt im Wesen einer prognoseabhängigen vollstreckungsrichterlichen Entscheidung, dass nicht präzise vorherbestimmt werden kann, wie das Entscheidungsergebnis im Einzelfall zu lauten hat. Bei der Bewertung ist eine Fülle unterschiedlicher Faktoren zu verarbeiten, die einem dynamischen Prozess unterworfen sind. Die Persönlichkeit des Täters entwickelt sich regelmäßig weiter. Dass Prognosen über den Grad künftiger Gefährlichkeit ei-

---

[126] Vgl. Lindemann, M. (2005) S. 13
[127] Vgl. ebd.
[128] Vgl. ebd.
[129] Lindemann (2005) S. 12 ff; vgl. Baltzer (2008) S. 149 f
[130] BVerfGE 45 182, (184), BVerfGE 54, 9 (14); BVerfG Urt. v. 05.02.2004 2 BvR 2029/01- Rn 73,96

nes Verurteilten in tatsächlicher Hinsicht mit Schwierigkeiten verbunden sind, liegt in der Natur der Sache, führt aber noch nicht zu einer verfassungswidrigen Unbestimmtheit der vom Gesetzgeber normierten Voraussetzungen. Vielmehr würde eine absolute zeitliche Höchstgrenze der Vollstreckung der lebenslangen Freiheitsstrafe im Widerspruch zu der Zielrichtung des § 57a Abs. 1 S.1 Nr. 3 StGB stehen. Die von der Person ausgehende Gefahr lässt sich nicht abstrakt-generell durch eine zeitliche Höchstgrenze bestimmen. Die Gefährlichkeit des Täters für die Allgemeinheit entfällt nicht notwendig nach einer gewissen Zeit."

Zusammenfassend soll an dieser Stelle festgehalten werden, dass der Begriff des „gefährlichen Täters" möglicherweise weniger ein juristisches als ein politisches Problem darstellt. Die zuständigen Gerichte können mit ihm in seiner allgemeinen Form nichts anfangen sondern müssen sich immer wieder auf den Einzelfall und seine je unterschiedliche Bewertung konzentrieren.

Wolf weist dabei zu Recht auf ein schwerwiegendes Problem hin: „Gefährlich scheint vor allem zu sein, wer von den Massenmedien so bezeichnet wird. Regierungen, Parlamente und auch Gerichte reagieren hier weniger auf sachliche Notwendigkeiten, sondern eher auf ein von zentralen Massenmedien willkürlich in der Auswahl, sachfremd in der Darstellung und eigennützig im Blick auf die Verkaufslage hervorgerufenes ‚Sicherheitsbedürfnis'."[131]

Werner Lehne berichtet in diesem Zusammenhang über einen Fall aus der Mitte der 1990er Jahre. Im Herbst 1995 habe die Boulevardpresse einmal wieder eine „wandelnde Zeitbombe" in Norddeutschland gewittert. Thomas H., einem mehrfachen Frauenmörder, war es gelungen, aus der Maßregelvollzugsabteilung des Klinikum Nord in Hamburg-Ochsenzoll auszubrechen. Der psychisch kranke Maßregelvollzugspatient hatte mindestens drei Frauen vergewaltigt und getötet. Er sei von „Mordlust" getrieben, wurde öffentlich gewarnt. Ein nicht zuständiger Psychiater attestierte eine „extreme Rückfallgefahr", und die Bevölkerung wurde auf diese Weise gezielt in Angst und Schrecken versetzt.[132]

Die Öffentlichkeit reagierte verständnislos darauf, dass staatliche Stellen nicht für ein lebenslanges ‚Wegsperren' des Täters gesorgt hatten, die Hinterbliebenen der Opfer fühlten sich getäuscht. Im April 1993 war H. zu lebenslanger Freiheitsstrafe verurteilt worden. Gleichzeitig hatte das Landge-

---

[131] Wolf, T. (2005) S. 84
[132] Vgl. Lehne (1996) S. 7

richt die Unterbringung in einem psychiatrischen Krankenhaus angeordnet, um den als „vermindert schuldfähig“ begutachteten, persönlichkeitsgestörten Täter einer Behandlung zu unterziehen.[133]

Der gesetzliche Auftrag, nämlich „Besserung und Sicherung“ zu gewährleisten, d.h. sowohl für eine Resozialisierung des Täters zu sorgen, als auch (dadurch!) einen Schutz vor weiteren Straftaten zu erzielen, wurde hier also ganz offensichtlich nicht erfüllt. Verheerender wird eine derartige Sicherheitslücke nur noch, wenn der Flüchtige weitere Vergewaltigungen oder Tötungsdelikte begeht.

Das Fatale ist dabei, dass Risikodiskurse über Gefährlichkeit immer dann eine erhöhte Bedeutung erhalten, wenn Gewalttaten psychisch kranker Rückfalltäter öffentlich diskutiert werden. Dann beklagt die Öffentlichkeit Expertenversagen oder unkalkulierbares Risiko, und die Medien als ihr Organ fragen nach den Verantwortlichen.

Gerhard Mauz, ausgebildeter Jurist und Gerichtsreporter immerhin des rechtspolitisch ansonsten eher anspruchsvollen Nachrichtenmagazins „Der Spiegel“, forderte 1995 dramatisch: „Es kann nicht, es darf nicht sein, dass Menschen, deren Gefährlichkeit bekannt ist, noch einmal, oder gar immer wieder Mädchen, Jungen und Frauen zum Opfer fallen. [...] Die Männer im Maßregelvollzug [...], sie neigen dazu, das Restrisiko allzu mutig zu betrachten. [...]. Die Wirkung von Fehlschlägen auf die Gesellschaft, von wiederholtem Vergewaltigen und Töten, unterschätzen idealistische Ärzte und Pfleger. Ob man nun durch Sexualstraftäter umkommt oder durch einen Verkehrsunfall oder durch einen Ziegel vom Dach beim Sturm – das ist, meint mancher von ihnen, das Lebensrisiko, mit dem jeder leben muss.“[134]

Verantwortlich ist also hier nicht der Täter, sondern die für seine Betreuung und Sicherung Verantwortlichen werden zu Sündenböcken zweiten Grades gekürt, deren Versagen unverzeihlich sei.[135]

Die in dieser Form kritisierten Therapeuten und Sachverständigen können darauf hinweisen, dass es zwar bei der Beurteilung zukünftigen menschlichen Verhaltens notwendigerweise ein Restrisiko gibt, der Vorwurf, allzu risikofreudig mit diesen Entscheidungen umzugehen, ist allerdings schnell zu entkräften: Der klinische Beurteiler neigt eher dazu, die Gefährlichkeit von

---

[133] Vgl. ebd.
[134] Mauz, G. in: Der Spiegel 41 / 1995
[135] Rasch, W. Festschrift für Blau (1985) S. 310

psychisch Kranken Straftätern zu überschätzen und trifft häufiger restriktive Entscheidungen.[136] Gerade öffentliche Diskussionen, wie die soeben beschriebene um den Frauenmörder, führen immer wieder dazu, dass Entlassungs- und Lockerungsmaßnahmen bei in der Psychiatrie Untergebrachten zunächst zurückgestellt und auf später verschoben werden. Im Zweifel wurde die „sichere" Entscheidung getroffen. D.h., wenn eine Entlassung oder eine Urlaubsgewährung zu beurteilen war, bei der Zweifel an der fortdauernden Gefährlichkeit des Patienten bestanden, ging kein Arzt das Risiko ein, „zu erproben, ob der Untergebrachte außerhalb des Maßregelvollzuges keine rechtswidrigen Taten mehr begehen wird" wie es in § 67d StGB gefordert wird.

Auch wenn von Medien und Öffentlichkeit nach derartigen Zwischenfällen immer wieder gefordert wird, das Risiko gegen Null zu fahren und jeden Sexualstraftäter oder andere psychisch kranke Straftäter „für immer wegzusperren" ist dies rechtlich äußerst problematisch[137] und erfordert in der Tat Maßnahmen, wie die inzwischen mögliche, zeitlich unbegrenzte Sicherungsverwahrung, die lediglich durch eine regelmäßige Begutachtung des Täters überprüft werden kann.

Das Risiko von Fehlentscheidungen ist immer vorhanden, genau wie die Gefahr, das Opfer eines Verkehrsunfalls zu werden, oder bei einem Flugzeugabsturz ums Leben zu kommen. Jedoch sollte diese Erkenntnis nicht dazu führen, die Gefährlichkeitsvorhersagen dem Zufall oder dem Würfeln zu überlassen, oder gar alle gefährlichen Straftäter tatsächlich lebenslang wegzusperren, zumal sich die Tatsachengrundlagen der jeweiligen Prognosen im Verlaufe der Jahre gravierend ändern können. Die grundsätzlichen Schwierigkeiten der Verhaltensvorhersagen können weder übermächtiges Sicherheitsdenken rechtfertigen noch die Resignation, sich nicht um Prognoseentscheidungen zu bemühen.[138]

Ein zentrales Problem ist in diesem Zusammenhang, dass die Frage, welches Risiko die Gesellschaft zum gegenwärtigen Zeitpunkt in Bezug auf Sexualstraftäter und andere gefährliche Straftäter – um die Formulierung des einschlägigen Gesetzes von 1998 aufzugreifen – zu tragen bereit ist, wie stark also das Sicherheitsbedürfnis der Allgemeinheit im Verhältnis zum Freiheitsrecht eines Straftäters ist, immer wieder aufs Neue im Rahmen von gesellschaftlichen Aushandlungsprozessen bearbeitet wird.

---

[136] Vgl. Hinz (1986) S. 126
[137] Vgl. Lehne (1996) S. 9
[138] Vgl. Rasch (1987) S. 10

Das kriminalpolitische Klima, von dem im Rahmen der vorliegenden Studie bereits mehrfach die Rede war, ist Ausdruck und Begleiterscheinung eines solchen Prozesses, wie er in unserer Gesellschaft seit Mitte der 1990er Jahre ganz offensichtlich in Richtung auf Strafverschärfungen stattfindet.

Dies ist vor allem ein politischer Diskurs, dessen Implikationen für die Gesetzgebung immer wieder von juristischer Seite Widerspruch hervorrufen. Einen solchen Widerspruch formuliert Bernhard Haffke mit aller Schärfe, wenn er über „den aktuellen Wandel vom Rechtsstaat zum Sicherheitsstaat" und die „zunehmende Dominanz des Ordnungssinns über den Freiheitssinn" spricht, dem „die Justiz, weil sie sich und ihrer Wurzeln nicht oder nur unzureichend vergewissert, theoretisch und praktisch nichts entgegenzusetzen weiß."[139]

Dabei befasst sich Haffke ausführlich mit dem Verhältnis von Schuld und Gefährlichkeit und stellt zu Recht fest: „Die Höhe der Strafe wird [nach geltendem Recht] nach der Höhe der Schuld und nicht nach dem Maß der Gefährlichkeit bestimmt." Wenn es nach der Logik der gegenwärtig geführten Diskussion ginge, dann müsste "das Strafrecht durch Sicherungsmaßnehmen ergänzt, womöglich durch ein Sicherheitsrecht abgelöst werden."

Die „dumpfe Gefühlslage eines Großteils der Bevölkerung" bedeute, so Haffke weiter: „Die Sicherheit der Allgemeinheit hat Vorrang vor den Freiheitsinteressen des Bürgers; und wenn unter der Herrschaft des Schuldstrafrechts dieses das Sicherheitsbedürfnis der Allgemeinheit nicht mehr zu befriedigen vermag, dann muss das kriminalpolitische Rad eben nach vorne gedreht, das Schuldstrafrecht abgeschafft und durch ein Kriminal-Sicherheitsrecht abgelöst werden."

Haffke kritisiert vor diesem Hintergrund scharf die Bundesgesetzgebung sowie die verschiedenen Ländergesetze zur Sicherungsverwahrung. Er identifiziert dabei im Wesentlichen vier Strategien die „zur Einkreisung und Ausmerzung des Sicherheitsrisikos, das von ‚gefährlichen Straftätern' ausgeht, eingesetzt werden:

- Die Strategie der Strafrahmenerhöhung, zumeist verknüpft mit der Einführung neuer bzw. der Umstrukturierung bereits bestehender qualifizierender Tatbestandsabwandlungen, die zwar in sich rational sei, aber keine schlüssige Antwort auf

139 Haffke, B.: Autoritäres Sicherheitsdenken in Justiz, Medien und Politik. In: Forum Justizgeschichte (2007) http://www.forumjustizgeschichte.de (05.09.2007)

die Frage gebe, was Schuld sei und wie sie ermittelt werde, wobei allerdings „die gesamte Gesetzesgeschichte […] die Vermutung naheleg[e], dass es Sicherheits- bzw. Gefährlichkeitsaspekte [seien], die die Höhe der Schuld und damit das Strafmaß legitimieren.“[140]

- Die zweite Strategie zur Bekämpfung von Sexualdelikten knüpfe daran an, dass neuerdings bestimmt werde, dass das Gericht, wenn es bei einer Katalogtat im Sinne des § 66 Abs. 3 S.1 StGB die Vollstreckung einer zeitigen Freiheitsstrafe von mehr als zwei Jahren aussetzen wolle, dies nur könne, wenn nicht auszuschließen sei, dass Gründe der öffentlichen Sicherheit einer vorzeitigen Entlassung des Verurteilten entgegenstünden. Der entscheidende Akzent habe sich insofern drastisch verschoben, als das zu diesem Zweck einzuholende Gutachten nicht mehr zu klären habe, ob eine solche Aussetzung zu verantworten sei, sondern ob ausgeschlossen werden könne, dass von dem Straftäter keine Gefährdung mehr ausgehe.

- Die dritte Strategie sei es, bei der Psyche des Täters anzusetzen und diesen einer „Zwangstherapie“ zu unterwerfen, indem Vollzugslockerungen zwingend von der Annahme entsprechender Therapieangebote abhängig gemacht würden. Hinzu trete die so genannte „Offenbarungspflicht des Therapeuten“ gegenüber der Anstaltsleitung: „Die soziale Kontrolle ist totalisiert, die Überwachung perfektioniert.“[141]

- Die vierte Strategie richtet sich nach Haffke wiederum gegen die körperliche Freiheit der Person: „Es kann ja sein, dass der Gefangene auch noch nach Verbüßung seiner schuldangemessenen Strafe gefährlich ist […]. Der Kontrolle dieser sozusagen schuldüberschießenden Gefährlichkeit dient bekanntlich das Rechtsinstitut der Sicherungsverwahrung.“ Hier wendet sich Haffke kritisch gegen die weiter oben ausführlich zitierte Rechtsauffassung des BVerfG .: „Die ehemals vorgesehene Begrenzung der Sicherungsverwahrung auf zehn Jahre wurde aufgehoben; neben der Freiheitsstrafe und dem psychiatrischen Krankenhaus ist damit auch die Dauer der Sicherungs-

---

[140] Haffke (2007)

[141] Ebd.

> verwahrung schon bei ihrer erstmaligen Verhängung potenziell lebenslänglich."[142]

Haffke spricht in diesem Zusammenhang von der „Logik des zwangsneurotisch anmutenden Sicherheitsdenkens." Sie zwinge geradezu „zur Aufspürung und zur Aufdeckung immer neuer Sicherheitslücken." Das Gefährlichkeitsrisiko müsse „radikal ausgemerzt, der Gefährlichkeitsbazillus umkreist und vernichtet werden. Das ist das eine. Damit geht zum Zweiten einher die Totalisierung der sozialen Kontrolle – der Gefährliche muss diszipliniert (Zwangstherapie!) und gleichzeitig überwacht werden (Offenbarungspflicht der Therapeuten!). Und drittens muss der gefährliche Straftäter separiert und ausgegrenzt werden, ganz wie der alttestamentarische Sündenbock, dem alles Unreine und Böse aufgehäuft und der dann in die Wüste verbannt wurde."[143]

Sicherlich argumentiert Haffke hier nicht gerade sine ira et studio, seine Polemik trifft jedoch durchaus wichtige Aspekte der aktuellen kriminalpolitischen Diskussion.

Zusammenfassend können wir festhalten, dass es sich beim Thema „Gefährlichkeit" und „Gefährlichkeitsprognose" um ein rechtsdogmatisches und -systematisches Feld handelt, auf dem es Interpretationsspielräume gibt, die zu einer für alle Beteiligten schwer erträglichen Rechtsunsicherheit führen können, ein Feld jedenfalls auch, auf dem viele Missverständnisse möglich sind.
Volckart / Grünebaum formulieren vor diesem Hintergrund zu Recht: „Die Maßregeln der Unterbringung in einem psychiatrischen Krankenhaus und in einer Erziehungsanstalt werden nur verhängt, wenn von dem Täter künftig erhebliche rechtswidrige Taten zu erwarten sind und wenn diese drohenden Taten Symptome des Zustandes sind, der auch der Anlasstat zugrunde liegt und die Verantwortlichkeit des Täters zumindest eingeschränkt hat (Symptomtaten). Nur dieser Zusammenhang zwischen Anlasstat, Psyche des Täters und drohenden neuen rechtswidrigen Symptomtaten rechtfertigt überhaupt die Maßregel. [Der Ausdruck „Gefährlichkeit"…] ist eine Umschreibung einer ungünstigen Kriminalprognose im Hinblick auf erhebliche rechtswidrige Taten, wird aber von manchen als Eigenschaft i.S. einer feststellbaren Tatsache missverstanden, während es sich in Wahrheit um die juristische

[142] Haffke (2007)
[143] Ebd.

Beurteilung einer aus Tatsachen abgeleiteten kriminalprognostischen Wahrscheinlichkeitsaussage handelt."[144]

3.4 Anwendungsbereiche und Methoden der Prognostik im Maßregelrecht

3.4.1 Anwendungsbereiche

Gegenstand der Einweisungsprognose ist im Regelfall die Einschätzung der generellen Wahrscheinlichkeit eines kriminellen Rückfalls im längerfristigen Verlauf, unabhängig von möglichen Interventionen, die nach der Einweisung stattfinden.[145] Dabei sind die statistischen Risikofaktoren für eine längerfristige Einschätzung der Rückfallwahrscheinlichkeit recht gut belegt.[146]

Untersuchungen von Nedopil und anderen haben gezeigt, dass es hier vor allem die deliktspezifischen Basisraten und die statischen Risikovariablen sind, die den engsten Zusammenhang mit der Rückfalldelinquenz aufweisen.[147] Nedopil hat in diesem Zusammenhang eine integrierte Liste der Risikovariablen herausgearbeitet, die zeigt, um welch komplexe Faktorenvielfalt es hier geht:[148]

<u>A Das Ausgangsdelikt</u>

1. Statistische Rückfallwahrscheinlichkeit
2. Bedeutung situativer Faktoren für das Delikt
3. Einfluss einer vorübergehenden Krankheit
4. Zusammenhang mit einer Persönlichkeitsstörung
5. Erkennbarkeit motivationaler Zusammenhänge

<u>B Anamnestische Daten</u>

1. Frühere Gewaltanwendung
2. Alter bei erster Gewalttat
3. Stabilität von Partnerbeziehungen
4. Stabilität in Arbeitsverhältnissen

---

[144] Volckart, B./ Grünebaum, R. (2003), S. 7

[145] Vgl. Nedopil (2004) S. 87

[146] Vgl. unten Kap. 5

[147] Es handelt sich hier um eine gezielte Auswertung von 185 Schuldfähigkeitsbegutachtungen. Vgl. Nedopil (2004) S. 88 sowie Stadtland u.a. (2003) S. 37 ff.

[148] Nedopil (1997)

5. Alkohol- / Drogenmissbrauch
6. Psychische Störung
7. Frühe Anpassungsstörungen
8. Persönlichkeitsstörung
9. Frühere Verstöße gegen Bewährungsauflagen

C Postdeliktische Persönlichkeitsentwicklung
1. Krankheitseinsicht und Therapiemotivation
2. Selbstkritischer Umgang mit bisheriger Delinquenz
3. Besserung psychopathologischer Auffälligkeiten
4. Pro- / Antisoziale Lebenseinstellung
5. Emotionale Stabilität
6. Entwicklung von Coping Mechanismen[149]
7. Widerstand gegen Folgeschäden durch Institutionalisierung

D Der soziale Empfangsraum
1. Arbeit
2. Unterkunft
3. Soziale Beziehungen mit Kontrollfunktionen
4. Offizielle Kontrollmöglichkeiten
5. Verfügbarkeit von Opfern
6. Zugangsmöglichkeit zu Risiken
7. Compliance
8. Stressoren

Bezogen auf festliegende Durchschnittswerte lassen sich nach den Erhebungen von Nedopil offenbar auf dieser Basis in Verbindung mit den deliktbezogenen Basisraten spezifischer Tätergruppen recht zuverlässige Voraussagen über die Rückfallwahrscheinlichkeit von Delinquenten treffen.[150]

Die Frage, welche Behandlung z.B. während einer Einweisung Erfolg versprechend sein könnte, ist in aller Regel völlig unabhängig von der Einweisungsprognose zu beantworten. Hier dürften, so Nedopil, vorwiegend „fixierte dynamische (veränderbare) Risikofaktoren und protektive Faktoren die größte Rolle spielen, sowie der Zugang zu einer adäquaten Therapiemethode und zu einem passenden Therapiesetting.“[151]

---

[149] Es handelt sich hier um individuelle Bewältigungsstrategien, deren zielführender Gehalt wertneutral gesehen wird.

[150] Vgl. Nedopil (2004) S. 89 f.

[151] Nedopil (2004) S. 91 vgl. auch Nedopil (2000) S. 17

Dabei stehen statische und dynamische Risikofaktoren in einem engen Zusammenhang miteinander, wobei es die wichtigste Aufgabe der Therapie im Maßregelvollzug ist, einerseits den Einfluss von Risikofaktoren insgesamt zu mindern, und andererseits den Einfluss protektiver Faktoren zu stärken, indem z.B. der Versuch unternommen wird, mit ihrer Hilfe die Risikofaktoren zu kompensieren.

Auch hierzu bedarf es, ähnlich wie bei der Einweisungsprognose in aller Regel einer exakten Analyse der Delinquenzgenese. Auf dieser Basis sind dann folgerichtig Arbeitshypothesen bezüglich der Defizite zu entwickeln, die vermittels eines therapeutischen Konzeptes ausgeglichen sein müssen, damit eine Entlassung aus der Unterbringung möglich wird. In diesem Sinne umfasst die Behandlungsprognose die folgenden Schritte, deren zu verstehen ist: Abfolge allerdings nicht im Sinne eines systematischen Vorgehens (ein Schritt nach dem anderen)

- Eine Analyse der Defizite des Eingewiesenen,
- die Entwicklung einer Arbeitshypothese zur Defizitgenese und zu den Störungen, die für die Delinquenz relevant sind,
- die Arbeitshypothesen werden im Verlauf der Therapie verifiziert oder ggf. falsifiziert,
- eine Identifizierung der relevanten Risikofaktoren,
- die Definition der messbaren und erreichbaren Behandlungsziele,
- die Entwicklung einer therapeutischen Interventionsstrategie,
- die Definition der für die Therapie relevanten Störfaktoren und Hindernisse für das Erreichen von Therapiezielen,
- die Entwicklung von Lösungsstrategien zur Bewältigung von Störfaktoren sowie
- das Festlegen von Entscheidungszeitpunkten, an denen Qualitätskontrollen durchgeführt werden.

„Aufgrund dieser Qualitätskontrolle muss entschieden werden, ob die Hypothese zur Delinquenzgenese richtig oder falsch war, ob die Risikofaktoren korrekt identifiziert wurden und ob sich bei richtiger Hypothese das therapeutische Programm bewährt hat, so dass es fortgeschrieben werden kann oder ob Programmänderungen erforderlich sind.“[152]

---

[152] Nedopil (2004) S. 93

Vor diesem Hintergrund wird klar, dass Prognosen im Verlauf einer Therapie mehrmals, zumindest aber an jedem der zuvor festgelegten Entscheidungspunkte abgegeben werden müssen, die darüber eine Aussage zu treffen haben, ob weitere Therapieschritte oder auch ins Auge gefasste Lockerungen ohne Gefahr möglich sind.

Dabei ist es durchaus denkbar, dass gewährte Lockerungen auch zur Überprüfung der therapeutischen Hypothesen herangezogen werden. Nedopil bemerkt zu Recht: „Die Prognose wird so nicht erst zum Zeitpunkt einer geplanten Entlassung relevant, sondern begleitet ‚hypothesengeleitet' die Behandlung im Maßregelvollzug, aber auch in sozialtherapeutischen Einrichtungen von Anfang an. Diese hypothesengeleitete Konzept zeigt, wie eng Prognose und Therapie sowohl praktisch als auch methodisch miteinander verzahnt sein können."[153]

An dieser Stelle muss allerdings darauf hingewiesen werden, dass es sich hier lediglich um eine idealtypische Vorgehensweise handelt, bei der davon ausgegangen wird, dass insbesondere die Risikovariablen, von denen weiter oben die Rede war, hinreichend bekannt sind.[154] Nedopil verlangt von einer solchen Behandlungsprognostik die Beantwortung von drei Fragen, damit eine Therapie gleichsam auch kriminalpräventiv Sinn machen könne:

1. Ist bei dem Betreffenden auch ohne Therapie ein Rückfall unwahrscheinlich?
2. Kann anderenfalls durch Therapie ein Rückfall verhindert werden?
3. Bleiben trotz Therapie Rückfälle wahrscheinlich?

Dabei räumt Nedopil jedoch ein: „Für solche Prognosen fehlt uns allerdings noch weitgehend das Rüstzeug. Wie viele Fehlprognosen in dieser Hinsicht gemacht werden, zeigt der Umgang mit der Einweisung in die Entziehungsanstalt gemäß § 64 StGB, in deren Vorfeld genau diese Fragen beantwortet werden sollten. Ein wissenschaftlich begründetes Instrumentarium für die Erarbeitung der Behandlungsprognose gibt es allenfalls in Ansätzen."[155]

---

[153] Nedopil (2004) S. 95
[154] Vgl. oben Kap. 4.1.1
[155] Nedopil (2004) S. 94

3.4.2 Methoden

Wie weiter oben bereits erwähnt, wurde 1998 mit dem Gesetz zur Bekämpfung von Sexualdelikten und anderen gefährlichen Straftaten[156] die Vorschrift über die Aussetzung der restlichen Strafe geändert. Während bis dahin gutachterliche Rückfallprognosen lediglich notwendig waren bei:

- der Einweisung in den Maßregelvollzug nach §§ 63, 64 und 66 StGB in Verbindung mit § 246a StPO,
- bei der Entlassung aus dem Maßregelvollzug nach §§ 67 d II StGB in Verbindung mit § 463 StPO sowie
- bei einer Entlassung aus der Haft nach § 57a StGB in Verbindung mit § 454 StPO,

so wurden nach der Gesetzesänderung zusätzlich Prognoseanforderungen bei einer Aussetzung von Reststrafen festgelegt, wenn Straftäter entweder wegen eines Sexualdeliktes oder wegen anderer ‚gefährlicher' Straftaten zu Freiheitsstrafen von mehr als zwei Jahren verurteilt waren.[157]

Nach § 454 StPO hatte nunmehr das Gericht „das Gutachten eines Sachverständigen über den Verurteilten ein [zu holen], wenn es erwägt, die Vollstreckung des Restes […]" einer Freiheitsstrafe von mehr als zwei Jahren wegen einer Sexualstraftat auszusetzen „und nicht auszuschließen ist, dass Gründe der öffentlichen Sicherheit einer vorzeitigen Entlassung entgegenstehen."

Eine solche Verpflichtung zur Einholung eines Gutachtens galt bis dahin nur für die Aussetzung des Restes einer lebenslangen Freiheitsstrafe. Weiter heißt es dazu in § 454 StPO: „Das Gutachten hat sich namentlich zu der Frage zu äußern, ob bei dem Verurteilten keine Gefahr mehr besteht, dass dessen durch die Tat zutage getretene Gefährlichkeit fortbesteht […]".

Eine weitere Änderung durch dieses Gesetzespaket betrifft die Anordnung der Unterbringung in der Sicherungsverwahrung gemäß § 66 Abs. 1 Nr. 3 StGB, die bei rückfallgefährdeten Sexualstraftätern nunmehr mit geringeren formalen Voraussetzungen möglich ist, sofern – wie bisher – „die Gesamtwürdigung des Täters und seiner Taten ergibt, dass er infolge seines Hanges zu erheblichen Straftaten […] für die Allgemeinheit gefährlich ist". Darüber hinaus wurden in der jüngsten Vergangenheit durch das Gesetz zur

156 Gesetz zur Bekämpfung von Sexualdelikten BGBL I Nr. 6 S. 160-163 vom 26.01.1998
157 Vgl. Nedopil (2004) S. 83

Einführung der vorbehaltenen Sicherheitsverwahrung vom 21.08.2002[158] und durch das Gesetz zur Einführung der nachträglichen Sicherungsverwahrung[159] Vorschriften geschaffen, die eine erhebliche breitere Anwendung dieser Maßregel ermöglichen.

Unabhängig davon, ob man solche Strafrechtsschärfungen für sinnvoll und notwendig oder überzogen und unangemessen hält, die Beurteilung der Gefährlichkeit eines Straftäters und die darauf basierende Anwendung sichernder oder bessernder Maßnahmen ist in jedem Fall verknüpft mit Kriminalprognosen, im günstigsten Falle mit forensisch-psychiatrischen bzw. psychologischen Prognosegutachten.

Infolge dieser Gesetzesänderungen hat in den letzten Jahren die Zahl der Anforderungen von Prognosegutachten drastisch zugenommen. Nedopil veranschaulicht dies anhand der Daten aus der Abteilung für Forensische Psychiatrie der psychiatrischen Universitätsklinik in München, wo in den Jahren von 1972 bis 1984 durchschnittlich 2,77 Gutachten angefordert wurden (insgesamt 36), während es im Durchschnitt der Jahre 1998 bis 2000 bereits 14 Gutachten waren (insgesamt 42).[160]

Bei der klinischen Methode oder empirischen Individualprognose, die in der Praxis am weitesten verbreitet sein dürfte, wird – gestützt auf Explorationen und psychodiagnostische Verfahren – eine Prognoseentscheidung vor dem Hintergrund des bisherigen Lebenslaufes (insbesondere Delikt- und Sanktionsbiographien), der therapeutischen Entwicklung und des Verhaltens im Vollzug, des familiären Umfeldes (stützende und hemmende Faktoren) sowie der Arbeits- und Freizeitsituation getroffen.

Von Beginn an wurden die spezifischen Vor und Nachteile der kriminalprognostischen Methoden in teilweise polemischer Form diskutiert. Während zu Gunsten der klinischen Methode argumentiert wurde, dass diese am ehesten die Ergebnisse der empirischen Persönlichkeitsforschung , der Entwicklungs- und Sozialpsychologie auf den Einzellfall anwenden könne, wurde kritisch eingewandt, dass sie zu sehr von der Erfahrung des Anwenders abhänge, sich nur auf kleine, unsystematisch gewonnene Stichproben kriminologischer Extremgruppen beziehe und darum empirisch zu wenig abgesichert sei.

---

[158] Vorbehaltene Sicherungsverwahrung, BGBl I Nr. 60 S. 3344-3346 vom 27.08.2002
[159] Nachträgliche Sicherungsverwahrung BGBl Nr. 39 S. 1838-1841 vom 23.07.2004
[160] Vgl. Nedopil (2004) S. 84

In der Praxis der Prognosebegutachtung wurde der Methodenstreit längst zu Gunsten der klinischen Methode entschieden, wenn auch mit verschiedenen Ausgestaltungen. In der kriminologischen Wissenschaft dagegen wurden empirische Ansätze und Ergebnisse der Rückfallforschung weiterentwickelt und weitere Generationen von Einschätzungsverfahren oder Prognose-Checklisten vorgestellt, die Elemente der klinischen und der statistischen Prognose zu kombinieren versuchen und damit Vorteile beider Methoden in sich zu vereinigen suchen.

In der forensischen Praxis hat sich im deutschsprachigen Raum in den letzten Jahrzehnten, zumindest wenn man die einschlägige Fachliteratur betrachtet, ein offenbar weitgehend akzeptierter Standard der Kriminalprognose entwickelt, dessen Grundzüge nachfolgend anhand von Prognoseschemata von Rasch, Nedopil und Dittmann erläutert werden sollen.

Das wohl bekannteste und in der Praxis am weitesten verbreitete Prognoseschema dürfte die von Rasch vorgestellte Einteilung sein. Rasch geht dabei von vier Dimensionen aus, bei denen er jeweils Anhaltspunkte für eine eher günstige oder ungünstige Prognose betrachtet.

Die erste Dimension bezieht sich dabei auf die Vergangenheit der zu beurteilenden Person, speziell die frühere Kriminalität. Sofern diese als Resultat lebensphasischer Bedingungen beziehungsweise eines schicksalhaften Konflikts oder einer aktuellen Situation oder einer flüchtigen Episode“ angesehen werden kann oder aber andere Besonderheiten (spezifische Täter-Opfer-Relation, Gruppendruck, Alkoholeinfluss ohne Abhängigkeit) vorlagen, gilt dies als prognostisch eher günstig.

Sind frühere Straftaten dagegen auf grundlegende Persönlichkeitsmerkmale zurückzuführen oder auf eine psychopathologische Entwicklung oder auf eine psychotische Erkrankung, so werden darin Anhaltspunkte für eine eher ungünstige Prognose gesehen. Dasselbe gilt für Straftaten, die auf Grund von Alkohol- oder Drogenabhängigkeit begangen wurden.[161]

Gegenstand der zweiten Dimension von Rasch ist der aktuelle Krankheitszustand bzw. der Persönlichkeitsquerschnitt des zu beurteilenden Rechtsbrechers. Prognostisch eher ungünstig sind dabei Befunde, die auf hohe psychische Abnormalität hinweisen, insbesondere hohe Störbarkeit,

[161] Vgl. Rasch (1997) S. 17 ff. sowie ders. (1999) S. 23 f. und Nedopil (2004) S. 85 ff.

geringe Frustrationstoleranz, Depressivität, geringes Selbstwertgefühl, Impulsivität, Augenblicksverhaftung.

Ähnliches gilt für hohes Suchtpotenzial sowie für eine produktive psychotische Symptomatik mit Bezug zum Tatthema. Für eine günstige Prognose sprechen demgegenüber diagnostische Befunde, die ein eher positives Persönlichkeitsbild reflektieren, d.h. die nicht auf solche dauerhaften Abweichungen hinweisen, die einen Bezug zu den begangenen Straftaten haben können.
Als dritte Dimension betrachtet Rasch den bisherigen Verlauf während eines Freiheitsentzuges im Straf- oder Maßregelvollzug, also mögliche Veränderungen oder Neuentwicklungen seit Beginn der Inhaftierung. Teilaspekte sind hier eventuelle weitere ähnliche Straftaten, die gezeigte Einsicht in die eigene Problematik bzw. die Tendenz zur Bagatellisierung oder Verleugnung, die Aufgeschlossenheit gegenüber angezeigten therapeutischen Angeboten bzw. deren Verweigerung, die Bindung an den Therapeuten oder eine entsprechende Bezugsperson sowie die positive Entwicklung psychodiagnostischer Verlaufskontrollen.

Die vierte Dimension dieses Prognoseschemas bezieht sich auf die Zukunftsperspektiven sowie die Außenorientierung des Eingewiesenen oder Gefangenen. Als eher ungünstig gelten hierbei u.a. problematische Wohn- und Familienverhältnisse, schwierige oder instabile partnerschaftliche und sonstige Sozialbeziehungen sowie keine Aussicht auf Arbeit. Eine günstigere Prognose kann dagegen in einer positiven Lebenssituation, in einer geplanten Fortsetzung der Therapie sowie insgesamt in einer Erfolg versprechenden ambulanten Nachsorge, z.B. durch einen frühzeitigen Kontakt zum Bewährungshelfer, gesehen werden.

Diese vier Dimensionen, die kurz gefasst als Vorgeschichte, aktuelle Situation, jüngeren Entwicklung und Zukunftsperspektive charakterisiert werden können, finden sich im Prinzip auch in anderen Prognosemodellen, wenn auch mit etwas anderer Begrifflichkeit und z.T. anderen Schwerpunktsetzungen.[162]

Die größte Ähnlichkeit mit dem Modell von Rasch dürfte die von Nepodil ausgearbeitete Faktorenliste haben, die ebenfalls in vier Bereiche untergliedert ist:

---

[162] Vgl. Nedopil (2004) S. 93 ff.

- Erster Bereich: Das Ausgangsdelikt. Hier werden statische Rückfallwahrscheinlichkeit, situative Faktoren des Delikts, Ausdruck einer vorübergehenden Krankheit, Zusammenhang mit der Persönlichkeit sowie motivationale Zusammenhänge berücksichtigt.
- Zweiter Bereich: Die prädeliktische Persönlichkeit. Dazu gehören Kindheitsentwicklung und Faktoren einer evtl. Fehlentwicklung, soziale Integration, lebensspezifische Umstände sowie Art und Dauer von krankhaften Verhaltensauffälligkeiten.
- Dritter Bereich: Die postdeliktische Persönlichkeitsentwicklung. Dazu gehören Anpassung , Nachreifung, Umgang mit bisheriger Delinquenz, Persistenz deliktspezifischer Persönlichkeitszüge, Aufbau von Hemmungsfaktoren sowie evtl. Folgeschäden durch die Einweisung.
- Vierter Bereich: Der soziale Empfangsraum. Dazu gehören Arbeit, Unterkunft, soziale Beziehungen, Kontrollmöglichkeiten, Konfliktbereiche, die eine rückfallgefährdende Situation wahrscheinlich machen, sowie die Verfügbarkeit von Opfern.

Eine gewisse Besonderheit nimmt dabei das Kriterium der auf das Ausgangsdelikt bezogenen statistischen Rückfallwahrscheinlichkeit ein. Es verdeutlicht, dass Nepodil hier in eine an sich auf klinische Merkmale ausgerichtete Kriterienliste auch statistische Elemente integriert hat.[163]

Eine zwar etwas anders gegliederte, aber inhaltlich dennoch mit den Ansätzen von Rasch und Nepodil vergleichbare Liste von Kriterien zur Beurteilung des Rückfallrisikos besonders gefährlicher Straftäter wurde von Dittmann vorgelegt. Sie ist aus der Praxis der schweizerischen Fachkommission zur Beurteilung ‚gemeingefährlicher' Straftäter hervorgegangen und berücksichtigt – ohne Anspruch auf Vollständigkeit – prognostische Merkmale, die sich nach der einschlägigen Fachliteratur sowie nach der praktischen Erfahrung Dittmanns als anwendbar und aussagekräftig erwiesen haben. Seit Anfang 2000 ist diese Liste das verbindliche Beurteilungsinstrument aller Fachkommissionen im Strafvollzugskonkordat der Schweiz. Im Rahmen einer delikt- und persönlichkeitsspezifischen Individualprognose werden dabei jeweils günstige und ungünstige Aspekte der nachfolgenden Kriterien analysiert:

---

[163] Vgl. Nedopil (2000) S. 77 ff.

- Analyse der Anlasstat
- bisherige Kriminalitätsentwicklung
- Persönlichkeit und psychische Störung
- soziale Kompetenz
- spezifisches Konfliktverhalten
- Auseinandersetzung mit der Tat
- allgemeine Therapiemöglichkeiten
- reale Therapiemöglichkeiten
- Therapiebereitschaft
- sozialer Empfangsraum
- bisheriger Verlauf der Inhaftierungszeit nach der Tat.

Eine Besonderheit des Dittmannschen Instruments ist, dass auf eine systematische Vorgehensweise größter Wert gelegt wird, ohne dass damit eine schematische Anwendung im Sinne einer bloßen Addition von Positiv- und Negativpunkten gemeint ist. Dittmann betont vielmehr die Notwendigkeit einer Gesamtschau, die Nutzung vieler unterschiedlicher Informationsquellen (Vorstrafen, Urteile, frühere Gutachten und Befunde, Vollzugsakten, Therapieverlaufsberichte) zur Absicherung der prognostischen Einschätzung sowie die Diskussion und Beurteilung der einzelnen Kriterien durch eine Gruppe von Experten mit eigenen praktischen Erfahrungen im Umgang mit gefährlichen Straftätern. Vor dem Hintergrund der Tatsache, dass die Prognoseunsicherheit im zeitlichen Verlauf kontinuierlich abnimmt, verlangt Dittmann, dass ein seriöses Prognosegutachten stets darstellen muss, für welchen Zeitraum und für welche äußeren Bedingungen (z.B. Lockerungen) die Einschätzung gelten soll. Dabei empfiehlt er, dass prognostische Aussagen im Allgemeinen nicht über ein Jahr hinausgehen sollten.[164]

Des Weiteren macht Dittmann auf die wichtige Unterscheidung zwischen statistisch-konstanten, also unveränderlichen Risikofaktoren und dynamisch-variablen, grundsätzlich also modifizierbaren Faktoren aufmerksam. Diese Differenzierung ist zwar zumindest implizit auch in anderen Prognoseinstrumenten enthalten, ihre Betonung unterscheidet jedoch die Möglichkeiten und Grenzen therapeutischer Interventionen und anderer die Rückfallwahrscheinlichkeit vermindernder Maßnahmen im Rahmen einer Einschätzung der individuellen Gefährlichkeit. So würde beispielsweise eine ausschließlich auf biographische und damit unveränderliche Merkmale gestützte Kriminalprognose am Ende eines längeren Aufenthaltes in einer Maßregelvollzugsanstalt zu keinem anderen Ergebnis kommen können als

[164] Vgl. Dittmann (2000) S. 67 ff.

zu Beginn dieser Maßnahme. Biographische Merkmale im Sinne lebensgeschichtlicher Daten sind nun einmal unveränderlich. Sie könnten allenfalls im Lichte neuer Erkenntnisse, die im Verlauf einer Maßnahme gewonnen werden, in einen neuen Zusammenhang gestellt und neu bewertet werden. Umgekehrt würde eine Beurteilung des Rückfallrisikos, die sich ausschließlich auf dynamische Merkmale, etwa das Verhalten im Vollzug, stützt, zu Fehleinschätzungen kommen müssen, weil dabei die aus der Rückfallforschung bekannte Bedeutung statistischer Kriterien, z B. Vorstrafen, Auffälligkeiten der familiären Situation, frühere Therapieversuche etc., ausgeblendet bliebe.[165]

Die vorgestellten Prognosemodelle bzw. Kriterienlisten zeigen, dass die gegenwärtige forensische Praxis davon ausgeht, dass sich eine fundierte Kriminalprognose einerseits auf ein hohes Maß an klinisch-diagnostischer und therapeutischer Erfahrung stützen muss. Insoweit wird ein bloß schematisches Vorgehen etwa in Form eines schlichten Abarbeitens von Checklisten abgelehnt. Andererseits betonen neuere Ansätze aber die Notwendigkeit der Berücksichtigung statistischer Erkenntnisse über die Rückfallwahrscheinlichkeit bei einzelnen Delikts- bzw. Tätergruppen, also die Beachtung der jeweiligen Basisraten.

---

[165] Vgl. Kröber (2006) S. 69 ff.

4. Wahrscheinlichkeit und Gefährlichkeit

Wie wir weiter oben festgestellt haben, geht es bei einer gerichtlichen Sachverständigentätigkeit darum, wissenschaftlich fundierte Expertise zur Verfügung zu stellen. Der Beurteilungsprozess des Sachverständigen hat dabei einer „rational begründeten, intersubjektiv nachprüfbaren und möglichst auch empirisch belegten Methodik zu folgen. Prognosen auf der bloßen Grundlage vorwissenschaftlicher (‚klinischer') Erfahrung werden dieser Aufgabe nicht gerecht."[166]

Das Bundesverfassungsgericht hat diese Einschätzung in jüngerer Zeit noch einmal mit Nachdruck hervorgehoben: „Bevor der Richter das Prognoseergebnis auf Grund eigener Wertung kritisch hinterfragen kann, hat er zu überprüfen, ob das Gutachten bestimmten Mindeststandards genügt. So muss die Begutachtung insbesondere nachvollziehbar und transparent sein [...]. Der Gutachter muss Anknüpfungs- und Befundtatsachen klar und vollständig darstellen, seine Untersuchungsmethoden erläutern und seine Hypothesen offen legen [...]. Auf dieser Grundlage hat er eine Wahrscheinlichkeitsaussage über das künftige Legalverhalten des Verurteilten zu treffen, die das Gericht in die Lage versetzt, die Rechtsfrage des §67d Abs.3 StGB eigenverantwortlich zu beantworten."[167]

Der Sachverständige hat also in seinem Gutachten eine Wahrscheinlichkeitsaussage zu treffen, die wissenschaftlichen Ansprüchen zu genügen hat. Daraus ergeben sich methodische und inhaltliche Anforderungen, die bereits 1998 vom Kammergericht Berlin präzise formuliert worden sind: „Für ein prognostisches Gutachten ist es [...] unerlässlich, sich mit der den Straftaten zugrund liegenden Dynamik und den sonstigen Tatsachen, wie sie sich aus den Urteilsfeststellungen und einem vom Tatgericht gegebenenfalls eingeholten Gutachten ergeben, auseinanderzusetzen und die Entwicklung des Täters im Hinblick auf diese Tatursachen während des Strafvollzuges darzustellen. Auf der Grundlage dieser Informationen hat das Gutachten eine Wahrscheinlichkeitsaussage über das künftige Legalverhalten des Verurteilten zu treffen."[168]

Die Anforderungen dieses Urteils, auf die es im Argumentationszusammenhang der vorliegenden Arbeit ankommt sind dabei folgende:

---

[166] Dahle (2005) S. 12

[167] BVerfG, 2 BvR 2029/01 vom 05.02.2004 (Dahle, 2005, S. 12)

[168] KG Berlin Beschl. v. 11.12.1998 - 5 Ws 672/98, vgl. auch OLG Nürnberg Beschl. vom 22.08.2001 – Ws 942/01

- Das Gutachten hat eine Beurteilung zu liefern, die auf den Einzelfall und den individuellen Täter zugeschnitten ist.
- Es muss die spezifischen Hintergründe der Anlasstat würdigen.
- Es muss die persönliche Entwicklung des Täters im Verlauf des Strafvollzuges beurteilen.
- Es hat die spezifischen Risikofaktoren zu analysieren.
- Es muss auf dieser Grundlage eine Wahrscheinlichkeitsaussage über das künftige Legalverhalten des Verurteilten treffen, und
- es hat dabei methodische Mindestanforderungen zu erfüllen.

Dies entspricht den Vorgaben von § 57 StGB, die fordern, das Gericht habe bei Prognoseentscheidungen über die Aussetzung befristeter oder lebenslanger Freiheitsstrafen zur Bewährung „insbesondere die Persönlichkeit der verurteilten Person, ihr Vorleben, die Umstände seiner Tat, das Gewicht des bei einem Rückfall bedrohten Rechtsguts, das Verhalten der verurteilten Person im Vollzug, ihre Lebensverhältnisse und die Wirkungen zu berücksichtigen, die von der Aussetzung für sie zu erwarten sind.“[169]

An dieser Stelle wird deutlich, dass es unerlässlich ist, die theoretischen Grundlagen und vor allem auch die wissenschaftstheoretischen Aspekte von Kriminalprognosen in den Blick zu nehmen. Prognosen, so schreibt Dahle, lassen „sich als Anwendungen von Theorien auf konkrete Problemstellungen auffassen; sie gelten gemeinhin – neben Interventionen – als ihre härteste Bewährungsprobe“[170], wobei eine Theorie nach Albert jedes „System [ist], das zur Erklärung bestimmter Arten von Vorgängen geeignet ist.“[171] Dabei stellt Albert gleichzeitig die Hypothese auf, dass ein System, das in der Lage ist, Vorgänge zu erklären, auch dazu herangezogen werden könne, diese vorherzusagen.[172]

Unter dieser Voraussetzung lassen sich folgerichtig auch Kriminalprognosen „als Anwendungen von (Handlungs- Verhaltens- oder Kriminal-) Theorien auf bestimmte Fallkonstellationen“ konzipieren.[173] Erkenntnistheoretisch könnten also solche Theorien, wenn sie denn in der Lage wären, ein Verbre-

[169] StGB § 57 Abs. 1 Satz 2, vgl. auch OLG Nürnberg Beschl. v. 22.08.2001 – Ws 942/01, vgl. Eisenberg (2002) S. 127
[170] Dahle (2005) S. 14
[171] Albert (1971) S. 127
[172] Vgl. ebd.
[173] Dahle (2005) S. 14

chen präzise zu erklären, deduktiv schlussfolgernd im Sinne eines Syllogismus zur Grundlage von Kriminalprognostik herangezogen werden.[174]

Dreh- und Angelpunkt aller Wahrscheinlichkeitsaussagen, als die Kriminalprognosen formal eingestuft werden müssen, sind also nicht nur eine exakte Definition der jeweiligen Fragestellung sowie das zugrunde gelegte Datenmaterial, sondern die „Zuverlässigkeit der Vorhersage – bei Vermeidung logischer Denkfehler – [hängt in besonderem Maße auch] von der Güte bzw. der Gültigkeit der herangezogenen Theorie ab."[175]

Hier ist jedoch eine grundsätzliche Schwierigkeit zu konstatieren, die vor allem darin liegt, dass es, wie Dahle zu Recht anmerkt, keine „Handlungs- oder Kriminaltheorie [gibt], die geeignet wäre, die Breite denkbarer strafrechtlicher Verfehlungen in all ihren Facetten und möglichen Verflechtungen hinreichend zu erklären."[176] Ob kriminologische ‚Generaltheorien',wie sie u.a. von Gottfredson und Hirschi im Sinne einer ‚General Theory of Crime'[177] formuliert wurden, im konkreten Fall geeignet sind, über den allgemeinen Bereich ‚klassischer Kriminalität' hinaus Deliktformen, wie z.B. Sexualstraftaten zu erklären und als Grundlage kriminalprognostischer Gutachten herangezogen zu werden, erscheint aufgrund ihres Abstraktheitsgrades eher als unwahrscheinlich. Zudem: Gemessen an den Aussagen der weiter oben zitierten Gerichtsentscheidungen genügen solche Generaltheorien deren Anforderungen an eine differenzierte und auf den Einzelfall bezogene Beurteilung nicht. Auf der Grundlage von kriminologischen Generaltheorien mit ihrem gleichsam qua definitionem gegebenen Abstraktheitsgrad sind allenfalls Erklärungen ex post, nicht aber qualifizierte Prognosen und fundierte Wahrscheinlichkeitsaussagen möglich.

Erklärungsansätze mit prognostischem Potenzial beschränken sich denn auch folgerichtig jeweils auf Teilaspekte kriminellen Verhaltens, auf „eingegrenzte strafrechtsrelevante Verhaltensphänomene (Sexualdelikte, Drogendelikte, Jugendkriminalität usw.) und Geltungsbereiche (bestimmte Alters- oder Personengruppen und/oder bestimmte soziologische Umfelder), vor allem aber betonen sie stets nur Einzelaspekte im Bedingungsgefüge menschlichen Verhaltens (Temperamentfaktoren, generalisierte Sozialisationserfahrungen, Einstellungsmuster, soziale und situationale Einflüsse u.v.m.)."[178] Hier handelt es sich also unter wissenschaftstheoretischen Gesichtspunkten

[174] Vgl. Volckart (1997) S. 17 f.
[175] Dahle (2005) S. 15
[176] Ebd. S. 15
[177] Vgl. Gottfredson / Hirschi (1990)
[178] Dahle (2005) S. 15

um Teiltheorien, die, indem sie sich zum Teil ergänzen, zum Teil aber auch miteinander konkurrieren, die Problematik einer strafrechtlich relevanten Handlung und ihre Einzelaspekte zu erklären versuchen. Für den Sachverständigen ergibt sich also in der Prognostik die Aufgabe, die vorhandenen Teiltheorien zu sichten, sie in Bezug auf ihr Erklärungs- und Prognosepotenzial auszuwerten, sie in ein der Tat angemessenes Gesamtmodell im Sinne einer auf den Einzelfall zugeschnittenen ‚Spezialtheorie' zu integrieren.

Die „Zuverlässigkeit einer Kriminalprognose bestimmt sich somit nicht nur aus der Güte einzelner Handlungs- bzw. Kriminaltheorien. Sie hängt auch von der Relevanz der herangezogenen Erklärungskonzepte für den vorliegenden Einzelfall, ihrem Erschöpfungsgrad bei der Erfassung der individuell bedeutsamen Zusammenhänge und nicht zuletzt von der Qualität der Integration der herangezogenen Teilerklärungen ab."[179]

Freilich wirft eine solche Beziehung zwischen Gesamttheorie, Teiltheorie und auf den Einzelfall bezogener Spezialtheorie die Frage nach einer Gewichtung der einzelnen Theorieelemente auf. Es ist also danach zu fragen, inwieweit sich die Spezialtheorie den übergeordneten Theorien unterzuordnen hat, und ob, ähnlich wie bei der Zuordnung einer Tat zu einer Rechtsnorm ein deduktives Vorgehen möglich und zulässig ist. Ein solches deduktives Vorgehen enthielte dann folgende Schrittfolge: „Man sichtet die für ein Anlassgeschehen potentiell in Frage kommenden Erklärungsmodelle, leitet aus ihnen Hypothesen ab und prüft systematisch, ob die Voraussetzungen und Rahmenbedingungen der jeweiligen Theorie im Einzelfall gegeben sind."[180]

Ob eine solche Vorgehensweise allerdings geeignet ist, die Vielschichtigkeit, Komplexität und Heterogenität der Rahmenbedingungen, Motive und Anlässe strafrechtsrelevanter Verhaltensweisen exakt zu erfassen, erscheint zweifelhaft. Darüber hinaus ist die Zahl der infrage kommenden Theorieansätze in aller Regel fast unüberschaubar, sodass eine deduktive Analyse zwar formallogisch korrekt wäre, aber gravierende Probleme der Durchführbarkeit aufwerfen würde.

In seiner argumentativen Tendenz rät Dahle vor diesem Hintergrund nahezu zu einem Verzicht auf eine stringente Theorie: „Realistischer erscheint es, bei der retrospektiven Analyse der Hintergründe für das Anlassdelikt induktiv vorzugehen, d.h. aus der biographischen Rekonstruktion der Geschichte

---

[179] Ebd. S. 16, vgl. auch Dahle (1997) S. 27 und Volckart (2002) S. 105 ff.
[180] Dahle (2005) S. 17

der Person, aus der Rekonstruktion ihrer Vorgeschichte strafrechtsrelevanter (und psychologisch ähnlicher) Handlungen und nicht zuletzt aus einer sorgfältigen Tathergangsanalyse des Anlassgeschehens Hypothesen über individuelle Gesetzmäßigkeiten (d.h. über Gewohnheitsbildungen, Wahrnehmungsbesonderheiten, Kompetenzdefizite, Einstellungsmuster, Verhaltenstendenzen in bestimmten Situationen usw.) abzuleiten, die dann systematisch geprüft und spezifiziert werden."[181]

Auch bei einem solchen induktiven Vorgehen wäre natürlich ein Rekurs auf vorliegende Theorien sinnvoll und notwendig. Diese hätten sich jedoch in ein praxisbezogenes Analyseraster einzuordnen. Gerade die Anforderungen an eine einzelfallbezogene Wahrscheinlichkeitsaussage legen eine zugleich induktive Vorgehensweise nahe, da diese es am ehesten ermöglicht, die Prognose differenziert an den Besonderheiten der Persönlichkeit des Verurteilten auszurichten, die ja mit ihren möglichen Verhaltensweisen Gegenstand der geforderten Wahrscheinlichkeitsaussage ist.[182]

Wenn wir weiter oben bereits konstatiert haben, dass die Analyse der besonderen Rahmenbedingungen der Anlasstat wichtige Voraussetzung für eine seriöse Kriminalprognose ist, so muss vor dem Hintergrund der erkenntnistheoretischen Implikationen von Prognostik einschränkend angemerkt werden, dass es gerade die situationalen Aspekte der Anlasstat sind, die Verhaltensprognosen ungemein erschweren. Insbesondere die situationalen, d.h. jeweils besonderen Rahmenbedingungen einer Tat begrenzen die Vorhersagbarkeit ihrer möglichen Wiederholung.

Allerdings gelten auch hier bestimmte Regeln. Insbesondere extreme Konstellationen bei der Anlasstat machen eine treffsichere Vorhersage möglich, da mit sehr großer Wahrscheinlichkeit eine Wiederholung der Extremkonstellation nicht eintreten wird. Dahle argumentiert in diesem Zusammenhang allerdings tendenziell zirkelschlüssig, wenn er schreibt: „Stellt sich die rückblickende Analyse des Anlassdelikts in einem konkreten Fall beispielsweise so dar, dass es sich bei der Tat des Betroffenen um ein an sich atypisches singuläres Verhalten vor dem Hintergrund einer ungewöhnlichen Ausgangssituation mit extremen Anforderungsgehalt handelte, wird die Erwartung etwaiger Rückfälle vermutlich gering sein. Eine Wiederholung der für ein analoges Verhalten erforderlichen Rahmenbedingungen wäre unwahrscheinlich."[183]

---

[181] Ebd. S. 17
[182] Vgl. Jüttemann/Thomae (2001) S. 3 f. sowie Laux (2003) S. 9
[183] Dahle (2005) S. 18

Voraussetzung für die Schlüssigkeit einer solchen Argumentation wäre in der Tat die vollständige Aufklärung und der sichere Ausschluss aller personalen Risikofaktoren, die bei der Anlasstat eine Rolle gespielt haben. Ansonsten würde sich die Rückfallprognostik auf die Wahrscheinlichkeit oder Unwahrscheinlichkeit einer Wiederholung der situationalen Rahmenbedingungen der Anlasstat beschränken.

Die Anlasstat selbst wäre dann ebenso unwahrscheinlich wie ihre Wiederholung, und wenn es keine personalen Faktoren gäbe, die zur Anlasstat geführt haben, dann wäre der Betroffene wohl im Regelfall freizusprechen gewesen, es sei denn, er hätte die extremen Rahmenbedingungen seiner Tat bewusst oder unbewusst mitverschuldet.

Solange aber weder über situationale Rahmenbedingungen noch über personale Risikofaktoren erschöpfende Klarheit geschaffen werden kann, wird niemals das Restrisiko einer Fehlprognose ganz auszuschließen sein, zumal dann, wenn sich die Prognose, wie das in aller Regel insbesondere bei Entlassungsprognosen der Fall ist, über einen sehr langen Zeitraum erstreckt. Hier besteht, wie Dahle bemerkt, das „Risiko, dass irgendwann ungewöhnliche Ereignisse, Lebenskrisen oder andere Rahmenbedingungen eintreten, deren Vorhersage im Einzelfall außerhalb der Möglichkeiten seriöser wissenschaftlicher Prognosen liegt, die jedoch die Rückfallerwartung nachhaltig verändern. Die Möglichkeit des Irrtums liegt insoweit zu einem gewissen Grad im Wesen jeder Verhaltensvorhersage, sofern diese nicht auf ein bestimmtes und bekanntes situationales Umfeld beschränkt wird.“[184]

Da in diesem Zusammenhang davon auszugehen ist, dass es sich immer um probalistische Aussagen handelt, liegt eine Fehlprognose nur dann vor, wenn die Tatsachen, die den prognostischen Erfahrungssätzen Kriterien liefern, falsch ermittelt wurden oder untaugliche Erfahrungssätze herangezogen wurden. Entsprechend gilt: der Verdacht muss im Moment der Verdachtsbildung korrekt abgeleitet werden, dann ist er begründet und richtig - ganz gleich, ob sich später die Unschuld herausstellt. Das Vorkommen von Rückfällen wird bei probalistischen Aussagen im Grunde impliziert.

Insofern besteht sicherlich ein proportionaler Zusammenhang zwischen der zeitlichen Dauer, für die eine Prognose gelten soll und ihrer Anfälligkeit für Irrtümer. Auch methodisch völlig fehlerfreie Prognosen können Fehleinschätzungen niemals ganz ausschließen. In diesem Sinne gilt das, was Volckart als „erstes kriminalprognostisches Gesetz“ bezeichnet, nämlich der

[184] Dahle (2005) S. 19

Satz: „Erfahrungswissenschaftliche kriminalprognostische Aussagen sind Wahrscheinlichkeitsaussagen – eine sichere Ja-Nein-Aussage über künftiges kriminelles Verhalten ist nicht möglich.“[185]

Allerdings ist damit keineswegs die Validität von Kriminalprognosen grundsätzlich in Frage gestellt. Im Gegenteil: Eine methodisch fundierte Prognose ist in der Lage, das Irrtumsrisiko auf ein nach wissenschaftlichem Kenntnisstand erreichbares Minimum zu reduzieren.

Letzten Endes sind es dichotome Entscheidungsanforderungen, die die Kriminalprognostik ungemein erschweren. Sie gehören jedoch zum Auftragsprofil, das die Gerichte den von ihnen herangezogenen Sachverständigen vorgeben. Im Bereich des Strafrechts sind Prognosen in der Regel an Ja-Nein-Entscheidungen orientiert, die z.B. die Frage beantworten, ob ein Rückfall wahrscheinlich oder unwahrscheinlich ist.[186] „Erst diese individuelle Entscheidung erfüllt die gesetzliche Voraussetzung für einen prognostisch begründeten Freiheitsentzug. [...] Wird eine Kriminalprognose als ungünstig bewertet, so ist die strafrechtliche Folge Freiheitsentzug oder die Fortsetzung eines bereits laufenden Freiheitsentzuges, wird sie als günstig bewertet, so kommt der Täter frei oder bleibt in Freiheit.“[187]

An dieser Stelle ist es allerdings notwendig, darauf hinzuweisen, dass die Wahrscheinlichkeitsaussagen der Kriminalprognostik bei näherer Betrachtung formallogisch keineswegs mit Ja-Nein-Aussagen gleichgesetzt werden können. Bei einer Wahrscheinlichkeitsprognose ist es in der Realität nämlich sehr schwierig festzulegen, wann eine solche Prognose als günstig oder ungünstig bezeichnet werden kann, da es sich dabei in aller Regel um eine wertende Entscheidung handelt.

Volckart bringt diesen Zusammenhang mit einem polemischen Unterton auf den Punkt wenn er schreibt: „Man übergeht das erste kriminalprognostische Gesetz und tut so, als sei die Wahrscheinlichkeitsaussage eine Ja-Nein-Aussage. Anscheinend liegt dem der Gedanke zugrunde, die Wahrscheinlichkeitsaussagen kämen wenigstens ungefähr den Ja-Nein-Aussagen nahe. Da das aber nur ausnahmsweise der Fall ist, leiden [diese Einschätzungen] an einem Denkfehler. Sie vermischen, was gedanklich getrennt werden muss, und verstricken sich in logische Wirrnis.“[188]

[185] Volckart (2002) S. 105
[186] Vgl. Kühl/ Schumann (1989) S. 129 und Schumann (1994) S. 39
[187] Volckart (2002) S. 106
[188] Volckart (2002) S. 108

Das Problem liegt in der Tat darin, dass erfahrungswissenschaftlich basierte Wahrscheinlichkeitsaussagen und juristische Ja-Nein-Entscheidungen häufig miteinander vermischt werden. Dies wird dann besonders gefährlich, wenn es um empirisch belegte, mittlere Wahrscheinlichkeitswerte geht, auf deren Grundlage ein Gericht jedoch Ja-Nein-Entscheidungen mit einer klaren Aussage z.B. über die Fortsetzung einer Freiheitsstrafe oder die Aussetzung zur Bewährung treffen muss, oder wo Entscheidungen über Lockerungen im Vollzug anstehen. Bei hohen Wahrscheinlichkeiten, wie sie natürlich ebenfalls auftreten, verwischt sich das Unterscheidungsproblem zumeist.

Bei mittleren Wahrscheinlichkeiten ist juristische Bewertung und normative Entscheidung notwendig: „Der Umschlagpunkt zwischen günstig und ungünstig ist nicht naturgegeben. Der Rechtsanwender hat die Grundlagen für den Ort des Umschlagpunkts zu ermitteln und diesen dann selbst zu bestimmen. [...] Erfahrungswissenschaftler tun sich schwer damit, wahrzunehmen, dass juristische Aussagen einer grundsätzlich anderen Systemwelt angehören als erfahrungswissenschaftliche Aussagen. Juristische Aussagen sind nicht einfach nur praktisch und im Übrigen von derselben Art wie die des Erfahrungswissenschaftlers, nur eben ohne dessen Sachkunde. Vereinfacht gesagt gehören sie zum Reich des Sollens und nicht des Seins, zum Normativen, nicht zum Materialen, zum Gedachten, nicht zur Wirklichkeit.“[189]

Allerdings zeigt ein Blick auf die eingangs des vorliegenden Kapitels dargestellten Fehlermöglichkeiten in der Kriminalprognostik, dass willkürliche Versuche, die Umschlaggrenze zwischen günstiger und ungünstiger Prognose z.B. aus Gründen der Sicherheit zu verschieben, keineswegs zu einer Verminderung der Fehlerquote führen.

Es gibt bei einer solchen, scheinbar opportunen Verlegung des Umschlagpunktes folgerichtig immer zwei Arten von Opfern: Zum einen diejenigen, die unter den Rückfalltaten von Fehlprognosen zu leiden haben, zum anderen aber diejenigen, die zur Vermeidung von Rückfalltaten im Freiheitsentzug verbleiben, obwohl sie bei einer Freilassung keine rechtswidrige Tat begehen würden. Das Verhältnis beider Opfergruppen zueinander entspricht dabei demjenigen in einem System kommunizierender Röhren. Volckart pointiert diesen Zusammenhang mit der skeptischen Grundsatzformulierung: „Bei der kriminalprognostischen Beurteilung als günstig oder ungünstig ist Vorsicht in der einen Richtung immer zugleich Rücksichtslosigkeit in der anderen.“[190] Das heißt, dass sich Kriminalprognostik im Grunde in einem

[189] Volckart (2002) S. 108
[190] Volckart (2002) S. 109

unauflösbaren Dilemma befindet, wenn die Alternativen auf diese Weise formuliert werden. Die Frage stellt sich allerdings, ob dies zwangsläufig so sein muss, oder ob sich, wenn Aspekte wie die Menschenwürde von Eingewiesenen oder ihre Patientenrechte hinzugezogen werden, sich nicht die Waagschale zugunsten einer jeweils günstigeren Prognostik neigen würde,[191] wobei sich bezüglich einer solchen Einschätzung allerdings vor allem auch Fragen der Strafökonomie und ihrer politischen Implikationen ergeben.

Insbesondere die ‚politischen' Implikationen der Kriminalprognostik sind dazu angetan, die Methodenwahl der Sachverständigen bezüglich ihrer Rückfallprognostik zu beeinflussen. Kaum ein Sachverständiger ist noch bereit, angesichts des Medieneinflusses auf diesem Sektor das Risiko eines Prognoseirrtums einzugehen. Im Zweifel wird vor diesem Hintergrund gegen Vollzugslockerungen oder gar vorzeitige Entlassungen entschieden.[192]

Allerdings ist einzuräumen, dass die Kriminalprognostik bei aller inzwischen erreichten Qualität in vielerlei Hinsicht noch gleichsam ‚in den Kinderschuhen' steckt, insbesondere was den Bereich der forensischen Psychiatrie und der Zielgruppe von Sexualstraftätern angeht. Auf den nach wie vor immensen Forschungsbedarf in diesem Bereich machen Nedopil und Hollweg aufmerksam, wenn sie konstatieren, dass insbesondere im Bereich der Evaluation von Therapieerfolgen bei Sexualstraftätern, bei der Analyse dynamischer Rückfallkriterien, bei der Verantwortungsübernahme und Beteiligung von Sexualstraftätern an ihrer Behandlung, bezüglich der Phänomene Behandlungsverweigerung oder -abbruch oder beim Problemkreis der Kooperation mit formeller oder informeller Kontrolle weitere Untersuchungen dringend notwendig erscheinen.[193]

Nicht von ungefähr wird in der einschlägigen Literatur immer wieder das Maßregelrecht bzw. die Zielgruppe der in den Maßregelvollzug Eingewiesenen herangezogen, wenn es um die Wertung von Wahrscheinlichkeitsaussagen in der Kriminalprognostik geht.

Hier handelt es sich um Verurteilte, die von einer durch eine einschlägige Berichterstattung in den Medien beeinflussten Öffentlichkeit als besonders ‚gefährlich' wahrgenommen werden. Dies sind die gesellschaftlichen Rahmenbedingungen, unter denen Kriminalprognostik einen schweren Stand hat, zumal, wenn sie sich eingestehen muss, dass ihr methodisches Instru-

---

[191] Vgl. Kammeier (2005) S. 2 ff.
[192] Vgl. Haffke (2000) S. 83 ff.
[193] Vgl. Hollweg/ Nedopil (2006) S. 192 ff.

mentarium, wie wir gesehen haben, keineswegs auch nur annähernd ausreicht, um Prognoseirrtümer weitgehend auszuschließen.

Volckart äußert sich hier auch für die zukünftige Entwicklung in Bezug auf eine Absicherung von Kriminalprognostik durch Heranziehung von Basisraten, d.h. von Gruppendurchschnittswerten, ausgesprochen skeptisch: „Der Versuch, bei freiheitsentziehenden Maßregeln Basisraten für die zu prognostizierende Kriminalität zu finden, wird aufgegeben werden müssen [...] Die Basisrate ist nach alledem eine Rate des Vorkommens von Tätern begangener und verhinderter rechtswidriger Taten, deren Vorhandensein wir kennen, aber nicht deren Größe. Das methodologische Wissen über Basisraten ist nicht geeignet, die Zuversicht der Erfahrungswissenschaftler im Hinblick auf die Qualität ihrer Wahrscheinlichkeitsaussagen zu steigern. Den kriminalprognostischen Rechtsanwender, der über Freiheit oder Unfreiheit zu entscheiden hat, sollte dieses methodologische Wissen bei seiner Abwägung selbstkritischer und sorgfältiger machen."[194]

Prognoseirrtümer sind dabei fatalerweise immer mit zusätzlichen Kosten verbunden.[195] Fehlprognosen bei Hafterleichterungen oder Entlassungen aus dem Maßregelvollzug gefährden in aller Regel die Gesellschaft. Der ‚Medienaufschrei', der unvermeidlich erfolgt, wenn aufgrund von Rückfällen neue Opfer zu beklagen sind, induziert nicht nur mit gleicher Unvermeidlichkeit den politischen Ruf nach erweiterten, kostenträchtigen Sicherheitsmaßnahmen, sondern er verursacht gleichzeitig eine zusätzliche Zurückhaltung von Sachverständigen bei günstigen Prognosen. Und genau diese Zurückhaltung ist es, die ihrerseits wiederum Kosten verursacht, weil sie damit überflüssige Unterbringungskosten generiert.

Insofern scheint die auf Wahrscheinlichkeitsannahmen basierende Kriminalprognostik, was ihren ökonomischen, vor allem aber ihren fiskalischen Aspekt angeht, gefangen in einem unauflöslichen circulus vitiosus von allgemein gesellschaftlichen Kosten durch zu günstige Prognosen und einer Erhöhung der fiskalischen Kosten durch eine tendenzielle Zunahme ungünstiger Prognosen.

Die Frage muss an dieser Stelle offen bleiben, welchen Nutzen statistikbasierte, und insofern standardisierte Methoden dem Kriminalprognostiker tatsächlich einbringen. Eher et al. urteilen in einer aktuellen Studie zur Rückfallprognostik bei Sexualstraftätern hier ausgesprochen skeptisch, wenn sie

[194] Volckart (2002) S. 113
[195] Vgl. Schumann (1994) S. 40

schreiben: „Die Vorhersage des Eintritts von Rückfällen bzw. des Schweregrades dieser Delikte mittels standardisierter Prognosemethoden ist bislang noch in vielerlei Hinsicht mangelhaft. Bei Sexualstraftätern gibt es in den bisherigen Publikationen zwar regelmäßig die Deliktkategorien ‚sexuell' und ‚gewalttätig', diese sind allerdings für den Rechtsanwender und Kliniker zu ungenau."[196]

[196] Eher et al. (2008) S. 87

5. Grundrechte und Patientenrechte im Maßregelvollzug nach § 63 StGB

5.1 Grundrechte und Grundrechtseinschränkungen

Die im Grundgesetz und in den Landesverfassungen festgehaltenen Grundrechte sind zwar von hoher Wichtigkeit für in den Maßregelvollzug Eingewiesene, sie stehen hier jedoch in der Regel unter einem Gesetzesvorbehalt, der den jeweiligen (Landes-) Gesetzgeber zu Einschränkungen ermächtigt. So ist zum Beispiel die Einschränkung des Besuchsrechts sicherlich ein Eingriff in den Geltungsbereich eines Grundrechts, sie ist jedoch nicht rechtswidrig, wenn „das einschränkende Gesetz den Vorbehalt und alle weiteren Grenzen der Einschränkbarkeit von Grundrechten wahrt […], und wenn die Maßnahme auf das einschränkende Gesetz gestützt werden kann.“[197]

Zumeist verwenden die entsprechenden Landesgesetze in diesem Zusammenhang so genannte Generalklauseln wie: „Die nach diesem Gesetz Untergebrachten werden so untergebracht, behandelt und betreut, dass der Unterbringungszweck bei geringstem Eingriff in die persönliche Freiheit erreicht wird.“[198]

Unter gewissen Umständen kann auch[199] der Eingriff in ein Grundrecht statthaft sein, das unter keinem Gesetzesvorbehalt steht. Hierzu bedarf es allerdings dann einer eingehenden Grundrechtsinterpretation, um z.B. Einschränkungen für Eingewiesene zu vermeiden, die einen Verstoß gegen die Menschenwürde, die Freiheit des Glaubens, des Gewissen oder des weltanschaulichen oder religiösen Bekenntnisses bedeuten würden. Maßnahmen, die gegen diese Grundrechte ohne Gesetzesvorbehalt verstoßen, können nicht mit Gründen der Ordnung, der Sicherheit oder der Behandlung begründet werden, wie sie als zentrale Gründe von Grundrechtseinschränkungen in den einschlägigen Landesgesetzen aufgeführt sind.

Wegweisend ist sicherlich vor diesem Hintergrund die so genannte Wesentlichkeitstheorie des Bundesverfassungsgerichts. Danach ist der Gesetzgeber gehalten, in „grundlegenden normativen Bereichen, zumal im Bereich der Grundrechtsausübung, soweit diese staatlicher Regelung zugänglich ist, alle wesentlichen Entscheidungen selbst […] zu treffen.“[200] Es ist also nicht zulässig, Grundrechtseingriffe den Organen des Maßregelvollzuges unter Hin-

[197] Kammeier (2002) S. 58
[198] Baden Württemberg § 7 Abs. 2 vgl. auch Bayern Art. 12 Abs. 2 und Brandenburg § 2
[199] Vgl. Kammeier (2002) S. 59
[200] BVerfGE 61, 260, 275

weis auf die Trias der Eingriffsrechtfertigungen, nämlich Ordnung, Sicherheit und Behandlung, zu überlassen. Vielmehr bedarf es hier einer parlamentarischen Legitimation, d.h. einer politischen Entscheidung. Das Verfassungsgericht begründet auf diese Weise sowohl eine Verpflichtung als auch eine Berechtigung des zuständigen Gesetzgebers. Darüber hinaus muss im Einzelfall geprüft werden, ob die Intensität der jeweiligen Grundrechtseinschränkung zulässig ist, oder ob sie über das durch das Gesetz maximal Erlaubte hinausgeht.[201] Kammeier fasst dies mit der schlüssigen Formulierung zusammen: „Durch die Wesentlichkeitstheorie wird die durch einen Gesetzesvorbehalt begründete Befugnis des Gesetzgebers zur Einschränkung von Grundrechten also ihrerseits eingeschränkt."[202]

Weitere Einschränkungen erfährt der Gesetzgeber durch den Grundsatz der Verhältnismäßigkeit[203], von dem an späterer Stelle noch die Rede sein wird, sowie durch die Garantie des Wesensgehalts der Grundrechte nach Art 19 II GG.

Beide Einschränkungen können als miteinander im Zusammenhang stehend angesehen werden, weil nach der so genannten ‚relativen Theorie' der Wesensgehalt eines Grundrechts nur dann angetastet wäre, wenn „im Einzelfall in ein Grundrecht eingegriffen wird, obwohl dem Zweck dieses Eingriffs ein geringerer Rang als der Grundrechtsausübung zuzuerkennen ist."[204] D.h. es müsste dann ein Verstoß gegen das Prinzip der Verhältnismäßigkeit vorliegen.

Volckart und Grünebaum verdeutlichen diesen Zusammenhang am Beispiel des Ordnungsbegriffes, den wir weiter oben der so genannten „Einschränkungstrias" zugeordnet haben: Der Ordnungsgrundsatz sei gelegentlich übermäßig ausgedehnt worden. „Er ist zur Rechtfertigung von Eingriffen benutzt worden, die bei vernünftiger Handhabung und genügender Achtung der Individualrechte der Betroffenen schlicht überflüssig waren [...]. Nötig ist [hingegen] eine Praxis, die nicht zu engherzig ist und den Freiheitsentzug nicht über das nötige Maß hinaus verschärft [...]. Eingriffe, die nicht wirklich notwendig sind, wirken bedrückend und schädigen das therapeutische Klima. Sie sind Ordnungsstörungen ‚von oben'."[205]

---

[201] Pieroth/ Schlink (2000) S. 300, Rn 296

[202] Kammeier (2002) S. 60, vgl. auch Volckart/ Grünebaum (2003) S. 48 sowie Forster (1997) und Legemaate (1998)

[203] BVerfGE 19, 342, 349

[204] Kammeier (2002) S. 61 sowie Pieroth/ Schlink (2000) Rn 299

[205] Volckart/ Grünebaum (2003) S. 50

Grundsätzlich gilt: „Alle Grundrechte, obenan die Unantastbarkeit der Menschenwürde, der Schutz des Lebens und der körperlichen Unversehrtheit, das Recht auf freie Entfaltung der Persönlichkeit und das allgemeine Persönlichkeitsrecht gelten auch für den psychisch Kranken, der als Patient im Maßregelvollzug untergebracht ist. Das Grundgesetz verwirft mit absoluter Entschiedenheit ein Menschenbild, das die soziale Funktionstüchtigkeit des einzelnen Menschen über diese materiellen Werte und Recht stellt."[206] Die Wertordnung des Grundgesetzes, so Volckart und Grünebaum, ist „bewusst geschaffen worden, um gerade die schwachen, behinderten und auch die psychisch gestörten oder defekten Mitglieder unserer Gesellschaft zu schützen."[207]

Daraus ergibt sich im Grunde zwingend, dass nach Maßgabe des Grundgesetzes Eingewiesene nicht in die Rolle von Objekten eines wie auch immer gearteten Vollzuges an ihnen gedrängt werden dürfen. Ihnen kommt vielmehr ein Subjekt-Status zu. Sie sind, wie Volckart und Grünebaum zu Recht bemerken, als „menschliche Subjekte zu achten."[208] In den entsprechenden Landesgesetzen finden sich denn auch Formulierungen, die durchaus in diese Richtung weisen: „Bei allen Maßnahmen aufgrund dieses Gesetzes ist auf das Befinden der oder des psychisch Kranken oder seelisch Behinderten besondere Rücksicht zu nehmen. Alle Rechte dieser Person und ihre menschliche Würde sind zu wahren. Einschränkungen ihrer Rechte nach diesem Gesetz unterliegen dem Grundsatz der Verhältnismäßigkeit."[209]

In anderen Landesgesetzen fehlen jedoch diese einschränkenden Hinweise auf den Subjekt-Status und die Grundrechte der Eingewiesenen, woraus jedoch keineswegs der Schluss gezogen werden darf, die Grundrechte der Eingewiesenen würden dort geringer geachtet.[210] Dies wäre eine unzulässige Vereinfachung. Dennoch soll an dieser Stelle aus zwei Landesgesetzen zitiert werden, da in ihrem Geltungsbereich liegende Landeskrankenhäuser bei den in der vorliegenden Untersuchung durchgeführten Interviews mit Eingewiesenen eine Rolle spielen. Im Hamburgischen Maßregelvollzugsgesetz heißt es zu den Zielen und Grundsätzen des Maßregelvollzuges: „Der Maßregelvollzug ist darauf auszurichten, den Patienten zur Erreichung des Vollzugsziels […] zu behandeln, ihn familiär, sozial und beruflich einzugliedern und ihn auf eine selbständige Lebensführung vorzubereiten. So-

[206] Volckart/ Grünebaum (2003) S. 43
[207] Ebd.
[208] Ebd.
[209] Brandenburg § 2 Abs. 1
[210] Vgl. unten Kap. 8 (Interviews mit Eingewiesenen) und zu den Unterschieden zwischen den betreffenden Landeskrankenhäusern

weit dies mit dem Ziel der Besserung und Sicherung vereinbar ist, soll der Maßregelvollzug unter Berücksichtigung therapeutischer und pädagogischer Gesichtspunkte den allgemeinen Lebensverhältnissen angeglichen werden. Der Maßregelvollzug dient außerdem dem Schutz der Allgemeinheit."[211]

Auch das niedersächsische Maßregelvollzugsgesetz enthält keinen unmittelbaren Hinweis auf die Grundrechte oder den Subjekt-Status von Eingewiesenen. Hier heißt es bezüglich der Grundsätze des Maßregelvollzuges: „Ziel einer Unterbringung in einem psychiatrischen Krankenhaus ist es, den Untergebrachten soweit wie möglich zu heilen oder seinen Zustand so weit zu bessern, dass er nicht mehr gefährlich ist. [...] Maßregeln dienen zugleich dem Schutz der Allgemeinheit. [...] Soweit wie möglich soll der Vollzug den allgemeinen Lebensverhältnissen angeglichen werden und den Untergebrachten auf eine selbständige Lebensführung vorbereiten. Seine familiäre, soziale und berufliche Eingliederung soll gefördert werden."[212]

Es erweist sich also hier eine durchaus unterschiedliche Akzentuierung in den einzelnen Landesgesetzen, wobei die Gesetzestexte sicherlich bezüglich der Frage nach einer Würdigung des Subjekt-Status von Eingewiesenen weniger aussagekräftig sind als eine Beurteilung der Vollzugspraxis vor Ort in den einzelnen Landeskrankenhäusern.

Bedenken jedoch, wie sie etwa von Volckart und Grünebaum in diesem Zusammenhang gegenüber der Vollzugspraxis geäußert werden, erscheinen dabei als durchaus gewichtig: Die Konsequenzen aus dem vom Grundgesetz vorgegebenen Subjekt-Status von Eingewiesenen würden, so formulieren die beiden Autoren, nämlich „noch immer nicht mit der nötigen Eindeutigkeit gezogen. Bei der Unterbringung der Patienten im Maßregelvollzug, bei der Aufrechterhaltung der Ordnung in den Krankenhäusern, bei Bildungsmaßnahmen, bei er ärztlichen Behandlung und bei Lockerungen des Vollzuges sowie bei den Freizeitangeboten steckt das Grundgesetz Grenzen ab, innerhalb deren allein ein Maßregelvollzug stattfinden darf. Diese Grenzen werden noch nicht von allen Beteiligten mit der gebotenen Klarheit gesehen."[213]

Kammeier geht trotz der Vielzahl von Einschränkungen, die sich aus der Praxis des Maßregelvollzuges im Sinne einer Aufrechterhaltung von Sicherheit und Ordnung in den Anstalten ergeben, von einer Garantie des Wesensgehaltes der Grundrechte[214] aus: Die Wesensgehaltgarantie ist [...] in einer

---

[211] Hamburg § 2
[212] Niedersachsen § 2 Abs. 1 und 2
[213] Volckart/ Grünebaum (2003) S. 43
[214] Vgl. Art 19 II GG

Weise zu interpretieren, die ihre selbständige Bedeutung sichert. Die Anerkennung einer objektiven Grenze der Relativierbarkeit von Grundrechten als normative Anforderung, also die Anerkennung eines Kernbereichs, der von keinem öffentlichen Interesse aufgewogen werden kann, ist aber auch sachlich geboten.[215]

Grundlage dieser Einschätzung ist dabei, dass Grundrechte und Gemeinwohl keine Gegensätze[216] darstellen. „Durch die Aufopferung von Grundrechten kann kein Gemeinwohl im Sinne des Grundgesetzes entstehen. Als Widerstand gegen eine Radikalisierung utilitaristischen Denkens ist der Gehalt der Wesensgarantie zugleich Widerstand gegen eine vollends verwaltete Gesellschaft."[217]

Und hier geht es insbesondere um die Wahrung von Grundrechten für Eingewiesene in psychiatrische Einrichtungen des Maßregelvollzuges: „Diese Position ist gerade für Personen in geschlossenen Einrichtungen („totalen Institutionen") wichtig. In Verbindung mit einer neueren Grundrechtsdogmatik, nach der Grundrechte nicht allein Abwehrrechte sind, sondern auch Schutzpflichten des Staates erzeugen und Ansprüche auf Teilhabe und Leistungen vermitteln können, folgt aus der Wesensgehaltsgarantie das Gebot, einer Verkümmerung von Grundrechten in geschlossenen Einrichtungen entgegenzuwirken."[218]

Kammeier macht das an einem Beispiel (Grundrecht auf Bewegungsfreiheit) deutlich: „Ein Untergebrachter darf, auch wenn er als besonders gefährlich gilt, nicht in einen Kreislauf von Isolation, Fixierung und pharmakologischer Ruhigstellung verbleiben. Sofern es überhaupt möglich ist, Bedingungen für eine freiere Lebensweise innerhalb der Einrichtung zu schaffen, sind die dafür nötigen materiellen und personellen Ressourcen bereitzustellen und einzusetzen, zumindest in dem Umfang, den die faktische Sicherung des Wesensgehalts des Grundrechts erfordert."[219]

Wir werden an späterer Stelle der Untersuchung sehen, inwieweit diese Vorgaben in der gesetzgeberischen Praxis der Landesgesetze einerseits und im Vollzugsalltag andererseits umgesetzt werden können.[220] Deutlich dürfte jedoch bereits an dieser Stelle der vorliegenden Untersuchung sein, dass ins-

---

[215] Kammeier (2002) S. 61

[216] Vgl. Volckart/ Grünebaum (2003) S. 43 ff.

[217] Kammeier (2002) S. 61, vgl. auch Volckart/ Grünebaum (2003) S. 45 f.

[218] Kammeier (2002) S. 61

[219] Ebd.

[220] Vgl. unten Kap. 5.2 und 8.2-9

besondere die Grundsätze, wie sie die einzelnen Landesgesetze formulieren zum einen erhebliche Unklarheiten enthalten, zum anderen aber auch den Landeskrankenhäusern beträchtliche Handlungsspielräume eröffnen, deren Ausgestaltung immer wieder auf eine von den Medien verstärkte, öffentliche Reaktion stößt, in deren Gefolge in vielen Fällen ein populistisch eingefärbter politischer Druck auf den Gesetzgeber und die zuständigen Justiz- Vollzugs- und Verwaltungsorgane ausgeübt wird.[221]

Man könnte -sicherlich etwas zugespitzt- formulieren, dass die sich aus Unklarheiten in den Landesgesetzen ergebenden, zwangsläufigen Handlungsspielräume, die den Anstalten des Maßregelvollzuges zufallen, in einem proportionalen Verhältnis zu den Möglichkeiten stehen, öffentlichen Druck auszuüben. Diese Unklarheiten stellen gleichsam ein Einfallstor für öffentliche Schuldzuweisungen gegen die Leitungen der Landeskrankenhäuser sowie gegen das ärztliche und therapeutische Personal dar.

5.2 Patientenrechte

Eine wichtige Einschränkung des Handlungsspielraumes, den psychiatrische Einrichtungen des Maßregelvollzuges gegenüber den Eingewiesenen haben, ist der Grundsatz der Verhältnismäßigkeit. Hier formuliert das Bundesverfassungsgericht folgendermaßen: Der Grundsatz der Verhältnismäßigkeit ergebe sich „aus dem Rechtsstaatsprinzip, im Grunde aus dem Wesen der Grundrechte selbst, die als Ausdruck des allgemeinen Freiheitsanspruchs des Bürgers gegenüber dem Staat von der öffentlichen Gewalt jeweils nur soweit beschränkt werden dürfen, als es zum Schutz öffentlicher Interessen unerlässlich ist.“[222]

Hieraus folgen für den Landesgesetzgeber vor allem drei Grundsätze. Ein grundrechtseinschränkendes Gesetz muss:

- geeignet und
- erforderlich sein, und schließlich
- muss es ein angemessenes Verhältnis zwischen dem entsprechenden öffentlichen Interesse und der Einschränkung eines Patientenrechts berücksichtigen.

[221] Vgl. unten Kap. 6.2 und 6.4
[222] BVerfGE 19, 342, 349

Kammeier weist jedoch zu Recht auf die Schwierigkeit hin, diese Grundsätze in der Praxis des Maßregelvollzuges tatsächlich umzusetzen. Die beiden ersten Kriterien beziehen dabei sich vorwiegend auf die gesetzgeberische Ausgestaltung der Landesgesetze, soweit sie Grundrechte einschränken. Die jeweilige Vorschrift muss geeignet in dem Sinne sein, dass sie dazu dient, den vorgegebenen Zweck zu erreichen; sie muss darüber hinaus erforderlich sein in dem Sinne, dass sie durch keine weniger rigide Einschränkung ersetzbar wäre. Letzteres würde, gemäß den Anforderungen an einen Grundsatz, allerdings eine (nicht gegebene) Einigkeit darüber voraussetzen, wie „weit das Spektrum alternativer Mittel reicht.“[223]

Die Grundsätze der Angemessenheit und der Verhältnismäßigkeit beziehen sich demgegenüber vor allem auf die Ausgestaltung einzelner Maßnahmen im Maßregelvollzug selbst. Hierbei sind (in einem kursorischen Überblick) folgende Fragenkomplexe zu regeln:[224]

- Unterbringung, Kleidung und Ernährung,
- Besitz von Sachen und Einkauf,
- Außenkontakte im Krankenhaus: Besuche, Besuche von Verteidigern und gesetzlichen Vertretern, Schriftwechsel und Pakete, sowie Telefon,
- Fragen des bürgerlichen Status: Anrede, Anklopfen sowie die Wahrnehmung staatsbürgerliche Rechte,
- Geld und Bezüge,
- Verhaltensvorschriften, Hausordnungen,
- Disziplinarmaßnahmen,
- Besondere Sicherungsmaßnahmen und unmittelbarer Zwang, Durchsuchung und erkennungsdienstliche Behandlung,
- Verhinderung von Suiziden,
- Verlegungen (auch gegen den Willen des Patienten),
- Gewährleistung des Lebensspielraums: Freizeit, Aufenthalt im Freien, Zugang zu Medien, Religionsausübung, Teilnahme an religiösen Veranstaltungen und Besitz von Gegenständen des religiösen Gebrauchs,
- Arbeit, Ausbildung und Weiterbildung,
- Außenbeschäftigung,
- offener Vollzug,
- Vollzugslockerungen und Urlaub sowie

---

[223] Kammeier (2002) S. 60

[224] Vgl. Volckart/ Grünebaum (2003) S. 49 ff.

- Zwangsbehandlung, Duldungspflicht und Mitwirkungspflicht bei therapeutischen Maßnahmen.

Für die Patientenrechte gilt in besonderem Maße die Einschränkung, die Volckart und Grünebaum für den Maßregelvollzug insgesamt konstatieren: Ein systematischer Überblick sei hier wegen der komplexen Materie ungemein schwierig. „Da außerdem das leitende Personal zugleich therapeutische Aufgaben und Verwaltungsaufgaben hat, sind die Handlungsbereiche der Gewährleistung des Lebensspielraums, der Aufrechterhaltung der Ordnung und der Behandlung fast untrennbar miteinander verquickt. [...] Ordnungsmaßnahmen sind immer Eingriffe in Rechte, die der Patient zur Ausfüllung des für sein Leben erforderlichen Spielraums braucht. Ordnungsmaßnahmen dürfen niemals Selbstzweck sein. Alles, was die Bediensteten des Krankenhauses tun, ist dem Vollzugsziel der Wiedereingliederung untergeordnet.“[225]

Vor diesem Hintergrund ergibt sich gleichsam zwingend der Zusammenhang zwischen Grundrechten und Patientenrechten einerseits und den nachfolgenden rechtsökonomischen Erwägungen andererseits.

Der Argumentationsduktus der vorliegenden Arbeit kommt von den verfassungsrechtlichen Grundlagen her. Er bezieht sich auf eine Stärkung des Subjekt-Status der Eingewiesenen und zeigt erst indirekt, dass es durchaus auch im Sinne von Effizienz sinnvoll ist, einen humanen Maßregelvollzug sicher zu stellen. Im Vordergrund rechtsökonomischer Überlegungen und Berechnungen hat stets das Recht zu stehen.

---

[225] Volckart/ Grünebaum (2003) S. 49

6. Strafökonomie und Gesellschaft
6.1 Ökonomik des Rechts: Grundlagen

Seit den 1970er Jahren spielt die ökonomische Analyse des Rechts (ÖAR) in Deutschland eine Rolle,[226] deren Bedeutung allerdings erst recht allmählich erkannt zu werden beginnt. In den USA hingegen ist sie seit langem etabliert. Dabei geht die ÖAR davon aus, dass insbesondere die in der Ökonomik zum Standard erhobene Entscheidungslehre sich sehr gut dazu eignet, die Verhaltensfolgen von Gesetzen prognostisch zu bewerten. Darüber hinaus ist sie in der Lage, wichtige Aspekte zur Gesetzesfolgenanalyse beizutragen.

Allerdings geht es zunächst dabei um eine klare Abgrenzung von rein ökonomischen Gesichtspunkten. Wie bereits weiter oben erwähnt, steht im Zentrum rechtsökonomischer Überlegungen das Recht. Stefan Korioth schreibt dazu: „Eine Verdrängung der juristischen Normativität durch ökonomische Wertgesichtspunkte kann nicht stattfinden.“[227] und er bekräftigt auch den Umkehrschluss: „Eine Ökonomisierung durch ausschließliche Instrumentalisierung des Rechts zur Effektivierung wirtschaftlicher Zwecke ist ausgeschlossen.“[228]

Es ist sicherlich zur Selbstverständigung der noch recht jungen Ökonomik des Rechts wichtig, sich von den Prämissen der Volkswirtschaftslehre abzugrenzen. Dies ist besonders wichtig gegenüber der „klassischen“ oder traditionellen Volkswirtschaftslehre. Die moderne Volkswirtschaftslehre ist da längst einen Schritt weiter. In Bezug auf den Faktor „Recht“ gehen viele Autoren nicht mehr, wie noch bis in die 1970er Jahre hinein, davon aus, Recht sozusagen als „invariables Datum“ bei ihren „ceteris paribus“- Überlegungen zu sehen. Vielmehr hat sich auch hier, z.B. in der nun auch schon mehr als 40 Jahre alten Tradition der „politischen Wirtschaftslehre“ eines Gert von Eynern [229] eine Denkweise etabliert, die rechtswissenschaftliche, soziologische und politikwissenschaftliche Zugangsweisen mit einer natürlich nach wie vor primär ökonomischen Analyse verbindet, sie integriert und instrumentalisiert. Insofern zeigt die „moderne“ Volkswirtschaftslehre ihrerseits eine methodische Verwandtschaft zur Ökonomik des Rechts, indem sie gleichsam interdisziplinär über den Tellerrand der eigenen Disziplin hinaussieht.

---

[226] Vgl. Kirstein (2000) S. 9 ff. sowie Kirstein (2003) S. 49 ff. und Koboldt / Leder / Schmidtchen (1992) S. 27 ff.

[227] Korioth (1997) S. 261

[228] Ebd.

[229] Vgl. von Eynern (1968) S. 3 ff.

Dass diese Interdisziplinarität nicht immer ganz einfach zu erreichen ist, merken vor diesem Hintergrund Albrecht und Entdorf zu Recht an, wenn sie schreiben: „Nun unterscheiden sich Denkmuster und Forschungsansätze von Juristen, Ökonomen, Psychologen und Sozialwissenschaftlern zum Teil so erheblich, dass in der Regel ein Informationsaustausch bzgl. Der Voraussetzungen einer wirkungsvollen Kriminalprävention nicht stattfindet.“[230] Diese pessimistische Einschätzung zugrunde gelegt, steht die Ökonomische Analyse des Rechts vor beträchtlichen Herausforderungen.

Um die Frage beantworten zu können, was denn ÖAR konkret leisten kann, ist es zunächst einmal wichtig zu klären, was denn Ökonomik überhaupt ist, und dass sie sich nicht nur mit Themen wie Geld, Kredit und Sozialprodukt befasst. Kirstein definiert den Begriff der Ökonomik wie folgt: „Ökonomik ist eine allgemeine Theorie zielgerichteter Entscheidungen unter Nebenbedingungen. Ihr Forschungsgegenstand ist also von zwei Kriterien gekennzeichnet: Zum einen geht es um das Verfolgen von Zielen, das Fassen von Plänen, verbunden mit dem Versuch, diese umzusetzen. Zweitens geht es um Situationen, in denen die verfügbaren Mittel nicht ausreichen, alle Pläne zu verfolgen.“[231]

Ökonomik beschreibt also zielgerichtete Entscheidungen und das entsprechende Handeln von Menschen unter Bedingungen von knappen Ressourcen, unter Bedingungen also, wie sie von der herrschenden Volkswirtschaftslehre als grundlegend und allgemeingültig angenommen werden. Dabei berücksichtigt Ökonomik auch die so genannten Nebenbedingungen ökonomischen Handelns, zu denen auch das Recht gehört. Vor diesem Hintergrund gelten die Grundannahmen der Ökonomik sowohl für den Einzelnen als auch für staatliches Handeln. Beides wurzelt in der Grundannahme einer rationalen Wahl („rational choice“) und ist wechselseitig aufeinander bezogen. Staatliches Handeln bezieht sich dabei sowohl auf den Gesetzgeber als auch auf die Vollstreckungs- und Vollzugsbehörden.

Assmann schreibt dazu in seiner Einführung zu der für die Ökonomik des Rechts grundlegenden Arbeit von Richard A. Posner „Economic Analysis of Law“ aus dem Jahre 1977: „Ausgangspunkt ist die Annahme, der Mensch handele eigeninteressiert, nutzenmaximierend und reagiere auf Änderungen seiner Umwelt durch die Änderung seines Verhaltens. Dieser Mechanismus entspricht dem Nachfragegesetz der Ökonomie: So wie sich mit dem Preis eines Gutes die nachgefragte Menge ändert, ändert sich mit den Kosten, die

---

[230] Albrecht/ Entorf (2003) S. 1
[231] Kirstein (2003) S. 50

ein bestimmtes Verhalten eines Menschen für diesen verursacht, auch dessen Verhaltensweise.“[232]

Wenn der Staat qua Gesetz eine bestimmte Verhaltensweise mit Strafe bedroht, dann erhöht dies die Kosten bzw. den Preis für das Begehen einer solchen Verhaltensweise. Die Zahlung eines Bußgeldes würde z.B. dazu führen, dass der Bestrafte weniger Geld für sonstige Konsumgüter ausgeben könnte, die er gekauft hätte, wenn er nicht seine Strafe an den Fiskus hätte abführen müssen. Bei der Einschätzung dieses Tatbestandes unterstellt die Ökonomik ein rationales Verhalten, d.h. eine rationale Kosten-Nutzen-Abwägung.

So könnte für einen Rechtsbrecher z.B. das Begehen einer Straftat, z.B. eines Raubes, auch nach Abzug aller Kosten und bei kalkuliertem Risiko, bestraft zu werden, wesentlich lohnender sein, als sein Geld mit ‚normaler' Arbeit zu verdienen. Die Ökonomik geht dabei vor dem Hintergrund ihrer axiomatischen Rationalitätsannahme davon aus, dass für das menschliche Verhalten drei Grundsätze gelten:

- Menschen entscheiden in Alternativen.
- Es gilt das Prinzip der so genannten ‚Opportunitätskosten'.[233]
- Es gilt das Optimierungsprinzip.[234]

Vor dem Hintergrund dieser drei Prinzipien konstatiert Kirstein folgerichtig: „Aus diesen Prinzipien lassen sich Modelle konstruieren, die beobachtbare Verhaltensänderungen durch die Änderung von Anreizen erklären. Die Ökonomie unterstellt dabei nicht, dass die Entscheidungen jedes einzelnen Menschen mit diesen Prinzipien beschreibbar sind. Vielmehr können mit diesem Instrumentarium die Reaktionen von Durchschnittsrepräsentanten einer großen Gruppe auf Anreizänderungen vorhergesagt werden. Mag jedes Mitglied dieser Gruppe seinen eigenen Maximen gemäß handeln, im Durchschnitt

---

[232] Assmann (1993) S. 79

[233] Opportunitätskosten entstehen dadurch, dass wegen des Erwerbs eines bestimmten Gutes das Geld für den Erwerb eines anderen fehlt, z.B. wenn eine Kommune wegen der Einrichtung eines Kindergartens auf den Bau einer ebenfalls als wichtig angesehenen Straße verzichten muss. Die Opportunitätskosten sind dabei der Ertrag der in diesem Falle nicht gewählten Option.

[234] Das Optimierungsprinzip bedeutet, dass ein Ziel mit möglicht geringem Einsatz von Ressourcen erreicht werden soll. Anders ausgedrückt, dass bei gegebenen Ressourcen der Grad der Zielerreichung möglichst hoch sein soll.

kann das Verhalten der Gruppenmitglieder jedoch als rational beschrieben werden."[235]

Dabei gehören zu den Anreizen auch die rechtlichen Rahmenbedingungen, unter denen Individuen ihre Entscheidungen treffen, und die ÖAR orientiert ihre Analyse demgemäß an Alternativen, wie sie eben auch für ökonomische Entscheidungen im oben beschriebenen Sinn kennzeichnend sind. Konkret bedeutet dies, dass Verhaltenswirkungen von Gesetzesalternativen einem Vergleich unterzogen werden, und zwar mit der Zielsetzung, herauszufinden, welche Verhaltensfolgen für den Gesetzgeber von höherem Nutzen sind.[236] Für den Fall, dass der erwartete Nutzen nicht eintritt, eine Vielzahl von Menschen sich also nicht wie vom Gesetzgeber erwartet verhält, so wird von ‚kontraintentionalen Gesetzesfolgen' gesprochen.[237]

Dabei werden positive und normative Analyse von der ÖAR klar getrennt: „Nicht das Wünschenswerte, nicht das, was irgendwelchen Idealen entspricht, sondern die tatsächlich prognostizierte Verhaltenswirkung eines Gesetzes bildet das entscheidende Kriterium für dessen Beurteilung. ÖAR beurteilt den Gesetzgeber also verantwortungs- und nicht gesinnungsethisch. Entscheidender als die gut gemeinte Intention ist die kontraintentionale Gesetzesfolge, wenn diese sich aus der positiven Analyse ergibt."[238]

Die positive Analyse der ÖAR bedeutet: „Menschen reagieren auf rechtlichen Zwang und auch auf rechtliche Anreize wie ‚homini oeconomici', also rational und nutzenmaximierend. Rechtliche Sanktionen wirken wie Preise, die bestimmte Verhaltensweisen gegenüber anderen verteuern. Die Voraussage der sozialen Steuerungswirkung des Rechts erfolgt auf der Grundlage des ökonomischen Verhaltensmodells."[239] Die normative Analyse hingegen basiert auf der Annahme: „Eine Rechtsnorm ist gut, wenn sie den gesellschaftlichen Wohlstand erhöht, schlecht, wenn sie ihn verringert. Eine Bewertung der durch Rechtsnormen ausgelösten Folgen erfolgt auf Grundlage der Wohlfahrtsökonomik [...das heißt], dass ein Zustand X der Welt besser ist als ein Zustand Y, wenn die Vorteile der Gewinner bei Zustand X so groß sind, dass sie die Verlierer kompensieren könnten, ungeachtet dessen, ob die Kompensation tatsächlich stattfindet."[240]

---

[235] Kirstein (2003) S. 52
[236] Vgl. Martinek (2000) S. 511 ff.
[237] Vgl. ebd.
[238] Kirstein (2003) S. 54, vgl. auch Schmidtchen (2002) S. 4
[239] Kaiser (2005) S. 1
[240] Ebd.

Das zentrale Kriterium der ÖAR im Sinne eines ‚Rechtsprinzips' ist dabei folgerichtig die Effizienz, was bedeutet, dass keine Verschwendung von Ressourcen geschehen darf.[241] Die für die Rechtswissenschaft ebenfalls zentrale Kategorie der Gerechtigkeit spielt hier zunächst nur eine nachgeordnete Rolle, primäres Ziel der ÖAR ist eindeutig die Effizienz: „Recht erfüllt keinen hehren Selbstzweck, sondern ist eigentlich ein Mittel, um einen anderen Zweck zu verfolgen, nämlich die Interaktionen der Menschen so zu beeinflussen, dass sie zunächst zu effizienten Ergebnissen führt."[242]

Vor diesem axiomatischen Hintergrund analysiert ÖAR auch den Zusammenhang von Kriminalität und Strafe. Hier geht es vor allem um drei Fragen[243]:

- Wie sieht das Entscheidungskalkül von Tätern aus, wie sollten Strafen festgelegt werden?
- Wie kann Sicherheit effizient produziert werden?
- Was sind die Anreize der an Sicherheitsproduktion beteiligten Akteure?

Dabei kalkuliert der Täter, wie weiter oben bereits kurz angesprochen, im Sinne einer Kosten-Nutzen-Entscheidung. Er wird dazu neigen, eine Tat zu begehen, wenn er die folgende Rechnung aufmachen kann: Tatertrag minus Begehungskosten minus erwartete Strafe gleich größer als alternativer Nettoertrag, wobei der alternative Nettoertrag hier das Einkommen aus einer legalen Tätigkeit bedeutet. Der potenzielle Täter wird also auf seinen Rechtsbruch verzichten, wenn diese Kalkulation nicht stimmt, und eine alternative legale Tätigkeit aufnehmen.

Ein solches Modell mag auf den ersten Blick durchaus unfreiwillig komisch wirken, es ist jedoch nicht einzelfallprognostisch zu werten, sondern bezieht sich stets auf das voraussagbare Durchschnittsverhalten einer großen Gruppe. Zweck von Strafe ist vor diesem Hintergrund also immer eine negative Generalprävention.

---

241 Posner definiert Effizienz im rechtsökonomischen Zusammenhang folgendermaßen: „Effizienz ist die Ausbeutung ökonomischer Ressourcen dergestalt, dass der ‚Wert' – menschliche Befriedigung, gemessen am zusammengefassten Willen der Verbraucher, für Güter und Dienstleistungen zu zahlen – maximiert wird." Posner (1961) S. 86, vgl. auch dazu Calabresi (1961) sowie Coase (1960)

242 Kirstein (2003) S. 55 vgl. kritisch dazu Eidenmüller (1998) S. 7 ff.

243 Vgl. ebd. S. 65

Daraus ergibt sich folgerichtig die Frage einer effizienten Herstellung von Sicherheit. Sie wird von der Rechtsökonomik ebenfalls im Sinne einer rationalen Kalkulation beantwortet. Das Maß an innerer Sicherheit, das sich eine Gesellschaft leisten will, bestimmt sich aus den oben definierten Opportunitätskosten. Hier muss also entschieden werden, auf welche anderen Güter eine Gesellschaft in welchem Umfang verzichten muss, um Sicherheit zu erhalten, bzw. die Zahl der Straftaten wirksam zu senken. Zugespitzt könnte die Frage also lauten: Auf wie viele Kindergärten muss die Gesellschaft verzichten, um den Maßregelvollzug und die Sicherungsverwahrung noch sicherer gestalten zu können? Klar ist dabei, dass keine Gesellschaft ihre Ressourcen zu 100 % in die Herstellung von Sicherheit investieren wird. Es geht hier also immer um ein relatives Optimum, um eine ökonomische Güterabwägung.

Gerade in Bezug auf die Herstellung von Sicherheit stellt die Rechtsökonomik noch weitere Fragen, die jeweils wiederum rationale Kalkulationen implizieren:

- Soll mehr in Prävention oder mehr in Sanktion investiert werden?
- Soll Sicherheit auf dem Markt eingekauft werden oder staatlich organisiert sein?
- Ist eine staatliche Justiz oder eine Rechtspflege in privater Hand effizienter?

Hier wird deutlich, dass ein konsequentes Weiterdenken dieser Fragen im Grunde das bestehende Rechtssystem der Bundesrepublik Deutschland revolutionieren, wenn nicht gar vollständig auf den Kopf stellen würde. Das ist weder Aufgabe noch Absicht der vorliegenden Arbeit. Bedeutsam für die hier bearbeitete Fragestellung ist jedoch die vor allem auch ökonomisch zu beantwortende Frage nach den gesellschaftlich und fiskalischen Kosten von Maßregelvollzug und Sicherungsverwahrung, die sich auf der Basis von, wie wir gesehen haben, durchaus nicht unproblematischen Wahrscheinlichkeitsaussagen ergeben, und die Frage danach, wie die Gesellschaft, in diesem Falle die Öffentlichkeit, mit diesen Kosten in Beziehung zu ihrem Sicherheitsbedürfnis umgeht.

Es stellt sich in der Tat vor diesem Hintergrund die Frage, inwieweit sich die Politik unter dem Druck der von den Medien beeinflussten öffentlichen Meinung zu im Grunde unter rechtsökonomischen Gesichtspunkten völlig ineffizienten Sicherheitsinterventionen drängen lässt -gleichsam „koste es was es wolle." Dieses Verhalten mag unter dem politischen Gesichtspunkt des Machterhaltes, durchaus rational und auch effizient sein. In jedem Fall jedoch geht es auf Kosten der Rechtssicherheit und widerspricht den verfassungsrechtlichen Grundsätzen, von denen weiter oben die Rede war. Der Maßregelvollzug droht hier zwischen die Mühlsteine von Politik und medialer Öffentlichkeit zu geraten.

6.2 Zur Rolle der Medien und der medialen Öffentlichkeit

Wir haben bereits weiter oben im Zusammenhang mit dem Begriff der Gefährlichkeit von Straftätern kurz auf die Rolle der Medien und der so genannten ‚öffentlichen Meinung' oder ‚veröffentlichten Meinung' auf diesem gesellschafts- und rechtspolitischen Feld Bezug genommen.[244] An dieser Stelle der vorliegenden Arbeit soll diese Rolle nunmehr unter dem Gesichtspunkt der Ökonomie öffentlicher Aufmerksamkeit erneut diskutiert werden.

Gerhards und Neidhardt konstatieren: „In Gegenwartsgesellschaften konstituiert sich die öffentliche Meinung […] in erster Linie durch massenmediale Öffentlichkeit. Auch die auf den anderen Ebenen der Öffentlichkeit artikulierten Themen und Meinungen erreichen erst eine allgemeine Wahrnehmung, wenn sie von den Massenmedien aufgegriffen, berichtet und verstärkt werden: Veranstaltungen und das Rumoren an Stammtischen werden erst allgemein bedeutsam, wenn es die Massenmedien aufgreifen und zum Thema machen."[245]

Die öffentliche Meinung hat für staatliche Instanzen in dem Maße Bedeutung, wie sie von der Zustimmung der Bevölkerung abhängig sind. Dies gilt in einer parlamentarischen Demokratie also insbesondere für die Legislative, aber auch für Teile der Exekutive, insoweit sie von Wahlen abhängen.[246] Die Beeinflussung der öffentlichen Meinung ist zugleich das wichtigste Mittel, politische Herrschaft durchzusetzen und langfristig abzusichern. „Seit es Massenkommunikationsmittel gibt, versuchen Regierungen – und andere Akteure – diese für ihre gesellschaftspolitischen Ziele zu instrumentalisieren. […] Das genaue Ziel ist dabei letztlich das Bewirken bestimmter Publikumszustände, kognitive wie affektive, durch ein entsprechendes Medienangebot, die Kompetenz und Bereitschaft der Bevölkerung zur Erreichung dieser Regierungsziele zu erhöhen."[247]

---

[244] Vgl. oben Kap. 3.2.3
Gerhards/Neidhardt (1991) S. 54 f. sowie Jarren/Altmeppen/ Schulz (1993) S. 122 und Peters (1994) S. 168
[246] Vgl. Schetsche (1996) S. 108
[247] Saxer (1989) S. 85 sowie Jarren/ Grothe/ Rybarcyk (1993) S. 13

Weitgehende Einigkeit besteht dabei – empirisch gestützt von der so genannten ‚Agenda-Setting-Forschung' – darüber, dass „die Medien nicht beeinflussen, was die Reziepienten denken, sondern worüber sie nachdenken, also welche Themen sie für wichtig, bzw. welche Probleme sie für lösungsbedürftig halten."[248] Über die Themenauswahl hinaus verbreiten die Medien vor allem auch kollektive Deutungsmuster und Bewertungsvorgaben für die Themen, die von ihnen auf die Agenda gesetzt werden.[249]
Dabei unterliegen die Themen allerdings einer höchst wirksamen öffentlichen Wahrnehmungsschwelle: „Nur Themen, bei denen die Intensität der Berichterstattung diese Schwelle überschreitet, rücken in das öffentliche Interesse [...] Oft ist es ein besonders drastischer Bericht, der das Thema dann schlagartig in den Mittelpunkt des Interesses rückt. Andere Medien greifen das Thema auf, und plötzlich zeigt sich auch die Bevölkerung beeindruckt."[250]

Der Erfolg oder Misserfolg von Themen in der medialen Öffentlichkeit, insbesondere aus dem sozialen Bereich, kann systematisiert werden. Strodthoff, Hawkins, Schoenfeld und Clay[251] unterscheiden dabei die nachstehende Schrittfolge:

- In einem ersten Schritt wird eine Problemwahrnehmung in der einschlägigen Berichterstattung definiert und gegenüber anderen Themen hervorgehoben bzw. von anderen Sachverhalten unterschieden (disambiguation)
- In einem zweiten Schritt erkennen die Medienverantwortlichen an, dass es sich in der Tat um einen besorgniserregenden Sachverhalt im sozialen Bereich handelt, und bestimmen das Thema zum legitimen Teil ihrer Berichterstattung (legitimation).
- Im dritten Schritt erhält das Thema einen regelmäßigen Platz in der Berichterstattung des Mediums. Ihm werden feste personelle und zeitliche Ressourcen zugewiesen (routinization).

Im Sinne der Ökonomik, die den Blickwinkel der vorliegenden Untersuchung an dieser Stelle bestimmt, kann daher konstatiert werden, dass es sich bei der öffentlichen Aufmerksamkeit um ein knappes Gut handelt, um das Problemwahrnehmungen im sozialen oder auch rechtspolitischen Bereich konkurrieren, mit deren möglicherweise jedoch sehr unbequemen Folgen

[248] Brosius (1994) S. 270
[249] Vgl. Schetsche (1996) S. 109
[250] Brosius (1994) S. 272
[251] Vgl. Strodthoff u.a. (1985) S. 134 ff. vgl. auch Schetsche (1996) S. 110 f.

sich die Betroffenen dann aber auch konsequent auseinandersetzen müssen. Insofern ist der Kosten-Nutzen-Effekt von Medienwahrnehmung als eher ambivalent einzuschätzen.

Hilgartner und Bosk[252] beschreiben die Art und Weise, in der soziale Themen sich medial durchsetzen und behaupten, in ihrem ‚Modell der öffentlichen Arenen'. Hier heben sie fünf Zusammenhänge hervor:

- Bei der Konkurrenz zwischen unterschiedlichen Akteuren um öffentliche Aufmerksamkeit geht es um einen dynamischen Prozess, der es lediglich einer kleinen Anzahl von Themen ermöglicht, den Status einer allgemeinen Bekanntheit zu erreichen. Die anderen Themen erlangen nur die Aufmerksamkeit von Spezialisten. Sie bleiben in der Regel von der Öffentlichkeit unbeachtet.
- Die kollektive Bestimmung und Definition von Themen findet zunächst in so genannten Teilöffentlichkeiten statt. Dort werden sie mit Inhalten gefüllt, und ihre Bedeutung kann zu wachsen beginnen.
- Nicht die Anzahl der gesellschaftlichen Problem- und Gefahrenbereiche bestimmt die Zahl der öffentlich thematisierten Probleme, sondern ausschließlich die Bearbeitungskapazität der öffentlichen Arenen.
- Die jeweiligen Teilöffentlichkeiten haben unterschiedliche Selektionsmechanismen politischer, institutioneller und kultureller Provenienz, die die Auswahl der dort behandelten Themen bestimmen.
- Es gibt einen Rückkopplungskreislauf zwischen den Teilöffentlichkeiten. Sie kommunizieren miteinander und verstärken auf diese Weise die öffentliche Aufmerksamkeit für einzelne Problemwahrnehmungen.[253]

Neidhardt konstatiert vor diesem Hintergrund: „Unter Konkurrenzdruck versuchen die Öffentlichkeitsakteure, die von ihren Interessen her bestimmten Beiträge bei einem großen Publikum […] erfolgreich abzusetzen. Sie müssen im Hinblick darauf mit ihren Beiträgen sowohl interessanter und wichtiger als auch kompetenter und glaubwürdiger erscheinen als ihre Mitkonkurrenten."[254]

---

[252] Vgl. Hilgartner/ Bosk (1988) S. 53 ff. sowie Schetsche (1996) S. 110 f.
[253] Vgl. Schetsche (1996) S. 111
[254] Neidhardt (1994) S. 17

Wirksamstes Mittel dabei, so Brosius, sei die Dramatisierung und Emotionalisierung des jeweiligen Themas: „Die Verwendung dramatisierender Elemente in einem Beitrag, z.B. einer emotionalen Sprache oder emotionalisierender Bilder, führt dazu, dass das dargestellte Thema für wichtiger bzw. lösungsbedürftiger erachtet wird.“[255]

Nur ein solches Thema hat dann die Chance, von der Bevölkerung als prioritär wahrgenommen und zum Gegenstand ostentativer, das heißt einer sich politisch-aktionistischer Begrifflichkeiten bedienender staatlichen Problempolitik zu werden, die sich als Krisenmanagement gerieren kann. Interessierte Teilöffentlichkeiten, Medien, die um Auflage kämpfen und Politiker, die ihre Wahlchancen im Auge haben, ergeben zusammen einen sich selbst verstärkenden, gleichsam selbstreferenziellen Prozess öffentlicher Aufmerksamkeit,[256] der zwar in seinen Verlaufsformen höchst irrational wirken mag, durchaus aber den Prinzipien ökonomischer Rationalität folgt.

Bei der auf aktuelle Themen bezogenen Berichterstattung steht der so genannte ‚Nachrichtenwert' im Mittelpunkt. Er ergibt sich aus den Faktoren:

- Aktualität des Ereignisses und überraschende Entwicklungen,
- Eingeführtheit des thematischen Rahmens,
- Prominenz und Einfluss der beteiligten Akteure,
- Ausmaß des Schadens, der Katastrophe, des Konfliktes oder der Normverletzung sowie
- aus der geographischen oder kulturellen Nähe.[257]

Je mehr von diesen Faktoren gleichzeitig zutreffen, desto größer ist die Wahrscheinlichkeit einer breiten öffentlichen Aufmerksamkeit, wobei anzumerken ist, dass Themen, die sich um Gewaltkriminalität, Sexualdelinquenz, Maßregelvollzug oder Sicherungsverwahrung drehen, so gut wie immer den Faktor ‚Schaden, Konflikt, Normverletzung' in hohem Maße erfüllen, so dass ihnen in aller Regel eine hohe Publizität und eine gleichsam fasziniert von diesen Zusammenhängen angezogene Öffentlichkeit sicher sein kann.

[255] Brosius (1994) S. 283
[256] Vgl. Schetsche (1996) S. 112
[257] Vgl. Erbring (1989) S. 303 sowie Schetsche (1994) S. 115

Schetsche[258] identifiziert vor diesem Hintergrund folgende ‚Publizitätsfaktoren':

1. „Der Anschluss der Problemwahrnehmung an Alltagsmythen und von der gesamten Bevölkerung geteilte Werte: aufgrund von Wiedererkennungseffekten fällt es den RezipientInnen leichter, die Inhalte des Problemmusters aufzunehmen und in das eigene Weltbild einzubauen."

2. „Die Individualisierbarkeit und Personalisierbarkeit des Problems und seiner schädlichen Folgen: Der Bericht über einzelne ‚Opfer' gestattet es den einzelnen RezipientInnen, sich innerlich mit den Betroffenen zu identifizieren; das ‚Mitleid' befriedigt emotionale Bedürfnisse (was ein zentraler Gebrauchswert der Massenmedien, insbesondere des Fernsehens ist)."

3. „Die Identifizierung von Schuldigen: individuell oder kollektiv zurechenbare Verantwortlichkeiten schaffen Subjekte, auf die sich die ausgelöste Empörung richten und an denen sich die Emotionen entladen können."

Vor diesem Hintergrund wird klar, warum die Themen ‚Sexualität', ‚sexueller Missbrauch' und Gewaltkriminalität in der Berichterstattung der Medien und damit auch in der Problemwahrnehmung der Bevölkerung einen derart hohen Stellenwert einnehmen. Sie haben einen eindeutigen Wettbewerbsvorteil gegenüber allen anderen sozialen Themen. Keine Rolle spielt es dabei, ob dieses Interesse vorwiegend in einer voyeuristischen sexuellen Erregung oder im wohligen und gruseligen Anreiz tiefen Abscheus liegt: „Eine stets vorhandene Nachfrage prüft die verfügbaren Sexualthemen darauf, ob sie sich nicht für die Phantasmagorie eignen. Tribunale gegen sexuelle Gewalt liefern nur zu reiche Anschauung und locken ein Publikum an, das mehr genießt, als sich erschüttern zu lassen. Die Protodramen der Verfolgung schlimmer Taten können als pornographischer Text gelesen werden."[259]

Es ergibt sich also folgender Verlauf im Zusammenwirken von Medien und Bevölkerung bei der Durchsetzung von Problemwahrnehmungen in der Öffentlichkeit: „Massenmedien nehmen aus der Fachöffentlichkeit und aus den Aktionen sozialer Bewegungen die[jenigen] Problemwahrnehmungen auf, für die sie sich Interesse beim Publikum versprechen. Unpassende Teile des

---

[258] Schetsche (1994) S. 116
[259] Lautmann (1995) S. 188

Problemmusters werden dabei entsprechend der medialen Anforderungen umformuliert oder entfallen. Die Chance eines Problemmusters ist umso größer, je stärker es bereits vom primären Akteur bzw. in den vorgeschalteten Spezialöffentlichkeiten an die Indikatoren hoher Aufmerksamkeitsvermutung (z.B. eine große Zahl Betroffener, die Schädlichkeit, persönliche Vorwerfbarkeit) angepasst worden ist. Mit anderen Worten: Je näher eine Problemwahrnehmung der medialen Skandalform ist, desto größer ist die Wahrscheinlichkeit, dass sie die Aufmerksamkeit der Medien erregt und von ihnen verbreitet wird.“[260]

Für die Verweildauer von Problemwahrnehmungen im Zentrum des massenmedialen Interesses ist es darüber hinaus wichtig, dass die Politik sich in den sich selbst verstärkenden medialen Rückkopplungsprozess einbringt und Maßnahmen eines konkreten oder auch nur scheinbaren Krisenmanagements einleitet. Sie wird dies in aller Regel aus den bereits weiter oben genannten Gründen tun. Einer Übersättigung der RezipientInnen mit immer wiederholten Einzelschicksalen kann dann durch eine strukturierte politische Berichterstattung entgegengewirkt werden.[261]

Zwar konkurrieren soziale Themen untereinander und mit weiteren Themenbereichen um Räume in der medialen Aufmerksamkeit. Es handelt sich hier allerdings um kein Nullsummenspiel, wie wir es in den meisten Bereichen wirtschaftlichen Handelns vorfinden, in denen es um knappe Ressourcen geht. Dies ist vor allem deshalb so, weil es keine klare Grenze zwischen Information und Entertainment gibt. Themen wie z.B. Gewaltkriminalität und sexueller Missbrauch füllen nicht nur Zeitungsspalten und Sendeplätze der Informationsbereiche in Printmedien und Fernsehen oder auch im immer bedeutsamer werdenden Internet, sie dringen auch in den Bereich rein fiktionaler Beiträge ein, was deutlich wird, wenn man sich z.B. die allsonntägliche Folge der ‚Tatort'-Serie ansieht. In allen Folgen geht es um Gewaltkriminalität, aber die Präponderanz der Themen Kindesmissbrauch, Prostitution, Frauenhandel, Vergewaltigung, d.h. also von sexuellen Themen ist kaum zu verkennen. Aus diesem Grunde ist es nachvollziehbar, wenn Schetsche schreibt: „Eine Problemwahrnehmung hat sich durchgesetzt, wenn sie regelmäßig integraler Bestandteil von fiktionalen Sendungen ist.“[262]

---

[260] Schetsche (1994) S. 119
[261] Vgl. Hilgart/ Bosk (1988) S. 71 sowie Haffke (2000) S. 31 ff.
[262] Schetsche (1994) S. 123

6.3 Der Maßregelvollzug unter straf- und rechtsökonomischen Aspekten

„Die Situation im Maßregelvollzug ist trostlos", so beschreibt Petra Bühring die Lage in den zumeist hoffnungslos überfüllten Kliniken[263] für forensische Psychiatrie.[264] Gegen den Bau neuer Kliniken laufen Bürgerinitiativen Sturm, denn völlig im Gegensatz zu den einschlägigen Statistiken, die seit den 1990er Jahren eine Rückläufigkeit der Sexualverbrechen belegen, ist die Kriminalitätsfurcht der Bevölkerung drastisch angestiegen.[265] Dass dies mit der Medienberichterstattung, von der im vorangegangenen Kapitel die Rede war, zusammenhängt, kann vermutet werden. Jedenfalls zeigt sowohl die Zunahme der Einweisungszahlen in den Maßregelvollzug als auch der Anstieg der durchschnittlichen Einweisungsdauer, dass es offensichtlich eine politische Reaktion auf die gestiegene Kriminalitätsfurcht in der Bevölkerung gegeben hat.[266]

Pfeiffer stellt vor diesem Hintergrund fest: „Die Zahl der Straftaten ist in Deutschland in den vergangenen zehn Jahren nicht gestiegen. Aber das Strafbedürfnis der Bevölkerung hat ebenso zugenommen wie die Häufigkeit von Freiheitsstrafen und deren durchschnittliche Höhe. Großen Anteil an dieser Entwicklung hat die Berichterstattung im Fernsehen und in den Revolverblättern – und eine immer populistischere Kriminalpolitik."[267] Zu konstatieren sei in jedem Fall, so Pfeiffer, dass die Bevölkerung die Entwicklung der Kriminalität in Deutschland völlig realitätsfern wahrnehme. Dies gelte für die Einschätzung der Kriminalität insgesamt, insbesondere aber für die Wahrnehmung von Sexualstraftaten.

Eine vom kriminologischen Forschungsinstitut Niedersachsen durchgeführte Befragung, bei der 2000 Bürgerinnen und Bürgern die Kriminalitätszahlen von 1993 vorgelegt wurden, hat ergeben, dass diese die Entwicklung bis zum Jahre 2003 mit einem Anstieg der Kriminalität in Deutschland um durchschnittlich 34,5 % annahmen. Tatsächlich aber ist die Kriminalitätsrate in diesem Zeitraum annähernd gleich geblieben, in einzelnen Jahren ist sie sogar leicht rückläufig gewesen. Die am weitesten gehende Fehleinschätzung bezog sich dabei auf die Entwicklung der Sexualstraftaten. Hier wurde von den Bürgerinnen und Bürgern eine Zunahme für den Zeitraum von 1993

---

[263] Zur Diskrepanz zwischen den Planbettenzahlen und der Anzahl der untergebrachten Patienten im Maßregelvollzug vgl. die Studie von Bron (2004) S. 8 ff.
[264] Bühring (2003) S. 161
[265] Vgl. Leygraf (2003) S. 161 f.
[266] Vgl. Heinz (2006) S. 18, Pfeiffer MschKrim 6/2004 S. 415
[267] Pfeiffer MschKrim 6/2004 S. 415; ebd. Essay (2004) S. 2

bis 2002 von 32 auf sage und schreibe 208 Fälle angenommen. Die Polizeistatistik dokumentiert in diesem Bereich jedoch eine stetige Abnahme der Sexualstraftaten von 32 im Jahre 1993 auf 11 im Jahre 2002.[268]

Die Gründe für die Rückläufigkeit der Kriminalitätszahlen in den vergangenen 15 Jahren können im Rahmen der vorliegenden Arbeit nicht ausführlich erläutert werden. Zumeist wird angenommen, dass der Rückgang vor allem damit zu begründen sei, dass sich die Alterspyramide in Deutschland insofern geändert habe, als die ‚gefährlichste Altersgruppe' der jungen Männer im Alter von 18 bis 30 Jahren seit 1993 um ca. 25 % (von 7,6 auf 5,8 Mio.) gesunken sei. Im gleichen Zeitraum habe die Anzahl der Senioren stark zugenommen, derjenigen Bevölkerungsgruppe also, die durchschnittlich die wenigsten Straftaten begehe.

Darüber hinaus habe seit 1993 der Import von Armut durch Asylbewerber, Aussiedler und Flüchtlinge stark nachgelassen. In der Tat hat es in der Zeit zwischen 1993 und 2002 einen Rückgang des Ausländeranteils an den polizeilich ermittelten Tatverdächtigen von 26,7 % auf 19,2 % gegeben.[269]

Wir haben es also mit einer Situation zu tun, in der sich seit einigen Jahren der Gesetzgeber, getrieben von der gefühlten Kriminalitätsfurcht in der Bevölkerung aufgerufen fühlen musste, entsprechend zu handeln. An dieser Stelle der vorliegenden Arbeit sind allerdings nicht die Einzelheiten dieses gesetzgeberischen Handelns gefragt,[270] sondern die Kosten, die dieses Handeln, insbesondere in Bezug auf den Maßregelvollzug, mit sich bringt.

Hierzu schreiben Volckart und Grünebaum: „Wer die Kosten des Maßregelvollzuges zu tragen hat, ist bundesrechtlich geregelt, nämlich seit dem 10.12.2001 in §§ 50, 138 StVollzG, die den früheren § 10 JVKostO ersetzt haben. Durch die neue Regelung ist nunmehr klargestellt, dass die Unterbringungskosten ein Teil der Vollstreckungskosten sind."[271] Diese Regelung sieht zwar vor, dass grundsätzlich der Verurteilte die Vollstreckungskosten zu tragen hat, begrenzt diesen Anspruch des Staates jedoch, indem der Verurteilte lediglich einen Haftkostenbeitrag zu leisten hat, den er durch Arbeit während des Vollzuges abgelten kann. Für den Maßregelvollzug gilt diese Regelung mit leichten Modifikationen entsprechend, wobei die Tatsache, dass Eingewiesene in den Maßregelvollzug nicht zur Arbeit verpflichtet

[268] Vgl. Pfeiffer 6/2004, S. 417; vgl. Bundeskriminalamt, Polizeiliche Statistik 2004
[269] Vgl. ebd. S. 418
[270] Vgl. hierzu vor allem Kap. 3
[271] Volckart/ Grünebaum (2003) S. 229

sind, dazu führt, dass die Abgeltung des Haftkostenbeitrags im Grunde hier gegenstandslos wird.[272]

Angesichts dieser Tatsache haben bereits seit geraumer Zeit einige Bundesländer davon abgesehen, für den Maßregelvollzug überhaupt einen Anspruch auf einen Vollzugskostenbeitrag zu erheben. Volckart und Grünebaum raten denn auch konsequenterweise von der Erhebung eines solchen Beitrages anlässlich der Entlassung von Eingewiesenen ab, da dies der Wiedereingliederung der Betroffenen schade und diese sich „zumeist aus Schwäche nicht dagegen wehren können."[273] Insoweit sind die Vollzugskosten tatsächlich jeweils aus den Haushaltsmitteln der Bundesländer zu bestreiten.

Ein Ländervergleich bezüglich dieser Kosten gestaltet sich jedoch wegen Erhebungs- und Datenvergleichbarkeitsproblemen als ausgesprochen schwierig.[274] In einer Studie im Auftrag des Parlamentarischen Berater- und Gutachterdienstes des Landtags NRW hat Bron[275] die Bandbreite dargelegt, in der sich die Unterschiede zwischen den Ländern erkennen lassen:

- Die Bandbreite der Unterbringungsquote erstreckte sich pro 100.000 Einwohner im Jahre 1999 von 5,23 (Thüringen) bis auf 11,78 (Berlin).
- Bei der durchschnittlichen Unterbringungsdauer ergibt sich für 1999 eine Bandbreite von 1,4 Jahren (Bayern) bis zu 6,6 Jahren (Schleswig-Holstein).
- Die durchschnittlichen Jahreskosten pro Eingewiesenem beliefen sich im Jahre 2000 von 84.000 DM (Schleswig-Holstein) bis 172.500 DM (Nordrhein-Westfalen).
- Die Bandbreite der durchschnittlichen Fallkosten bewegte sich im Jahr 2000 zwischen 187.000 DM (Bayern) und 931.000 DM (Nordrhein-Westfalen), wobei diese Spannweite nicht die unterschiedliche Unerbringungsdauer berücksichtigt.
- Die Kosten des Maßregelvollzuges pro 100.000 Einwohner lagen im Jahr 1999 zwischen 636.700 DM (Thüringen) und 1.685.900 (Berlin), wobei hier allerdings für einen Vergleich die unterschiedlichen Unterbringungszahlen herangezogen werden müssten.

---

[272] Vgl. ebd. S. 322

[273] Ebd.

[274] Vgl. Kammeier (2002) R & P S. 176, sowie Bron (2004) S. 5 f. und zur föderalen Vielgestaltigkeit im Maßregelvollzug Kammeier (2007) S. 75 ff.

[275] Vgl. Bron (2004) S. 6 f., zitiert nach Kammeier (2002) S. 168 ff.

Ungeachtet der Tatsache, dass sich in den einzelnen Bundesländern die Haushaltsstrukturen für die Finanzierung des Maßregelvollzuges deutlich unterscheiden, kann insgesamt bezüglich der Gesamtkosten in den letzten Jahren ein deutlicher Anstieg verzeichnet werden:

- In Baden-Württemberg von 46,617 Mio. Euro im Jahre 2000 auf 66,230 Mio. Euro im Jahre 2004,
- in Bayern von 84,363 Mio. Euro im Jahre 2000 auf 154,4 Mio. Euro im Jahre 2004,
- in Berlin ist der Haushaltsansatz von 57,1 Mio. Euro im Jahre 1999 auf 41,34 Mio. Euro im Jahre 2004 gesunken,
- für Hessen liegen keine entsprechenden Berechnungen vor,
- im Saarland ist der Haushaltsansatz von 7,3 Mio. Euro im Jahre 2000 auf 12,5 Mio. Euro im Jahre 2004 gestiegen,
- in Sachsen-Anhalt von 16,422 Mio. Euro im Jahre 2000 auf 19,506 Mio. Euro im Jahre 2003 und
- in Schleswig-Holstein von 12,856 Mio. Euro im Jahre 1999 auf 21,229 Mio. Euro im Haushaltssoll des Jahres 2005.[276]

Dabei ist es in der Öffentlichkeit kaum bemerkt worden, dass vermehrt einzelne Bundesländer versuchen, die Durchführung des Maßregelvollzuges in privater Rechtsform erledigen zu lassen. Ob dies verfassungsrechtlich haltbar ist, erscheint nach wie vor als strittig,[277] allerdings haben hier die Länder Sachsen-Anhalt und Thüringen bereits bis zum Jahre 2004 vollendete Tatsachen geschaffen.

Das Land Sachsen-Anhalt hat mit Wirkung vom 01.01.2000 außer der allgemeinpsychiatrischen Versorgung auch den Maßregelvollzug durch Beleihung der zu 100% landeseigenen Salus GmbH übertragen, und der Freistaat Thüringen hat mit Wirkung vom 01.01.2002 die drei psychiatrischen Fachkliniken des Landes einschließlich des Maßregelvollzuges privatisiert.[278] Inzwischen sind auch in Hamburg, Schleswig-Holstein und Mecklenburg-Vorpommern Privatisierungen vorgenommen worden. Die privaten Träger des Maßregelvollzuges arbeiten im Unterschied zum kameralen Haushaltsrecht nach den Grundsätzen kaufmännischen Rechnungswesens und sind verpflichtet, einen Wirtschaftsplan zu erstellen.

---

[276] Vgl. Bron (2004) S. 13 f.
[277] Vgl. ebd. S. 15, Grünebaum (2006) S. 55
[278] Vgl. Bron (2004) S. 16, Grünebaum (2006) S. 55

Ökonomisch gesehen lassen die vorliegenden Zahlen folgende Feststellungen zu[279]:

- Der Maßregelvollzug verzeichnet enorme Zuwächse.
- Davon profitieren durch einen vermehrten Auftragsumfang die Betreiber (private und öffentliche), Gutachter, Personal, Baufirmen und Versorger.
- Diese haben also kein ökonomisches Interesse an rückläufigen Belegungszahlen.
- Da für die Öffentlichkeit Sicherheit ein zunehmend höher bewertetes Gut ist, erscheinen die Zuwächse im Maßregelvollzug als tatsächliche oder vermeintliche Zunahme an Sicherheit und Schutzwirkung für die Bevölkerung.
- Demgegenüber steigen in Zeiten knapper öffentlicher Kassen die Ausgaben der Länder für den Maßregelvollzug von Jahr zu Jahr in erheblicher Größenordnung an. Kammeier stellt dazu fest: „In einer Zeit knapper Kassen gehört auch das Rechtsinstitut des (psychiatrischen) Maßregelvollzugs auf den legitimatorischen Prüfstand einer Öffentlichkeit, die einerseits vor gefährlichen Tätern geschützt werden und die andererseits ihre Steuern effizient und wirtschaftlich eingesetzt sehen will.“[280]

Hier ergibt sich also die eingangs des vorliegenden Kapitels als Zielsetzung der rechtsökonomischen Analyse postulierte Frage nach der Effizienz des Maßregelvollzugs. Unabhängig von den finanziellen Aufwendungen wäre ein Maßregelvollzug sicherlich dann effizient, wenn er als Ergebnis die Gewährleistung von Sicherheit im Sinne eines positiven Legalverhaltens von Entlassenen sicherstellen könnte. Diesem Ergebnis müssten dann jedoch auch die aufgewendeten Kosten gegenübergestellt werden. Kammeier sieht hier allerdings eine Grenze, da im Grunde der Maßstab fehlt, um diese Kosten angemessen bewerten zu können: „Wenn man die zentrale Aufgabe des Maßregelvollzuges darin sieht, die Gesellschaft vor gefährlichen Straftätern, die dem § 63er-Maßregelvollzug zugewiesen wurden, zu schützen, dann erfüllt dieser §-63er-Maßregelvollzug seine Aufgabe weitgehend zufriedenstellend – ohne dass die Höhe der Aufwendungen hierfür wirklich bewertbar wäre und ohne dass sich erkennen ließe, ob sich tatsächlich die ‚richtigen' Personen im psychiatrischen Maßregelvollzug befinden.“[281]

---

[279] Vgl. Kammeier (2005) S. 1, ebd. R & P (2002) S. 169; Dönisch-Seidel (2007) S. 186

[280] Ebd. S. 2

[281] Kammeier (2005) S. 3; Grünebaum (2006) S. 58

Im Sinne der Rechtsökonomik stellt sich allerdings an dieser Stelle die entscheidende Frage, wie viel denn die Gesellschaft für die Dienstleistung ‚Maßregelvollzug' braucht oder will, und wie viel vor allem sie dafür auszugeben bereit ist.

Dabei ist davon auszugehen, dass steigende Haushaltsaufwendungen, wie wir sie oben dargestellt haben, nicht von vornherein von Übel sind, wenn dies mehrheitlich so gewollt ist. Sicherheitsbedürfnis der Bevölkerung einerseits und knappe Kassen andererseits stellen jedoch konfligierende Aspekte staatlichen Handelns dar. Hinzu tritt die Abwägung zwischen dem Schutzinteresse der Allgemeinheit vor gefährlichen Tätern und dem Freiheitsrecht des Eingewiesenen, dessen Verbleibdauer im Vollzug ja nicht zuletzt auch einen ökonomischen (Kosten-) Faktor darstellt.

Vor diesem Hintergrund stellt Kammeier fest: „In diesem Zusammenhang kann die Gesellschaft von den legislativ und exekutiv Handelnden verlangen, dass sie eine interessengerechte Verteilung fiskalischer Mittel und Ressourcen vornehmen."[282] Kammeier kritisiert darüber hinaus jedoch zu Recht dass bei den vielfältigen Vorschlägen, wie im Bereich des Maßregelvollzuges kostengünstiger gearbeitet werden könne, lediglich an den Symptomen kuriert werde. Die Zuflüsse öffentlicher Mittel an den Maßregelvollzug sollten danach reduziert werden durch:

- Verbesserung der Sachverständigenqualität, um Fehleinweisungen zu reduzieren,
- eine zeitliche Befristung des Maßregelvollzuges,
- eine Beschränkung auf ‚schwere' Delikte,
- eine Bindung der Einweisung an die ‚Behandlungsfähigkeit' der Eingewiesenen,
- eine Flexibilisierung der Vollstreckungsreihenfolge,
- eine Erstellung von ‚externen' Vollzugsgutachten nach 3 bis 4 Jahren,
- einen Teilverzicht auf Begutachtung bei bedingter Aussetzung des Maßregelvollzuges sowie
- den Einbezug forensischer Ambulanzen in die Nachsorgeweisungen.[283]

Kammeier schlägt stattdessen, durchaus im Sinne einer Ökonomie der Strafe und des Rechts, obwohl er diese Begriffe nicht verwendet, eine „nachhaltige

[282] Kammeier (2005) S. 4; Grünebaum (2006) S. 58
[283] Vgl. Kammeier (2005) S. 5 f. Vgl. auch Dönisch-Seidel (2007) S. 187

Optimierung des ‚Produkts psychiatrischer Maßregelvollzug'"[284] vor. Hierzu gehört nach den Regeln der Ökonomie eine klare Produktbeschreibung, die von den mit dem Maßregelvollzug angestrebten Zielen ausgeht, und auf dieser Basis die Kosten festlegt.

Kammeier fordert: „Bei Klarheit über die Ziele sind die ihnen entsprechenden Strukturen, Organisationsformen, Kompetenzen und Normen zu gestalten. Wichtig ist: Die Ziele bestimmen die Strukturen und Organisationsformen des psychiatrischen Maßregelvollzugs, und danach haben die Kompetenzzuweisungen und Normen ausgerichtet zu werden."[285]

In diesem Zusammenhang muss dann auch die Frage gestellt und beantwortet werden, welche der bisher geltenden Normen und Organisationsstrukturen sich gemessen an den gestellten Zielen tatsächlich bewährt haben, und welche Strukturen und Normen veränderten, zeitgemäßen Erfordernissen angepasst werden sollten. Die Vorschläge Kammeiers in diesem Zusammenhang sollen an dieser Stelle der vorliegenden Arbeit ausführlich zitiert werden. Ihre Umsetzung würde manchen Missstand beheben, auf den die Autorin der vorliegenden Untersuchung im Rahmen ihrer empirischen Studien in verschiedenen Landeskrankenhäusern gestoßen ist[286]:

- Ob eine psychiatrische Maßregel regelmäßig in einem psychiatrischen Krankenhaus stattfinden muss, sollte überprüft werden.
- Die Vielzahl der Behandlungs- und Rehabilitationsmöglichkeiten sollte dazu führen, sich in Zukunft nicht mehr ausschließlich auf ein stationäres Angebot zu beschränken.
- Auf die Differenziertheit der Klientel des psychiatrischen Maßregelvollzuges sollte verstärkt durch entsprechende Angebote Rücksicht genommen werden.
- Den Ländern als Kostenträgern des Maßregelvollzuges sollte mehr Gestaltungsfreiheit eingeräumt werden. Auf dieser Basis könnten einerseits außerstationäre Behandlungs- und Rehabilitationsmöglichkeiten flexibler und kosteneffizienter genutzt, andererseits vermindert behandlungsbefähigte oder -bedürftige Personen mit erhöhtem Sicherungsbedarf außerhalb eines stationären psychiatrischen Krankenhauses untergebracht und versorgt werden.

[284] Kammeier (2005) S. 6; Dönisch-Seidel (2007) S. 188
[285] Kammeier (2005) S. 7, vgl. auch Schott (2003) S. 4
[286] Vgl. Kammeier (2005) S. 8 ff.

- Der Vollzug einer psychiatrischen Maßregel sollte ohne eine zeitliche Befristung erfolgen.
- Bei einer entsprechenden Gefährlichkeitsprognose nimmt der Staat eine Vollzugsmaßnahme ggf. auch bis zum Lebensende vor, die allerdings von Rehabilitationsmöglichkeiten zu begleiten ist.
- Die Nachsorge im Anschluss an eine Entlassung ist durch ambulante Begleitmaßnahmen und -angebote zu sichern.

Insgesamt würde auf diese Weise eine wesentlich flexiblere Gestaltung des Maßregelvollzuges möglich werden, wobei durch Maßnahmen, die der Zielsetzung des Maßregelvollzuges entsprechen, auch die Verweildauer der Eingewiesenen im stationären Vollzug reduziert werden könnte. Rechtsökonomisch ausgedrückt, könnte so in der Tat die Effizienz des Maßregelvollzuges gesteigert werden. Darüber hinaus stellt sich allerdings auch die Frage, ob durch eine solche Reform des Maßregelvollzuges nicht auch die ‚humane', normativ durch das Grundgesetz vorgegebene Seite dieser Vollzugsform ausgebaut werden könnte. Ein verstärktes Eingehen auf die tatsächlichen Behandlungsbedürfnisse der Eingewiesenen und ein verstärktes Vorhalten von Rehabilitationsangeboten dürfte sich nach Einschätzung der Autorin der vorliegenden Untersuchung durchaus ebenfalls als effizienzsteigernd erweisen, wobei das Vorhalten einer ambulanten psychiatrischen Nachsorge bei vielen Entlassenen zusätzlich die Rückfallgefährdung reduzieren würde.

In diesem Zusammenhang stellt sich, unabhängig von ökonomischen Erwägungen die Frage nach der Rolle des Arztes oder Psychiaters in der forensischen Psychiatrie sowie nach der Rolle des Eingewiesenen in seiner Rolle als Subjekt, das über eigene Rechte verfügt. Mushoff schreibt hierzu: „Die zentrale Aufgabe des Arztes besteht darin, für das Patientenwohl zu sorgen. In der forensischen Psychiatrie sind [jedoch] die Patienten dem umfassenden medizinischen Zugriff der Einrichtung ausgesetzt, sodass [z.B.] gesundheitsgefährdendes Verhalten durch das Personal unterbunden werden kann."[287]

Hier ergibt sich also ein Widerspruch zwischen ärztlicher Fürsorge und dem Selbstbestimmungsrecht der Eingewiesenen, und es stellt sich darüber hinaus auch unter rechtsökonomischen Gesichtspunkten die Frage, ob eine verstärkte Einbindung von Eingewiesenen im Sinne einer aktiveren Rolle bei der Definition therapeutischer Ziele sowie bei der Gestaltung von Therapieabläufen sinnvoll sein könnte. Mushoff merkt hierzu an: „Nicht nur in

[287] Mushoff (2008) S. 152

Deutschland hat es lange gedauert, bis sich im Maßregelvollzug das rechtliche Gebot durchsetzte, den Subjektstatus und damit einhergehend die Würde der Betroffenen anzuerkennen, und bis aus dieser Erkenntnis entsprechende Konsequenzen gezogen wurden."[288]

In der Tat ist ein solches Anerkennen des Subjektstatus von Eingewiesenen unter anderem angesichts dessen, was weiter oben zur Rolle der medialen Öffentlichkeit ausgeführt wurde, vor allem unter politischen Gesichtspunkten, die der Gesetzgeber nicht einfach unberücksichtigt lassen kann, nicht unproblematisch. Dennoch erscheint eine Stärkung der Patientenrechte im Maßregelvollzug nicht nur unter rechtlichen Gesichtspunkten geboten, da das Recht zur Selbstbestimmung ein normatives Prinzip darstellt, das allen Menschen bereits aufgrund ihres Menschseins zusteht. Mushoff stellt zu Recht fest: „Psychisch Kranke sind in ihrer Steuerungsfähigkeit nicht selten eingeschränkt, gleichwohl gilt es, ihre nur sie selbst betreffenden Entscheidungen grundsätzlich anzuerkennen, mögen diese -wie bei allen Menschen- auch nicht immer vernünftig sein."[289]

Eine verstärkte Mitwirkung bei der Festlegung von Therapieabläufen wird denn auch von einer Reihe Eingewiesener, die im Rahmen der vorliegenden Arbeit interviewt worden sind, nachdrücklich gefordert, wobei in jedem Fall diese Forderung mit dem Hinweis verbunden war, dies könne nur dem Erfolg der Therapie nützen.[290]

Mushoff bestätigt diese Einschätzung, wenn er schreibt: „Für das Rechtsverhältnis zwischen Arzt und Patient in der forensischen Psychiatrie bedeutet [eine Stärkung der Patientenrechte] dass der Patient nicht bloßes Behandlungsobjekt ist, sondern an seiner medizinischen Gesundung mitwirkt und von dem Arzt durch Aufklärung in die Lage versetzt werden muss, den Behandlungsprozess zu überblicken. Das Wohlergehen des Patienten sollte heute nicht mehr auf das Funktionieren der Körperfunktionen reduziert werden, sondern schließt die psychische Seite mit ein. Die Patientenautonomie genießt im Konfliktfall aus Respekt vor der Person des Patienten höhere Verbindlichkeit als die medizinische Fürsorgeverpflichtung.. Bei der Ermittlung des Patientenwohls hat der Arzt deshalb nicht seine [eigenen] Vorstellungen, sondern die autonome Entscheidung des Patienten zu fördern und zugrunde zu legen."[291]

---

[288] Ebd.

[289] Mushoff (2008) S. 153

[290] Vgl. unten Kap. 8.2.3 zur therapeutischen Behandlung der Tat im Maßregelvollzug; vgl. auch Schott (2002) S. 3

[291] Ebd. S. 153. ; vgl. auch Köhler (2007) S. 282 f. Vgl. auch Schott (2002) S. 4

Vor diesem Hintergrund hebt Tänzer hervor, was eigentlich selbstverständlich sein sollte, nämlich, es sei „nicht Aufgabe des Maßregelvollzuges, eine Strafe zu vollstrecken, sondern der Auftrag lautet Therapie und Rehabilitation! Die über 90 % männlichen Patienten sollen mit dem Ziel behandelt werden, sie wieder entsprechend ihren Fähigkeiten und Ressourcen in die Gesellschaft zu (re-) integrieren, damit sie dort ein straffreies Leben führen können."[292] Er fordert daher eine ganzheitliche Konzeption des Maßregelvollzuges, die die Patienten frühzeitig beteiligt und dadurch ihre Persönlichkeitsentwicklung stärkt.[293] Aus seiner Sicht geht es um ein allmähliches Hineinwachsen von Eingewiesenen in eine autonome und selbstverantwortliche Rolle, wobei dieses Hineinwachsen im Sinne eines Wachstumsprozesses nicht mit der Entlassung abrupt endet, sondern in eine langfristige Nachsorge mündet.

Tänzer ist hier sicherlich grundsätzlich zuzustimmen. Es ist allerdings kritisch anzumerken, dass er in seinen Ausführungen die Sicherungsaufgabe des Maßregelvollzuges tendenziell unterschlägt und die klare Unterscheidung zwischen Strafen und Maßregeln verwischt.

Eine Stärkung der Patientenrechte wäre allerdings nicht nur unter dem Aspekt eines normativ durch das Grundgesetz vorgegebenen humanen Maßregelvollzuges zu betrachten, sondern durchaus auch unter dem rechtsökonomischen Gesichtspunkt einer nach Möglichkeit verkürzten Verweildauer im Vollzug sowie einer Verbesserung der Sicherheitsprognose. Eine zielführende Nachsorge ist dabei nicht nur preiswerter als eine länger als unbedingt notwendig andauernde Unterbringung, sie erscheint vielmehr darüber hinaus als eine unerlässliche Maßnahme, um eine erfolgreiche (Re-) Integration in die Gesellschaft sicher zu stellen.[294]

---

[292] Tänzer (2006) S. 3; vgl. auch Schott (2002) S. 4
[293] Vgl. auch Fabricius (2008) S. 1039 ff.
[294] Vgl. ebd. S. 10 ff.

6.4 Strafökonomie und Patientenrechte

Vor dem Hintergrund des Zusammenhanges von Strafökonomie und Patientenrechten sind vor allem auch die kriminalprognostischen Handlungsfelder von Lockerungs- und Entlassungsprognose zu interpretieren.

Neben den individuellen Merkmalen und Entwicklungsschritten von Eingewiesenen und einer adäquaten Therapie dienen vor allem so genannte ‚Lockerungen dazu, konkrete Erprobungsbedingungen bereit zu stellen, unter denen im Verlauf der Therapie erworbene Fähigkeiten in einem realistischen Umfeld überprüft werden können.

Hier bedarf es naturgemäß eingehender prognostischer Überlegungen. Dabei geht es vor allem darum, dynamische Risikofaktoren zu identifizieren, die einem möglichen Lockerungsmissbrauch vorausgehen.[295] In dieser Absicht ist von Quinsey[296] folgende Zusammenstellung vorgeschlagen worden:

- Übernimmt keine Verantwortung für das eigene Verhalten,
- verleugnet oder übergeht eigene vorherige Gewalttätigkeiten,
- zeigt Angst, Verärgerung oder Frustration,
- zeigt keine Reue oder Schuldgefühle,
- hat unrealistische Entlassungspläne,
- hat Flucht oder Fluchtversuch begangen,
- bricht die therapeutische Beziehung zum Bezugspfleger oder zum sonstigen Pflegepersonal ab,
- hat ungewöhnliche Denkinhalte,
- zeigt psychotisches Verhalten,
- beschwert sich über das therapeutische Team,
- zeigt keine Empathie, kümmert sich nicht um andere und berücksichtigt deren Interessen nicht,
- hat antisoziale Einstellungen und Werte,
- verleugnet jedwede Probleme,
- zeigt geringe Compliance mit gegenwärtigen Überwachungsbedingungen und notwendigen Einschränkungen,
- zeigt nur wenig Fähigkeit im Coping,
- hat eine geringe Compliance mit der pharmakologischen Behandlung,
- wird inaktiver,

---

[295] Vgl. Müller-Isberner u.a. (2000) S. 43 sowie Stübner u.a. (2003) S. 67 f. Vgl. auch Schalast/ Desseker / von der Haar (2005) S. 10

[296] Vgl. Quinsey (2002) S. 51 ff. sowie Nedopil (2004) S. 96 f. sowie Dönisch-Seidel (2007) S. 187

- weigert sich, an medizinischer Therapie teilzunehmen,
- flacher Affekt,
- fehlende Rücksichtnahme auf andere,
- floride psychiatrische Symptomatik,
- manische Symptomatik sowie
- sozialer Rückzug.

Hier steht sicherlich die Fülle der Risikofaktoren, die ausgeräumt sein sollten, in einem krassen Widerspruch zur oben beschriebenen therapeutischen Notwendigkeit von Vollzugslockerungen. Eine Prognostik, die sich mit diesen Faktoren auseinanderzusetzen hat, wird sich mit allzu hoher Wahrscheinlichkeit in aller Regel auf äußerst dünnem Eis bewegen, wenn sie denn den Mut aufbringen will, Lockerungen zu befürworten. Darüber hinaus ist sie, wie weiter oben gezeigt worden ist, auch unter strafökonomischen Gesichtspunkten kaum sinnvoll. Sie führt dazu, Vollzugskosten zu perpetuieren und zielgerichtete therapeutische Ansätze unmöglich zu machen.

Erst recht gilt dies für die Entlassungsprognose. Hier handelt es sich um diejenige Prognose, die für die Beendigung einer Maßregel ausschlaggebend ist. Da sie sich auf die Zeit nach der Unterbringung bezieht, muss sie sich auch auf Faktoren beziehen, die sich der Kontrolle der Einrichtung oder des Sachverständigen entziehen.[297]

Nedopil merkt vor diesem Hintergrund sehr kritisch Folgendes an: „Muss das Risiko eines Rückfalls für längere Zeiträume und für wenig bekannte und sich ändernde Situationen abgeschätzt werden, so haben [...] die statischen Risikofaktoren[298] und [die] Basisrate für Rückfälligkeit in einer spezifischen Tätergruppe die größte prognostische Bedeutung. Es ist unrealistisch zu erwarten, dass therapeutisch bedingte Verhaltensmodifikationen ohne weiteres Training über unbegrenzte Zeiträume anhalten. Nach längeren Zeiträumen wird es zunehmend wahrscheinlicher, dass die ursprünglichen Persönlichkeitsstrukturen wieder mehr oder weniger zum Vorschein kommen."[299]

Hieraus ergibt sich folgerichtig die Notwendigkeit einer individuell konzipierten Weiterbetreuung des Entlassenen, die jeweils die spezifischen individuellen Risikofaktoren weiterhin bearbeitet. Auf diese Weise kann eine gewisse Kontrolle aufrecht erhalten bleiben, die dafür Sorge trägt, dass The-

---

[297] Vgl. Müller-Isberner/ Rohdich/ Gonzalez-Cabeza (1997) S. 13 ff.
[298] Vgl. oben Kap. 4.1.1
[299] Nedopil (2004) S. 97, vgl. auch Hall (1997) S. 27 sowie Serin/ Amos (1995) S. 48 f. Vgl. auch Zinkler 2008 S. 104

rapieerfolge, die während der Unterbringung erzielt und im Verlauf von wiederholten Lockerungen erprobt worden sind, nicht gleichsam durch die Realität der Normalität außerhalb der Einrichtung wieder verschüttet werden.

Grundsätzlich sind jedoch, gerade auch unter Einbeziehung des komplexen Spannungsfeldes von Einfluss- und Risikofaktoren, mit dem sich nicht nur die Entlassungsprognostik sondern auch bereits die Lockerungsprognose auseinanderzusetzen hat, folgende Aspekte zu berücksichtigen: Die in den Maßregelvollzug Eingewiesenen sind nicht nur Objekte einer gerichtlich angeordneten, wie auch immer gearteten Behandlung, sondern sie verfügen über Subjektstatus und entsprechende Patientenrechte. Sie verdienen Respekt als Inhaber von Menschenwürde. Verachtung, Entrüstung oder Empörung mögen menschlich nachvollziehbare Faktoren bei der Einschätzung bestimmter Tatbestände sein, dürfen aber keinesfalls den Charakter des Maßregelvollzuges bestimmen. Eine davon bestimmte Handlungsgrundlage wäre rechtswidrig.[300] Darüber hinaus ist sie, wie wir gesehen haben, auch unwirtschaftlich.

Auf der Grundlage von Respekt vor ihrer Menschenwürde wäre es daher angemessen, Eingewiesene so weit wie irgend möglich in ihre Therapieplanung mit einzubeziehen, um Lockerungen während des Vollzuges oder die endliche Entlassung qualifiziert vorbereiten zu können.

Vor diesem Hintergrund ergibt sich auch die Zielrichtung eines Vorschlages, den Kammeier unterbreitet: „ Die Festlegung des Maßes an Freiheitsentzug wird zu einer Angelegenheit des Vollzuges, d.h. ob jemand sich in einer geschlossenen Institution (Klinik oder Heim) aufzuhalten hat, ob er Ausgang oder Urlaub bekommt, ob er sich frei bewegen und eine eigene Wohnung nehmen kann, ob er eine ambulante Therapie aufzusuchen oder sich nur noch regelmäßig oder gelegentlich einem Bezugstherapeuten oder seinem Bewährungshelfer vorzustellen hat, all dies sind dann Vollzugsangelegenheiten. Bei negativen Veränderungen der Gefährlichkeit kann sofort, flexibel und unkompliziert im bisherigen Sinne eines ‚Widerrufs' als Krisenintervention oder mit anderen erforderlichen freiheitseinschränkenden Maßnahmen reagiert werden.“[301]

Kammeier schlägt also hier eine Deregulierung des bestehenden Maßregelrechts vor und stellt Inhalte und Verfahrensweisen stärker in die Verant-

[300] Vgl. Fabricius (2008) S. 1039; vgl. auch Fabricius/ Wulf (1984): Der Fall P. Stein, S. 23
[301] Kammeier (2005) S. 14, vgl. auch Zinkler (2008) S. 104

wortung derjenigen, die unmittelbar mit dem Eingewiesenen befasst sind. Dies löst zwar keineswegs alle prognostischen Probleme, von denen weiter oben ausführlich die Rede war. Eine solche Verfahrensweise wäre jedoch in jedem Fall in der Lage, auf der Basis von ausformulierten Patientenrechten zu handeln, die die Menschenwürde der Eingewiesenen verstärkt achten, und gleichzeitig straföokonomisch sinnvolle Anforderungen zu erfüllen.

Vor diesem Hintergrund steht jedoch nicht die rein betriebswirtschaftliche Frage der *„Mitteleffizienz"* im Vordergrund. Diese Frage ist natürlich wichtig, und ihre Beantwortung wird als Argument für eine Reihe von Vorschlägen zur Verbesserung des Maßregelvollzuges herangezogen.

Der vorliegenden Arbeit geht es um mehr, zumal die rein betriebswirtschaftlichen Fragen im Einzelnen auch bereits von Horst Entorf untersucht worden sind.[302] In seinen Untersuchungen geht es jedoch ausschließlich um betriebswirtschaftliche Effizienz, um Kosten-Nutzen-Überlegungen bis hin zu den Belegungszahlen der Landeskrankenhäuser oder zu Optimierungsberechnungen bezüglich der Größe der Einrichtungen. Diese Überlegungen stehen aber an dieser Stelle der vorliegenden Arbeit nicht im Zentrum der Argumentation.

Hier geht es um eine Einschätzung des Maßregelvollzuges vor dem Hintergrund von Überlegungen, wie sie die so genannte Ökonomische Analyse des Rechts (ÖAR) bietet. Diese hängt, wie wir gesehen haben, sehr stark mit dem Begriff der Ökonomik zusammen, der sich vom Begriffsfeld der allgemeinen Ökonomie unterscheidet. Während Ökonomie im weitesten Sinne nichts anderes als Volkswirtschaft bedeutet, wobei diesem Begriff als ein Teilgebiet die Betriebswirtschaftslehre untergeordnet ist, muss Ökonomik trotz ihrer Verwandtschaft und vielen Überschneidungspunkten mit der Ökonomie eher als eine Spielart der Entscheidungslehre gesehen werden.

Ökonomik als Entscheidungslehre berücksichtigt nämlich auch die so genannten Nebenbedingungen ökonomischen Handelns, zu denen auch das Recht gehört. Vor diesem Hintergrund gelten die Grundannahmen der Ökonomik sowohl für den Einzelnen als auch für staatliches Handeln.

Ich will das an einem Beispiel verdeutlichen, das zeigen soll, dass es mir um Gesichtspunkte geht, die weit über betriebswirtschaftliche Erwägungen hinausreichen. Wenn ich vom Subjektstatus von Eingewiesenen und von verfassungsmäßig verbrieften Patientenrechten spreche, deren Stärkung in letz-

---

[302] Vgl. Entorf (2007) S. 2 ff.

ter Konsequenz auch zu Mitteleinsparungen führen würde, dann würde die sozusagen „benachbarte“ betriebswirtschaftliche Kalkulation z.B.: Bessere Prognostik – geringere Verweildauer in den Landeskrankenhäusern = Mitteleinsparungen (Mitteleffizienz) lauten und im Vergleich zu meinem Analyseansatz entschieden zu kurz greifen.

Denn mir geht es erst in zweiter Linie um Effizienz. Ich leite die Stärkung des Subjektstatus und der Patientenrechte von den Grundlagen unserer Verfassung her. Hier geht es um Recht und um einen humanen Vollzug. Und die Ebene der Ökonomik kommt dann an der Stelle ins Spiel, wo sich herausstellt, dass es entscheidungstheoretisch durchaus im Interesse beider: der Eingewiesenen einerseits und auch der an Mitteleinsparungen und Sicherheit interessierten Gesellschaft sowie der staatlichen Einrichtungen andererseits ist, Eingewiesen verstärkt das Recht zu gewähren, sich über ihre Therapie zu informieren und aktiv daran mitzuwirken. Auch hier ergibt sich die Möglichkeit, Verweildauern zu reduzieren, aber nicht im Sinne einer betriebswirtschaftlichen Kosten-Nutzen-Kalkulation, sondern auf dem Weg über eine Stärkung von Rechten.

Ökonomik -nicht nur des Rechts- geht über betriebswirtschaftliche Erwägungen weit hinaus (wobei sie diese einbezieht). Hier geht es in erster Linie um entscheidungstheoretische Fragen. Und diese knüpfen vor allem am Begriff des Interesses an. Es wird also nicht primär die Frage gestellt: „Was kostet das, und wie effizient ist der Mitteleinsatz?“ Sondern: Welche gesellschaftliche Interessenkonstellation liegt vor? Wo liegen entsprechende Kraftfelder? Da geht es also -jenseits von betriebswirtschaftlichen Kostenüberlegungen darum, z.B. nach dem gesellschaftlichen Interesse an Sicherheit (vor gefährlichen Straftätern) zu fragen, das Interesse Eingewiesener an einer erfolgreichen Therapie zu nutzen, und es in Beziehung zu setzen mit den verfassungsrechtlichen Gestaltungsräumen der Wahrnehmung von Grundrechten.

Der Maßregelvollzug mit all seinen Implikationen (rechtlichen, gesellschaftlichen und ökonomischen) ist ein viel zu komplexes System, als dass das analytische Instrumentarium der Betriebswirtschaft dieses auch nur annähernd vollständig erfassen könnte.

7. Zur Methode und den Fragestellungen der empirischen Untersuchung

7.1 Grundsätzliche Überlegungen

Die vorliegende Untersuchung zum Maßregelvollzug soll sich nicht in der reinen Darstellung rechtsdogmatischer und rechtssystematischer Fragen verlieren. Vielmehr soll darüber hinaus auch ein konkreter Einblick in den Maßregelvollzug, das heißt in praktische Probleme der forensischen Psychiatrie geboten werden, der eine lebendige Anschauung des Rechtslebens und der klinischen Prognosekriterien insbesondere im Bereich der Gefährlichkeitseinschätzung ermöglicht. Die Krankenhäuser Moringen, Stadtroda und Hamburg-Ochsenzoll sollen hierzu als Beispiele dienen.

Eine Beleuchtung der tatsächlichen Verhältnisse kann zu fruchtbaren Problemstellungen führen und u.a. die Möglichkeit eröffnen, gegenstandslose Probleme als solche zu erkennen. Die Rechtstatsachenforschung legt außerdem die tatsächliche Gesetzesgeltung und -anwendung offen und stellt damit nicht zuletzt ein Mittel gegen Formalismus und Weltfremdheit dar. In der Rechtswissenschaft gibt es seit Anfang des letzten Jahrhunderts Ansätze zu einer Rechtstatsachenforschung, die danach fragt, ob das Recht auch den Alltag trifft, den es regeln soll.

Die vorliegende Arbeit hat bis hierher eine theoriebasierte Ergänzung zu den bestehenden Werken der Rechtstatsachenforschung geliefert, beabsichtigt aber darüber hinaus eine argumentative Lücke zu schließen, indem durch gezielte, strukturierte Interviews ein dicht informierendes Bild des Maßregelvollzuges nach § 63 StGB in bestimmten Krankenhäusern vor allem aus Sicht der Eingewiesenen ermöglicht wird. Angesichts des massiven Grundrechtseingriffes, den jede Unterbringung bedeutet, ist eine möglichst vollständige Kenntnis der Vollzugswirklichkeit unerlässlich.

An den theoretischen Teil der Arbeit schließt sich im Folgenden die Analyse einer Patientenbefragung per Interview an, in der dargestellt werden soll, wie der Klinikbetrieb auf Eingewiesene wirkt, was von diesen als wirksam für den Gesundungsprozess gehalten wird, wo Defizite in der Versorgung gesehen werden und inwieweit die den Eingewiesenen zustehenden (Grund-) Rechte eingehalten werden.

Im allgemeinen Gesundheitswesen wurde die Stärkung der Patientenrolle schon lange als notwendig erkannt, während dies im Maßregelvollzug noch immer weitgehend auf sich warten lässt. Aber auch hier ist die Patientenperspektive eminent wichtig. Die Mitwirkungsmöglichkeit des Eingewiesenen am Behandlungsprozess macht einen wesentlichen Bestandteil seines Gesundungsprozesses aus. Um die Patientensicht besser kennen zu lernen, muss sich sowohl der Gesetzgeber als auch die Klinik von den Eingewiesenen über ihre Erfahrungen, Erwartungen und Bedürfnisse informieren lassen. Behandlungsweisen, die aus Expertensicht als qualitativ gut eingeschätzt werden, müssen vom Patienten nicht in der gleichen Weise beurteilt werden. Dabei gibt es gerade bezüglich der Patientensicht ein offenkundiges Defizit in der einschlägigen Literatur.

Mit Hilfe der Interviews soll analysiert werden, wie die Betriebe im Einzelnen auf die Untergebrachten wirken, wo aus deren Sicht Fehlleistungen im Therapieablauf gesehen werden bzw. soll darüber hinaus die Frage geklärt werden, was bezüglich des Gesundungsprozesses und damit einer Reduzierung der Gefährlichkeit und der Rückfallwahrscheinlichkeit für sinnvoll gehalten wird. Aus den Ergebnissen der Befragung sollen Möglichkeiten für eine Verbesserung der Rückfallquote hergeleitet werden können.

7.2 Zur Methode

Das persönliche Interview mit dem Patienten stellt im Vergleich zu standardisierten Fragebögen nach Auffassung der Autorin der vorliegenden Untersuchung den intensiveren Weg zur Ermittlung der Patientenperspektive dar. Darüber hinaus ist hier die Gefahr geringer, dass Fragestellungen unverstanden bleiben und es zu einer missverständlichen Beantwortung kommt. Die Möglichkeit der Präzisierung der Angaben durch Nachfragen ist ebenso von Vorteil, wie die Befragung auch bei krankheitsbedingt eingeschränkten Patienten (z.B. bei einer Sehbehinderung oder auch ggf. einer mangelhaften Alphabetisierung von Eingewiesenen).

Der besondere Charakter des hier empirisch zu untersuchenden Gegenstandes, insbesondere nämlich die konkrete Situation von Eingewiesenen im Maßregelvollzug aus unterschiedlichen Blickwinkeln, erforderte eine Analyse der subjektiven Sichtweisen der Befragten, die im Einzelnen in ihrer Unterschiedlichkeit erfasst werden mussten. Dementsprechend hat sich die Autorin der vorliegenden Arbeit für eine qualitative Vorgehensweise entschieden.

Eine qualitativ ausgerichtete Sozialforschung ist bezüglich ihrer Zugangsweisen zu den jeweils untersuchten Phänomenen zumeist offener und auf diese Weise ‚näher dran' als die meisten anderen Forschungsstrategien, die vorwiegend mit großen Zahlen sowie mit stark standardisierten, und dadurch auch mehr objektivistischen Arbeitsmethoden operieren. Eine qualitativ ausgerichtete Forschung kann sich hingegen eher für neue Aspekte im Untersuchungsfeld sowie für das Unbekannte im häufig nur scheinbar Bekannten öffnen.[303]

Die Autorin der vorliegenden Untersuchung stand aber dennoch vor dem Problem der Wahl der entsprechenden Interviewmethode, denn die qualitative Sozialforschung hat sich in eine Vielzahl von Zugängen und Techniken ausdifferenziert – und auch „das" qualitative Interview gibt es nicht, sondern unterschiedliche Formen des Interviews, mit denen unterschiedliche inhaltliche Forschungsinteressen verbunden sind.[304] Konzentriert man sich jedoch vorwiegend auf die Erhebungssituation, kann eine große Gemeinsamkeit aller Interviewformen konstatiert werden. Helfferich stellt dazu fest:

„Jedes Interview ist Kommunikation, und zwar wechselseitige, und daher auch ein Prozess. Jedes Interview ist Interaktion und Kooperation. Das „Interview" als fertiger Text ist gerade das Produkt des „Interviews" als gemeinsamen Interaktionsprozess, von Erzählperson und interviewender Person gemeinsam erzeugt – das gilt für jeden Interviewtypus."[305]

Auf Grund dessen, dass die Autorin sich vorgenommen hatte, die interviewten Personen frei erzählen zu lassen, aber auch erwartet hatte, dass konkrete Themen angesprochen werden sollten, setzte sie eine Leitfadenkonstruktion, konkret eine Mischform zwischen narrativen und strukturierten Interviews ein. Der entscheidende Vorteil eines Leitfadeninterviews gegenüber einer offenen, narrativen Interviewform besteht darin, dass auf diese Weise sichergestellt wird, dass im Rahmen der Untersuchung wichtige Aspekte auch tatsächlich angesprochen werden. Dadurch ist folgerichtig eine Vergleichbarkeit mit den anderen Interviews, denen derselbe Leitfaden zugrunde lag, möglich. Bei einer offenen Erzählweise wäre dies nur recht eingeschränkt der Fall.

Die Offenheit der qualitativen Vorgehensweise wird mit dem narrativen Charakter der Befragung, die dem Interviewten viel Freiraum für ihm wichtige thematische Akzentuierungen lässt, gewährleistet.[306] Der Interviewer erfährt auf diese Weise in der Regel viel mehr als bei einer standardisierten Befragung. Er erhält mehr Details darüber, was für den Interviewten von

---

303 vgl. Flick/v. Kardorff/ Steinke (2005) S.17
304 vgl. Helfferich (2005) S. 7
305 Ebd. S. 10
306 vgl. Lamnek (2005) S.340

Bedeutung ist, und kann jeweils mit den an den Gesprächsverlauf angepassten Nachfragen in Erfahrung bringen, wie wichtig welche Aspekte für den Befragten sind.

Zwar können die Ausführungen des Interviewten nicht in einer 1:1-Form mit anderen Interviews der gleichen Untersuchung verglichen werden, aber der Interviewer erhält ein in sich geschlossenes, stimmiges und abgerundetes, eben ganzheitliches Bild vom Interviewten, das sowohl von theoretischer als auch von praktischer Relevanz ist.[307]

Beim vorliegenden Leitfadeninterview wurde ein entscheidendes Augenmerk darauf gerichtet, mit der Strukturierung immer aufs Neue narrative Erzählungen der Interviewten zu generieren. Dieses Vorgehen wird als „teilnarrativ" bezeichnet.[308] Von höchster Bedeutung dabei ist die Formulierung einer jeweils offenen, erzählgenerierenden Einstiegsfrage. Weitere Fragen werden daraufhin dieser Einstiegsfrage als Nachfragen zu- und untergeordnet.

Die Interviews der vorliegenden Arbeit beginnen daher nicht mit einer konkreten Frage, die lediglich eine kurze Antwort erfordern würde, sondern sie leiten mit einer Bitte an die Interviewten ein, zum Thema möglichst erzählend, also von sich aus frei gestaltend, Stellung zu beziehen. Diese Erzählphase wurde erst dann beendet, wenn der Befragte selbst dies tat. Die Interviewerin hielt sich in der Anfangsphase zurück und beschränkte sich eindeutig auf die Rolle einer interessierten Zuhörerin. Sie unterstützte gelegentlich den Erzählvorgang allenfalls durch aufmunternde Äußerungen (z.B. ein verstehendes „hm, hm") oder bestätigende Gesten (z.B. Kopfnicken). Hier wurde es bewusst vermieden, nachzufragen. Der jeweils Befragte konnte also zunächst ein längeres, frei formuliertes Statement abgeben. Erst in der jeweils darauf folgenden Phase des Interviews erfolgten gezielte Nachfragen.

Die Autorin der vorliegenden Untersuchung ist davon ausgegangen, dass nicht alle Aspekte durch freie Erzählung der Befragten angesprochen werden würden und hat in diesem Zusammenhang einen Leitfaden entwickelt, dessen Fragen in der folgenden Auflistung benannt werden:

[307] vgl. ebd. S.340
[308] vgl. Helfferich (2005), S. 159

1) Welche Tat wurde Ihnen zur Last gelegt? Wegen welchen Deliktes wurden Sie rechtskräftig verurteilt? Was ist tatsächlich passiert?

2) Was hat Sie zur Tat veranlasst? (z.B. familiäre Rahmenbedingungen, Alkoholeinfluss, etc.)

3) Was waren die Motive zu Ihrer Tat? Haben Sie schon länger daran gedacht, so etwas machen zu wollen? Oder handelte es sich dabei um einen plötzlichen Impuls?

4) Haben Sie bereits vor Ihrer Tat daran gedacht, sich einer Therapie zu unterziehen? Wenn ja, warum haben Sie davon Abstand genommen?

5) Sind die Motive, die zu Ihrer persönlichen Tatbereitschaft / Handlungsbereitschaft geführt haben, mit Ihnen therapeutisch bearbeitet worden? Wenn ja, wie? Welche Therapie könnte nach Ihren eigenen Vorstellungen für Sie hilfreich sein? Sehen Sie überhaupt einen Therapiebedarf?

6) Wenn Sie aus einem Impuls heraus gehandelt haben, ist dies in Ihrer Therapie besprochen worden? Haben Sie gelernt, solche Impulse in Zukunft zu kontrollieren?

7) Wie beurteilen Sie selbstkritisch Ihre Rückfallwahrscheinlichkeit und von welchen Überlegungen lassen Sie sich dabei leiten? Was könnte Ihnen helfen, Sie vor einem Rückfall zu bewahren? Was könnte Ihnen eine Rückfallgefahr anzeigen? Was würde Sie sicher machen, dass keine Rückfallgefahr mehr besteht?

8) Können Sie Gründe für Ihre Einweisung in den Maßregelvollzug (anstatt Strafvollzug) persönlich nachvollziehen? (Was verstehen Sie unter Gefährlichkeitsprognose?)

9) Sie sind auf Grund einer Schuldunfähigkeit/eingeschränkten Schuldfähigkeit zum Tatzeitpunkt infolge einer psychischen Störung in den Maßregelvollzug eingewiesen worden. Werden Sie nach Ende des Vollzuges nach Ihrer eigenen Einschätzung die Gründe für Ihre Straffälligkeit erfolgreich bearbeitet und überwunden haben? (Kontrollfrage für Nr. 5)

10) Wie schätzen Sie die Rückfallwahrscheinlichkeit bei in den Maßregelvollzug eingewiesen Straftätern grundsätzlich ein? (Auf Grund welcher Überlegungen beurteilen Sie das?)

11) Haben Sie bereits einmal Vollzugslockerungen erhalten? Welche waren dies? Und ggf. unter welchen Auflagen?

12) Glauben Sie, dass ein Gutachter Ihre eigene Rückfallwahrscheinlichkeit tatsächlich beurteilen kann?

13) Von wem sind Sie bis jetzt begutachtet worden? Wie oft? Wann zuletzt?

14) Haben Sie eine persönliche Beziehung zum Gutachter aufgebaut? Können Sie diese beschreiben? Ist das wichtig für Sie?

15) Gehen Sie in das Gutachtergespräch mit einer besonderen Vorbereitung oder auch Taktik?

16) Finden Sie es o.k. wenn ein Untergebrachter mit einer bestimmten Taktik in ein Gespräch geht?

17) Haben Ihnen andere Untergebrachte bereits von verschiedenen Taktiken berichtet? Wenn ja, was? Sprechen Sie mit anderen Untergebrachten über solche Themen? Evtl. auch im Verlauf einer Gruppentherapie?

18) Glauben Sie, dass ein Gutachter die Rückfallwahrscheinlichkeit von Sexualstraftätern grundsätzlich überhaupt beurteilen kann? Was müsste nach Ihrer Meinung ein Gutachter berücksichtigen, um die Rückfallwahrscheinlichkeit beurteilen zu können?

19) Welche Kriterien müsste ein Gutachter erfüllen (z.B. Ausbildung, selbst begutachten worden sein, oder vielleicht gar eine vergleichbare Straftat begangen haben und/ oder eine entsprechende psychische Erkrankung gehabt haben, etc., um eine Rückfallwahrscheinlichkeit beurteilen zu können?

20) Wie finden Sie es, dass ein Gutachter sein Urteil auf der Basis einer Wahrscheinlichkeitsschätzung abgibt? Sollten evtl.

Vorkommnisse im Maßregelvollzug (z.B. Diebstähle o.ä.) stärker berücksichtigt werden?

21) Nach welchen Gesichtspunkten würden Sie selber prognostizieren? Konstruieren Sie bitte dazu ein Beispiel.

22) Welche Rolle spielen bei der Anfertigung von Gutachten nach Ihrer persönlichen Einschätzung Gesichtspunkte, die nicht mit Ihnen selbst und der von Ihnen ausgehenden Gefährlichkeit, sondern vielmehr mit der allgemeinen Situation in der Anstalt oder mit politischen „Großwetterlagen“ zu tun haben? Nennen Sie ggf. Beispiele.

23) Wie schätzen Sie die derzeitige Rolle der Medien, was das Thema Sexualstraftaten angeht, ein? Glauben Sie, dass Sexualstraftäter es gelegentlich richtiggehend „genießen“, in den Medien wichtig genommen zu werden, und so etwas wie eine „Heldenrolle“ spielen können?

24) Verfolgen sie solche Reportagen im Fernsehen, und wenn ja, mit welchem besonderen Interesse? Nennen Sie bitte Beispiele und begründen Sie Ihr Interesse.

25) Auf welche Weise könnte nach Ihrer Meinung eine intensive Beobachtung von Sexualstraftätern durch die Medien auch eine Chance zur Verminderung der Rückfallquote darstellen?

26) Glauben Sie, dass Maßnahmen, wie sie derzeit bereits in den USA durchgeführt werden, wie Bekanntgabe der Namen von Sexualstraftätern im Internet etc., hilfreich sein könnten? Wenn ja, sagen Sie bitte für wen? Nur für die Gesellschaft oder auch für den Straftäter?

27) Was halten Sie von Maßnahmen, wie der Einrichtung so genannter „Bürgerwehren“, die derzeit in einigen Städten ausprobiert werden, und die u.a. zum Ziel haben, Freigänger zu beobachten?

28) Neuerdings werden Methoden der Gehirnanalyse ausprobiert, mit denen z.B. Pädophile und die Ausprägung ihrer Neigung identifiziert werden können. Wie beurteilen Sie

solche Analysemethoden, die ähnlich wirken wie ein Lügendetektor? Würden Sie selbst sich einer solchen Untersuchung unterziehen?

29) Auf welche Weise würden Ihnen persönlich erweiterte Möglichkeiten zum Freigang oder sonstige Lockerungen Ihrer Vollzugsbedingungen helfen? Nennen Sie bitte Beispiele und begründen Sie diese.

30) Auf welche Weise hilft Ihnen ggf. die Möglichkeit, Freunde, Familienmitglieder oder eine Partnerin in einer Apartment-Einrichtung Ihrer Anstalt treffen zu können?

31) Gibt es in Ihrer Einrichtung das Konzept einer langen oder evtl. sogar lebenslangen Nachbetreuung, wie sieht dieses Konzept konkret aus und auf welche Weise versprechen Sie sich Hilfe davon?

Die Fragen wurden zur Vorbereitung der Interviews nach thematischen Bereichen konstruiert, die ihrerseits jeweils von einer offenen Frage mit erzählungsgenerierenden Komponenten eröffnet wurde. Den Abschluss bildete jeweils eine so genannte Konfrontationsfrage, vor allem im Falle, wenn die Nachfrage nicht beantwortet war. Auf die offenen Fragen konnte der Interviewte unmittelbar mit seinem spontan verfügbaren Wissen antworten.

Ziel der jeweiligen Nachfragen war es, die bis dahin von den Befragten formulierten Aussagen noch einmal vor dem Hintergrund möglicher Alternativen zu hinterfragen. Das Interview hat auf diese Weise die Form eines Dialogs erhalten, in dem die Position des Interviewten weiter verdeutlicht wurde. Die unterschiedlich aufgebauten Fragen sollten den Interviewten zum weiteren Erzählen motivieren, aber auch sicherstellen, dass bestimmte Themenbereiche auch tatsächlich angesprochen werden.

Bei der Bemühung um thematisch relevante, dennoch aber subjektive Perspektiven ergeben sich jedoch in den vorliegenden Interviews vielfältige Vermittlungsprobleme zwischen den Vorgaben des Leitfadens und den Zielsetzungen der Fragestellung einerseits sowie den Darlegungen des Interviewpartners andererseits. So musste die Interviewerin häufig noch während des Interviews darüber befinden, in welcher Reihenfolge sie welche Fragen stellte, und wann sie sie stellte. Darüber hinaus verlangten diese Entscheidungen ein erhebliches Maß an Überblick über das zuvor Gesagte und dessen Relevanz für die jeweilige Fragestellung der Untersuchung. Genauso stand die Interviewerin gelegentlich vor der Frage, wann und ob sie detaillierter nachfragen sollte, oder aber ausführliche Berichte des Interviewten zuzulassen und sogar zu unterstützen hatte, bzw. ob sie bei Abschweifungen der Befragten diese unterbrechen und zum Leitfaden zurückkehren sollte.

Diese spontan zu treffenden Einzelentscheidungen, die nur in der laufenden Interviewsituation gefällt werden konnten, verlangten der Interviewerin ein hohes Maß an Einfühlungsvermögen für den Interviewverlauf und gleichzeitig für den Interviewten ab. Zum Teil ergab sich bei den Interviews das weiter oben angesprochene Vermittlungsproblem. Gestellte Fragen sind nicht in allen Interviews mit der wünschenswerten Klarheit beantwortet worden. Die offenen und zum Erzählen anregenden Fragen führten darüber hinaus gelegentlich dazu, dass die Interviewten einzelne Fragen, die noch gar nicht gestellt wurden, gleichsam ‚en passant' beantwortet haben. In einem solchen Fall wurde dann konsequent auf die entsprechende Nachfrage verzichtet. Insofern nahm jedes einzelne Interview einen individuellen Verlauf.

Um dem beschriebenen Erkenntnisinteresse näher zu kommen, wurde für die vorliegende Studie das problemzentrierte Interview auf Grundlage der Ausführungen von Flick (2002), Lamnek (1993) und Mayring (2002) gewählt[309]. Es liefert, neben dem von den Befragten ausgefüllten Datenblatt und eigenen Notizen der Interviewerin im Anschluss an die Befragung, die Basis für die spätere Auswertung der Erkenntnisse. Sicherlich kann unter dem eingangs angesprochenen Methodenmix noch eine Vielzahl weiterer Herangehensweisen verstanden werden.[310] Das problemzentrierte Interview eignet sich jedoch in besonderer Art und Weise dafür, Informationen über individuelle Sichtweisen und Bedeutungen der Befragten zu erhalten, da es sie vorwiegend einfach ‚zu Wort kommen lässt'[311].

Das problemzentrierte Interview ordnet sich in die Gruppe der oben beschriebenen qualitativen Interviews ein und stellt neben der teilnehmenden Beobachtung ein wichtiges Instrument für die ethnographische Forschung dar. Abgesehen von der hier gewählten Bezeichnung existieren weitere Begriffe, hinter denen konzeptionell jedoch ähnliche Varianten stehen[312].

---

309 Vgl. Flick (2002), Lamnek (1993) und Mayring (2002)

310 Dazu zählt u. a. „die Gruppendiskussion", weitergehende „Teilnehmende Beobachtung", „Tagebuchauswertungen" oder zeitlich versetzte „Nacherhebungen" (vgl. exemplarisch: Friedrichs 1990; Schnell et al. 1993; Mayring 2002 und Flick 2002).

311 Vgl. Mayring (2002) S. 67; vgl. auch Flick (2002) S. 117

312 Vgl. Flick (2002) S. 134ff.; sowie Lamnek (1993) S. 21ff. und Mayring (2002) S. 67 ff.

Diese Interviewform fokussiert eine gesellschaftlich relevante Fragestellung, orientiert sich in der Entwicklung dann an der oder dem Befragten und versteht das Ergebnis als Prozess in dem Bedeutungen flexibel zwischen der oder dem Untersuchten und der Forscherin oder dem Forscher ausgehandelt werden.

Sie zeichnet sich durch eine „offene“ und „halbstrukturierte“ Befragung[313] aus, die keine Antwortalternativen vorgibt, sondern den Interviewten die Möglichkeit zur freien Antwort überlässt.

Der im Vorfeld auf Basis einer theoriegeleiteten Fragestellung angefertigte Interviewleitfaden[314] ermöglicht dabei eine gewisse Standardisierung für die anschließende vergleichende Auswertung mehrerer Interviews. Dabei muss das eruierte Material festgehalten werden, was – im Einverständnis mit den Interviewten – am besten durch Tonaufnahme geschieht. Dies war auch bei der vorliegenden Studie der Fall.

7.3 Zum „ethnographischen“ Forschungsansatz

Die vorliegende Untersuchung hat sich nicht nur für qualitative Interviews sondern auch bewusst für einen „ethnographischen“ Forschungsansatz entschieden, der das Umfeld der Befragten (im vorliegenden Fall also das soziale und organisatorische Umfeld des Maßregelvollzuges) mit einbezieht.

Ethnographie versteht sich in diesem Zusammenhang analytisch als eine praxisorientierte Methode, die sich in ihrer Analyse auf die Ebene der Untersuchten stellt und sich des sozialen Kontextes der Untersuchten sowie der spezifischen Ausprägung ihres Alltagslebens annimmt, und genau darum geht es in der vorliegenden Arbeit. Der Respekt vor den Rechten der Eingewiesenen und die uneingeschränkte Anerkennung ihres Subjektstatus macht eine solche Vorgehensweise nachgerade erforderlich.

Der Ethnograph hat es in der Regel mit einer „Vielfalt komplexer, oft übereinandergelagerter (sic!) oder ineinander verwobener Vorstellungsstrukturen [zu tun], die fremdartig und zugleich ungeordnet und verborgen sind, und

---

313 Vgl. Mayring (2002) S. 67

314 Die Formulierung und Analyse eines ‚Problems' unterscheidet das problemzentrierte Interview z. B. vom narrativen Interview, das sich keiner Theorie bedient, sondern mehr die subjektiven Sinnstrukturen erfragt. Vgl. Mayring (2002) S. 68

die er zunächst einmal erfassen muß."[315] Ethnographische Forschung bezieht sich demnach zumeist auf die oben angesprochene Mikroebene der Analyse, sie ist jedoch zugleich Voraussetzung dafür, auch größere Zusammenhänge auf der Makroebene erklären zu können.[316]

Der ethnographische Ansatz birgt jedoch auch methodische Probleme. Diese hängen vor allem damit zusammen, dass Forschung hier vor allem zu interpretieren hat und dass der Forscher selbst durch Gender, Klasse, ethnische Zugehörigkeit etc. von den Strukturen sozialer Ungleichheit und Machtverhältnissen geprägt ist. Nach Auffassung von Bachmann und Wittel basieren Ethnographien insofern auf einem „Methodenmix", der die „teilnehmende Beobachtung" des Forschers und Gespräche mit den Erforschten umfasst."[317] Clifford und Marcus schreiben dazu: „Kulturen halten für ihre Porträts nicht still. Versuche, sie dazu zu bringen, beinhalten immer Vereinfachung und Ausschluss, die Auswahl eines Zeitpunkts, die Konstruktion einer Beziehung zwischen Eigenem und Fremdem und das Auferlegen oder die Aushandlung einer Machtbeziehung."[318]

Die Rolle des Forschers muss also geklärt sein, seine Autorenschaft muss, wie Winter dies ausdrückt, „dekonstruiert werden."[319] Dazu besteht die methodisch einwandfreie Möglichkeit, indem zu interpretierende Texte oder auch Interviewaussagen als Orte begriffen werden, „an denen und in denen sich soziale Auseinandersetzungen um Sinn, Subjektivität und Ideologie ereignen."[320]

Die Ethnographie hat somit die Aufgabe, insbesondere auch den lokalen Kontext, in dem die Interviews stattfinden, zu entschlüsseln. Dazu sind ethnographische Studien jeweils mit den sozialen, ökonomischen und kulturellen Lebenswelten zu verknüpfen, in die sie eingebunden sind. Dies entspricht im Übrigen den Forderungen an eine Einbeziehung von Alltagsleben und Lebenswelten in die Analyse, von der bereits weiter oben die Rede war.

Ien Ang fordert in diesem Zusammenhang eine „radikalere Kontextualisierung […] als bisher"[321], wobei der Vorschlag gemacht wird, hierbei nicht den Anspruch auf erkenntnistheoretische Perfektion zu erheben sondern

[315] Geertz (1987) S. 15
[316] Vgl. ebd. S. 30
[317] Bachmann/ Wittel (2006) S. 186
[318] Clifford/ Marcus (1986) S.10
[319] Winter (2003) S. 51
[320] Ebd. S. 53
[321] Ang (2006) S. 63

vielmehr sich zu bemühen, Erkenntnisse „in den unsicheren Wegen der Politik von Erzählen und Erzählung, von Geschichte und Gespräch" zu suchen.[322]

Auf diese Weise hat die Einbeziehung des lokalen und sozialen Umfeldes der im Maßregelvollzug Interviewten vor allem zwei methodische Implikationen, die zum einen das oben beschriebene subjektivistische Dilemma der Ethnographie zwischen Forscher und Erforschtem abmildern, zum anderen dazu führen können, dass die Aussagen der Interviews nicht im Bereich praxisferner theoretischer Erwägungen verbleiben müssen, sondern konkrete Handlungsperspektiven für mögliche Verbesserungen im Bereich des Maßregelvollzuges liefern können.

Wie die Analyse der durchgeführten Interviews zeigt, sind die Landeskrankenhäuser für nicht wenige Eingewiesene in einem Ausmaß zu einem „Zuhause" geworden, dass auf den ersten Blick überraschen mag. Bei näherer Befassung mit der Problematik stellt sich dann jedoch heraus, dass hierfür eine Reihe von gewichtigen Gründen vorliegt. An erster Stelle steht dabei ein vielfach zu verzeichnender „Verlust" der Familie. Ehe- oder Lebenspartner trennen sich von den Eingewiesenen oder lassen sich scheiden. Darüber hinaus geht bei einer entsprechenden Verurteilung auch häufig das bisherige soziale Umfeld der Eingewiesenen verloren, da es den Kontakt nicht mehr wünscht. Die Interviews zeigen, dass eine nicht unbedeutende Anzahl von Eingewiesenen nicht nur aus dem Grund z.B. keine Erleichterungen in der Unterbringung oder Ausgangsmöglichkeiten wünscht, weil sie ihre eigene Anfälligkeit für Rückfallsituationen fürchtet, sondern weil sie für soziale Kontakte außerhalb des Krankenhauses keine Perspektive mehr sieht.

[322] Ebd. S. 69

8. Zusammenfassung und Analyse ausgewählter Interviews

8.1 Grundsätze

Insgesamt sind im Rahmen der vorliegenden Untersuchung insgesamt 107 Interviews durchgeführt worden. Im Folgenden soll jedoch lediglich eine an thematischen Schwerpunkten orientierte Auswahl von Gesprächen mit Eingewiesenen zusammengefasst, vorgestellt und analysiert werden, um den Rahmen der Untersuchung nicht zu sprengen, die Inhalte nicht zu überfrachten und den Blick auf das Wesentliche zu ermöglichen. Die ausgewerteten Interviews haben bezüglich der vorliegenden Untersuchung vor allem auch illustratorischen Charakter. Sie dienten für mich persönlich darüber hinaus dem Erwerb einer entsprechenden „Feldkenntnis", die notwendig erschien, um die komplexe Thematik erfassen zu können. Die Eingrenzung der Grundgesamtheit der hier vorgestellten und analysierten Interviews dient jedoch vor allem auch der Lesbarkeit der vorgetragenen Ergebnisse. Das Erkenntnisinteresse des Lesers –so wird unterstellt- liegt weniger darin, in immer wieder neuen Variationen zu wissen, wie viele Eingewiesene sich z.B. über ausbleibende Vollzugslockerungen beschweren, sondern vielmehr in einer illustrativen Information über die komplexen Zusammenhänge des Maßregelvollzuges vor dem Hintergrund der Fragestellung nach den Patientenrechten und dem Subjektstatus der Eingewiesenen.

Diese Entscheidung zugunsten der Lesbarkeit der vorliegenden Untersuchung bringt jedoch zwei methodische Dilemmata mit sich:

- Das vorliegende Interviewmaterial wird einer Vor-Auswahl unterzogen, deren Kriterien zwar angegeben werden können, die aber keine empirisch belegbare Erschließung des gesamten Datenbestandes ermöglicht.

- Bei einer Population von insgesamt über 100 befragten Personen wäre prinzipiell eine quantitative Analyse möglich gewesen, die über einen beträchtlichen Grad an Repräsentativität verfügt hätte. Für eine solche quantitative Auswertung hätten dann aber entsprechende Fragebögen die Grundlage sein müssen, deren Ergebnisse z.B. per SPSS zu gewichten, zu gruppieren und zu klassifizieren gewesen wären. Für die Belange der vorliegenden Studie ist bewusst anders entschieden worden, indem eine qualitative Interviewmethode zugrunde gelegt wurde. Diese Methode entspricht zum einen eher den konkreten Gegebenheiten in den Landeskrankenhäusern, insbesondere was die Eingewiesenen anbetrifft. Viele von ihnen wären ohne Anleitung nicht zum korrekten Ausfüllen von komplex angelegten Fragebögen in der Lage gewesen. Das hätte möglicherweise die Ergebnisse erheblich verfälscht. Darüber hinaus sind verallgemeinernde Aussagen, wie sie auf der Basis von Fragebogenauswertungen gemacht werden können, in abgewandelter Form auch im Rahmen der Analyse von qualitativen Interviews möglich. Diese verallgemeinernden Aussagen sind zwar nicht im Sinne einer Statistik „rechenbar", ihnen kommt jedoch gerade wegen ihrer Authentizität eine wesentlich stärkere Aussagekraft zu, als dies bei den Ergebnissen einer Fragebogenauswertung denkbar wäre.

Die Gründe für diese Entscheidung sind im vorhergehenden Kapitel ausführlich dargelegt worden. Hinzu tritt noch die Tatsache, dass eine Reihe von Eingewiesenen aufgrund unterschiedlicher Behinderungen und Einschränkungen erhebliche Schwierigkeiten damit gehabt hätte, die Fragen eines Fragebogens mit der notwendigen Eindeutigkeit ohne beeinflussende Anleitung zu verstehen und präzise zu beantworten.

Ohne die formalen Vorgaben und das vergleichsweise enge inhaltliche Korsett eines Fragebogens erschien es im Sinne der vorliegenden Arbeit darüber hinaus leichter, den Zugang zu den oftmals auf den ersten Blick recht unklaren und von unterschiedlichen Formen eines Realitätsverlustes geprägten Vorstellungswelten der Befragten zu finden. Eine nicht unerhebliche Anzahl der im Rahmen der vorliegenden Untersuchung befragten Rechtsbrecher leidet unter geistigen Behinderungen. Ein Teil der Befragten stand zum Zeitpunkt der Erhebung darüber hinaus unter dem sedierenden Einfluss starker Medikamente, deren Einnahme unter vielerlei Gesichtspunkten im Alltag der Landeskrankenhäuser üblich ist.

Das Problem wird in der vorliegenden Untersuchung auf die folgende Weise gelöst, die den methodischen Rahmen der qualitativen Sozialforschung sauber einhält:

- Die vollständigen Interviews unterliegen strenger Vertraulichkeit und sind nicht zur Veröffentlichung bestimmt.
- Die Interviews werden in ihrer Gesamtheit qualitativ ausgewertet, d.h. inhaltlich zusammengefasst und auf dieser Basis analysiert.

- Dabei gibt es eine Reihe von Auswahlkriterien, die grundsätzlich gelten und andere, die in der besonderen Aussagequalität der Interviews liegen.

Die bereits an dieser Stelle der vorliegenden Studie zu benennenden Auswahlkriterien sind vorwiegend formaler Art. Sie fußen auf

- einer annähernd gleichen Gewichtung der untersuchten Landeskrankenhäuser, um hier Vergleichsmöglichkeiten bezüglich der vollzugsmethodischen Ansätze zu erschließen sowie

- auf einer Gewichtung der vorliegenden Tatbestände und der jeweils angeordneten Dauer des Maßregelvollzuges.

Dass die Autorin der vorliegenden Untersuchung bei den ausgewählten Landeskrankenhäusern eine sehr unterschiedlich ausgeprägte Kooperationsbereitschaft bezüglich einer Durchführung von Interviews mit den Eingewiesenen vorgefunden hat, spielte bei der Auswahl der Interviews selbst keine Rolle.

Allerdings muss an dieser Stelle angemerkt werden, dass die einschränkenden Auflagen der unterschiedlichen Landeskrankenhäuser insofern auf die Untersuchungs- und Darstellungsmethode Einfluss hatten, als die jeweils am weitesten gehende Einschränkung dann folgerichtig auch auf die Interviews aus Landeskrankenhäusern anzuwenden war, die eigentlich nach Maßgabe der hier zuständigen Anstaltsleitungen offener hätten analysiert werden können. Ohne eine solche einschränkende Anpassung wären die Interviews in ihrer Gesamtheit nicht mehr vergleichbar gewesen.

Was die Vergleichbarkeit von Aussagen angeht, stellt die Population der in einen Maßregelvollzug Eingewiesenen ohnehin eine in mehrfacher Hinsicht problematische Untersuchungsgruppe dar. Wie weiter oben bereits kurz erwähnt, stand ein Teil der Befragten unter dem Einfluss stark sedierender Medikamente, ein anderer litt (auch nach eigener Aussage) unter geistigen Behinderungen, die z.T. sicherlich auch die Begründung für ihre Schuldunfähigkeit dargestellt haben.

Eine Analyse von Aussagen Eingewiesener hat dies stets einzelfallbezogen zu berücksichtigen, wobei diese analytische Einschränkung auf keinen Fall so gewertet werden darf, dass Aussagen von Schuldunfähigen zu ihrer Tat und ihrer persönlichen Vollzugssituation nicht ernst genommen werden sollten. Sie sind gerade in ihrer Authentizität, aus der in vielen Fällen eine tief empfundene persönliche Not spricht, entsprechend zu würdigen. Diese Vorgehensweise entspricht dem Respekt vor der Menschenwürde der Eingewiesenen, der an anderen Stellen der vorliegenden Arbeit bereits wiederholt eingefordert worden ist.

Abschließend muss an dieser Stelle noch erwähnt werden, dass die Namen der Interviewpartner im vorliegenden Falle nicht nur aus den weiter oben dargelegten methodischen Gründen anonymisiert worden sind, sondern darüber hinaus auch, weil die hier befragten Interviewpartner eines besonderen Vertrauensschutzes bedürfen. Maßgeblich sind in diesem Zusammenhang die rechtlichen Bestimmungen über die ärztliche Schweigepflicht nach § 203 StGB sowie allgemeine Grundsätze des Datenschutzes. Danach gelten die erwähnten Voraussetzungen eines absoluten Vertrauensschutzes für die in den Maßregelvollzug Eingewiesenen in einem darüber hinaus auch forschungsethisch spezifischen Ausprägungsgrad.

Wäre dieser nicht gewährleistet, so hätten sich wohl nur die wenigsten Befragten zu einem solchen Interview bereit erklärt, und auch die Zustimmung der forensischen Kliniken zum Vorhaben dieser Untersuchung wäre in keinem Fall erteilt worden. Ohnehin stellte die Interview-Situation für eine Reihe von Befragten eine zusätzliche seelische Stresssituation dar, die trotz der in den meisten Fällen vorliegenden therapeutischen Bearbeitung der Tat durch ein Gespräch mit einer Dritten hervorgerufen wurde. Ein nicht geringer Teil der Befragten war nicht in der Lage, über Einzelheiten der Tat als solcher zu sprechen. Es muss an dieser Stelle auch angemerkt werden, dass die Interview-Situation von der Interviewerin gelegentlich selbst als unmittelbar bedrohlich empfunden werden musste, da in einigen Fällen Eingewiesene den Versuch unternommen haben, sie in ihre Gewaltphantasien einzubeziehen.

Die Anonymisierung der analysierten Interviews ist technisch in der Weise vorgenommen worden, dass die Befragten aus dem Niedersächsischen Landeskrankenhaus Moringen mit M001 ff., die Befragten aus dem Asklepios Fachklinikum Brandenburg mit B001 ff. und die Befragten aus dem Asklepios Klinikum Stadtroda mit S001 ff. kenntlich gemacht worden sind.

8.2 Analyse der Interviews
8.2.1 Zum Umgang mit der Tat und mit den Motiven

Wie bereits oben kurz erwähnt, hatte eine nicht unbedeutende Anzahl von Eingewiesenen erhebliche Schwierigkeiten damit, über ihre Tat offen gegenüber einer Dritten zu sprechen. Sie waren zwar in der Lage, den Straftatbestand, der zu ihrer Einweisung geführt hatte, zu benennen. Oftmals konnten sie sogar den entsprechenden Paragraphen des Strafgesetzbuches anführen. Zu einer genaueren Beschreibung des Tatherganges und ihrer Motive sahen sie sich jedoch außer Stande.

Dabei fällt auf, dass insbesondere die z.T. sehr jungen Eingewiesenen recht häufig ihre Tat in einer bemerkenswerten Weise verdrängen. Typisch ist hier ein 20-jähriger aus dem Landeskrankenhaus Brandenburg, der wegen Kindesmissbrauchs eingewiesen worden ist, und auf die Frage nach seiner Tat antwortet: „Ich weiß nicht mehr, was ich wie machen wollte."[323] Eine Verdrängung der Tat, ihrer Motive und ihres Ablaufes ist, wie sich im Verlauf einiger Interviews ergeben hat, dabei nicht selten damit verbunden, dass die Täter aufgrund eigener Missbrauchserfahrungen in ihrer Kindheit einschlägig traumatisiert worden sind.[324]

Da häufig bei Totschlags- und gefährlichen Körperverletzungsdelikten Alkoholmissbrauch im Spiel war, ist gerade bei diesen Eingewiesenen eine klare Erinnerung an den Tathergang und die Motive nicht mehr vorhanden. Ein wegen schwerer Körperverletzung Eingewiesener aus dem Landeskrankenhaus Moringen bringt dies mit der folgenden Formulierung auf den Punkt: „ Ich kann mich an die Tat nicht erinnern. Wenn die Polizei nicht dazwischen gekommen wäre, hätte ich ihn wohl umgebracht."[325]

Die Wahrnehmung der Tat durch die Eingewiesenen erscheint häufig als gestört. So wird zum Beispiel eine schwere Körperverletzung als „Rempelei mit einer älteren Dame aus dem Ausland" heruntergespielt[326] oder aber nach wie vor geleugnet: „Angeblich Kindesmissbrauch."[327] Im Gegensatz dazu wirkt die Einsicht in die Tat gelegentlich auffällig fremdgesteuert und gleichsam ‚aufgesetzt'.[328] Dies wird dann deutlich, wenn die Wortwahl bei der Beschreibung der Tat und Äußerungen des Bedauerns eindeutig von dem

---

[323] B016
[324] S002
[325] M015
[326] B002
[327] B008
[328] B006

sonstigen Sprachduktus des Eingewiesenen abweicht. Zudem ist die geäußerte Tateinsicht gelegentlich auch taktisch zu interpretieren: „Nicht-Einsehen der Strafe gleich Negativprognose.“[329]

Ähnliches gilt für den Umgang vieler Befragter mit ihren Tatmotiven. Insbesondere diejenigen Eingewiesenen, die noch nicht in den Genuss einer längeren therapeutischen Behandlung gekommen waren, konnten zwar die Rahmenbedingungen ihrer Tat schildern, nicht jedoch über ihre Motive sprechen: „Ich weiß nicht, wie das passieren konnte, ich weiß das alles nicht mehr“ ist vor diesem Hintergrund die auch für eine Reihe weiterer Befragter typische Antwort eines 67-jährigen Eingewiesenen aus dem Landeskrankenhaus Brandenburg auf die entsprechende Frage der Interviewerin.[330] Ein 20-jähriger Befragter antwortete auf die Frage nach dem Grund seiner Einweisung in den Maßregelvollzug: „Weil ich mich mit Kinder (sic) einjelassen hab (sic!)“ meint aber, er wisse nicht mehr, wie viele Kinder das waren („so drei oder vier“) und vermeidet eine Antwort auf die Frage nach seinen Motiven mit dem Hinweis: „Ich schäme mich, etwas Genaueres zu sagen.“[331]

Es lässt sich vor diesem Hintergrund eine deutliche Wechselwirkung zwischen einem Vermeidungsverhalten, was die Klärung der Sachlage anbetrifft, einerseits und dem vorhandenen Schamgefühl erkennen, wenn der gleiche Eingewiesene hervorstößt: „Ich will doch nur in Ruhe jelassen (sic!) werden. Alle sagen mir hier wat, ich weiß gar nicht mehr wo mir der Kopf stehn tut. Ick bin da nur noch ganz hilflos.“[332]

Hier wird darüber hinaus recht deutlich, dass sich viele Eingewiesene ausschließlich als ‚Objekt' therapeutischer Maßnahmen sehen, deren Sinn sie nicht wirklich durchschauen, und deren Zielsetzung man ihnen auch nicht erklärt hat. Ein Eingewiesener der Asklepios-Klinik in Stadtroda bringt das auf den Punkt: „Die machen mit mir hier sowieso nur was sie wollen.“[333]

---

[329] B008
[330] B013 vgl. auch eine entsprechende Verdrängung bei M013
[331] B014
[332] B014
[333] S002

8.2.2 Therapeutische Ansätze vor der Tat

Die wenigsten Befragten hatten bereits vor der Straftat, die zu ihrer Einweisung in den Maßregelvollzug geführt hat, therapeutische Hilfe in Anspruch genommen. Dies entspricht im Übrigen den im vorhergehenden Kapitel beschriebenen Verdrängungsmechanismen bezüglich der begangenen Tat. Wer sich veranlasst sieht, eine begangene Tat und ihre Umstände auch noch nach umfangreichen Tatermittlungen, einer Gerichtsverhandlung und einer entsprechenden gutachterlichen Untersuchung zu verdrängen, ist in aller Regel auch nicht in der Lage, in einem tatvorbeugenden Sinne rechtzeitig therapeutische Hilfe in Anspruch zu nehmen.[334]

Es liegt nahe, dass einschlägige Therapiemaßnahmen, wenn sie denn bereits vor einer Tat in Anspruch genommen wurden, fehlgeschlagen sind und von den Eingewiesenen negativ beurteilt werden. Typisch ist hier eine wegen versuchten Totschlages an ihrem Ehemann verurteilte Frau, die berichtet, sie „habe draußen keine Hilfe erfahren […], und da bin ich ´rausgelaufen." Das Anlassmotiv zu ihrer Tat beschreibt sie mit den Worten: „[…] und da hab' ich das Messer gesehen."[335] Nicht selten kommt es in den Interviews vor, dass Eingewiesene in der vor der Tat liegenden, fehlgeschlagenen Therapie nachgerade eine Teilursache für die später begangene rechtswidrige Tat suchen und dem Therapeuten oder der Therapeutin eine Mitschuld zuweisen.[336]

Da diese Therapien in aller Regel auf freiwilliger Basis stattgefunden haben, war es den späteren Straftätern leicht möglich, diese vorzeitig abzubrechen, wenn sie nicht wie gewünscht verlief, oder zu hohe Anforderungen an die eigene psychische Belastbarkeit stellte. So berichtet eine Befragte darüber, dass sie sich von ihrer Therapeutin „verraten" gefühlt habe, da diese Zweifel daran hatte, dass sie tatsächlich als Kind missbraucht worden sei. Obwohl die Therapeutin sich unter ihrem massiven Druck für diese Zweifel entschuldigt habe, sei daraufhin von ihrer Seite aus die Therapie abgebrochen worden.[337]

In aller Regel jedoch, so ist an dieser Stelle der vorliegenden Untersuchung festzuhalten, haben vor den Straftaten, die zur Einweisung in den Maßregelvollzug geführt haben, keine entsprechenden Therapien stattgefunden. In

---

[334] B013
[335] M006
[336] S002
[337] M010

den wenigen Fällen, wo dies der Fall war, sind die Therapien abgebrochen worden.[338]

Dabei kam der Impuls zum Abbruch der Therapie nicht nur von den Patienten selbst. Nach dem Bericht eines vor seiner Einweisung in den Maßregelvollzug bereits mehrfach wegen sexueller Belästigung Vorbestraften, habe der Therapeut, dessen Aufsuchen und dessen fachkundige Behandlung eine Auflage für eine vorzeitige Entlassung war, die Therapie mit den Worten beendet: „Sie haben ja jetzt ne Freundin, passiert ja jetzt nichts mehr."[339]

Auf den ersten Blick scheint es ein Widerspruch zu sein, dass einige Befragte vor dem Hintergrund ihrer als hilfreich empfundenen Therapie-Erfahrungen im Maßregelvollzug mit Bedauern die Auffassung äußern, eine rechtzeitig vor der Tat durchgeführte Therapie hätten ihnen mit Sicherheit helfen können.[340]

Diese Hinweise unterschlagen jedoch den Aspekt der Freiwilligkeit, der im Vorfeld einer Tat eine ausgeprägte Gefährdungseinsicht vorausgesetzt hätte, die in aller Regel nicht gegeben war. Umso wichtiger wäre es dann jedoch, die Eingewiesenen an der Planung der therapeutischen Maßnahmen im Verlauf des Maßregelvollzuges zu gewähren, und sie einzubeziehen, damit das Gefühl des Ausgeliefert-Seins und der Fremdsteuerung nicht auch hier mögliche Therapieerfolge von vornherein ersticken. Objekt von Therapiemaßnahmen zu sein, deren Zielsetzung weder durchschaut noch mit innerer Überzeugung angenommen wird, kann weder in Freiheit noch im Maßregelvollzug zum gewünschten Erfolg führen. Wenn ein Eingewiesener des Landeskrankenhauses in Stadtroda in Bezug auf seine Therapie äußert: „Ich wusste gar nicht, was ich da soll"[341], dann verweist dies auf ein erhebliches Manko in seiner Therapie und dieses Defizit kann möglicherweise dazu beigetragen haben, dass es später zur Tat gekommen ist. Auch hier hätte es darum gehen müssen, den Subjektstatus des Patienten zu stärken und sie viel mehr als dies offenbar geschehen ist, in die Therapie einzubinden.

---

338 Dies war in zwei der untersuchten Fälle der Fall (S002 und M010)

339 S002

340 M002

341 S003

8.2.3 Therapeutische Bearbeitung der Tat im Maßregelvollzug

Wie weiter oben ausführlich beschrieben worden ist, gehört eine therapeutische Betreuung zu den Grundlagen des Maßregelvollzuges, in den ausschließlich psychisch kranke, zum Tatzeitpunkt schuldunfähige, bzw. vermindert schuldfähige, in vielen Fällen auch zusätzlich physisch kranke Straftäter eingewiesen werden.

Eine nicht unbeträchtliche Anzahl der im Rahmen der vorliegenden Untersuchung Befragten räumt dabei ganz offen ein, dass sie an den angebotenen oder verordneten therapeutischen Maßnahmen zielgerichtet teilnehmen, um, wie es ein junger Eingewiesener formuliert, möglichst „schnell wieder entlassen werden zu können."[342] Diese Eingewiesenen sehen die eigentliche Therapie im Rahmen des Maßregelvollzuges eher skeptisch. Eine typische Äußerung: „Ich bin immer froh, wenn's vorbei ist."[343] Ein anderer äußert: „Solange die mir nicht sagen, was hier eigentlich läuft, kann ich eigentlich gar nichts machen. Die machen was mit mir, aber ich kann selber nicht mitmachen. Aber ich habe Angst, da was gegen zu sagen. Dann wird alles nur schlimmer."[344] Hier äußert sich das Gefühl, ohne eigene Beteiligung der Anstalt oder dem Therapeuten ausgeliefert zu sein und keinen eigenen Handlungsspielraum zu besitzen. Ein eingewiesener Sexualstraftäter äußert in diesem Zusammenhang die Hoffnung: „Wenn ich denn mal wenigstens meine Krankenakte lesen dürfte, dann wüsste ich, worum es geht, und könnte selber an mir arbeiten."[345]

Eine überwiegende Anzahl der Befragten erlebt die Therapie innerhalb des Maßregelvollzuges allerdings als ausgesprochen positiv und hilfreich. Ein wegen Sexualdelikten mit Jugendlichen Eingewiesener 51-jähriger äußert schlicht: „Die Therapie hilft"[346], und ein seit 14 Jahren im Landeskrankenhaus Brandenburg Einsitzender meint mit einer gewissen Treuherzigkeit: „bin zufrieden, dass ich an mich (sic!) selber arbeite."[347] Auf die Frage, ob er die Therapie als Hilfe ansehe, antwortet ein anderer mit einer gewissen Beiläufigkeit: „Joo, eigentlich schon."[348]

---

[342] B005
[343] S004
[344] S027
[345] S029
[346] B006
[347] B013
[348] B018

Dabei klingt immer wieder an, dass bei vielen Therapien auch ein gewisser ‚Wohlfühlaspekt' eine Rolle spielt. Man nimmt nicht ungern daran teil, weil sich hier jemand findet, der sich für einen interessiert. Von vielen Eingewiesenen wird jedoch eingeräumt, dass ihre Therapie harte Arbeit bedeutet, nämlich „ein Erkennen der eigenen Problematik, ohne [bisher] eine Lösung zu finden“[349], wie ein 51-jähriger wegen sexuellen Missbrauchs Eingewiesener formuliert.

Viel liegt in diesem Bereich sicherlich an der Gesamtkonzeption der betreffenden Klinik. Eine wegen eines Tötungsdeliktes eingewiesene Befragte aus dem Landeskrankenhaus Moringen ist sich der Tatsache „bewusst, dass die Therapie noch Jahre dauern kann.“ Aber sie ist „sehr froh über [ihren] Therapeuten.“ Wegen des aus ihrer Sicht erfolgreichen Therapieverlaufes hat sie überhaupt „nicht das Gefühl, eingesperrt zu sein.“ Sie konstatiert erleichtert: „Ich habe seit langer Zeit keine Suizidgedanken mehr, ich weiß, dass es sich lohnt zu leben, auch wenn all das Schlimme passiert ist [...]. Für mich ist das hier einfach die Chance.“ Da sie schon vor ihrer Straftat in therapeutischer Behandlung war, kann sie vergleichen: In Moringen sei es eben kein „Ankommen, Reden und dann Alleingelassenwerden.“[350] Allerdings, so meint sie, wäre es sicherlich von Nutzen, wenn „mein Therapeut mir deutlicher machen würde, welche Schritte er mit mir plant. Vielleicht hätte ich ja da auch eine Idee dazu.“[351]

Hier liegt sicherlich ein entscheidender Punkt, der auch in den bisher analysierten Interviews immer wieder hervorgehoben worden ist: Auch diejenigen Eingewiesenen, die im Grunde mit ihrer Therapie zufrieden sind, wünschen sich eine stärkere Einbindung in die Therapieplanung. Es ist ihnen einfach zu wenig, nur fremd gesteuertes Objekt von Maßnahmen zu sein. Sie wollen ganz bewusst eine Stärkung ihres Subjektstatus und sind sich sicher, dass dies die Erfolgsaussichten ihrer Therapie stark verbessern würde.

Ein seit 12 Jahren wegen Totschlages in den Maßregelvollzug Eingewiesener und davon seit 1,5 Jahren in Moringen einsitzender 27-jähriger Straftäter sieht Therapien insgesamt eher skeptisch, räumt jedoch in Bezug auf die nunmehr laufenden Maßnahmen ein: „Die Therapie wirkt positiv, ist jedenfalls besser als wie irgendwann rauszukommen und wieder Scheiße zu bauen“[352], und eine erst 19-jährige Brandstifterin, die verbal sehr selbstbewusst auftritt, äußert zwar mit kritischem Unterton aber insgesamt doch eher zu-

[349] M001
[350] M003
[351] Ebd.
[352] M007

frieden: „In Moringen die Therapie kann ich so akzeptieren […]. Hier wird die Zeit anders genutzt [als im Strafvollzug] und die Rückfallwahrscheinlichkeit ist geringer.“[353] Ein 29-jähriger Sexualstraftäter, der zuvor häufig aus anderen Landeskrankenhäusern verlegt worden war, weil er sich mit Pflegepersonal und Mithäftlingen angelegt und „den Lauten gemacht“ hatte, hat in Moringen nunmehr einen „Therapeuten gefunden, dem [er] vertrauen kann.“[354] Er spürt deutlich, dass er Hilfe bekommt, wenngleich auch er kritisiert: „Ich wüsste gern mehr darüber, wohin der Weg in der Therapie führt.“[355]

Dieser nicht unbeträchtlichen Anzahl positiver Äußerungen steht jedoch eine mindestens ebenso hohe Zahl kritischer Wertungen gegenüber, die z.T. einen recht aggressiven Unterton aufweisen. Dabei reichen die Wertungen von einem „ich weiß nicht ob die Therapie hilft“[356] oder der Skepsis „ob der Therapeut mich versteht“[357] über die Klage „ich kann mich gegenüber dem Therapeuten nicht behaupten“ bis hin zu der Einschätzung, die psychiatrische Betreuung sei diskriminierend und es werde dabei „gefoltert, misshandelt und falsch beurteilt […]. Ich bin fünf Jahre hier und habe den sechsten Therapeuten.“[358] Entscheidend scheint es dabei für diese Befragten zu sein, in welcher Weise sie sich an der Gestaltung ihrer Therapie beteiligen können. Sie sind selbst am Erfolg der Therapie interessiert, fühlen sich jedoch in ihren Bestrebungen nicht ernst genommen und respektiert. Ein 43-jähriger wegen eines Sexualdeliktes Eingewiesener klagt: „Mein Therapeut hört mir nicht richtig zu, wenn ich ihm vorschlagen will, was mir gut täte.“[359]

In vielen Fällen wird die Kritik jedoch nicht an der Therapie als solcher, sondern an der Person des Therapeuten festgemacht. Dabei sind sachliche Vorwürfe noch die geringsten, wie „mein Therapeut behauptet, angeblich verarbeite ich die Straftat nicht,“[360] oder der Vorwurf: „Mein Therapeut kann sich [bei der Aufarbeitung der Tat] nicht in die Situation hineinversetzen.“[361]

[353] M010
[354] M016
[355] Ebd.
[356] S003
[357] B001
[358] B006
[359] B001
[360] B021
[361] M001

In einigen Fällen sieht der Therapeut selbst den Erfolg der Therapie sehr skeptisch. Ein seit 15 Jahren in Hamburg Eingewiesener klagt: „Mein Therapeut hält mich für nicht therapierbar. Ich sehe das nicht so.“[362] Ein anderer verkehrt den Therapieauftrag nachgerade ins Gegenteil, wenn er kritisiert: „Mein Therapeut fühlt sich von meinen Überlegungen ausgeschlossen.“[363]

Sehr ernst zu nehmen ist jedoch Kritik (falls sie zutrifft!), wenn es um die fachliche Kompetenz von Therapeuten geht. Wenn geklagt wird: „Mein Therapeut ist nur Kinderpsychologe“, dann fehlt hier zumindest das für eine erfolgreiche Therapie notwendige Vertrauen in die Fähigkeit des Therapeuten, den Eingewiesenen zu verstehen und ihm auf dieser Basis zu helfen.[364]

Sicherlich ist es für den Erfolg eines Maßregelvollzuges nicht unbedingt notwendig, dass Eingewiesene sich euphorisch in dem Sinne äußern, wie „ich finde es hier sehr schön“[365] oder ich „bin sehr glücklich, dass ich hier bin.“[366] Entscheidend für den Erfolg der Maßregel ist es aber durchaus, dass die Eingewiesenen sich grundsätzlich wohl fühlen und die Hoffnung haben, dass ihnen im Maßregelvollzug durch therapeutische Maßnahmen geholfen wird.

Dabei kann es für eine positive Grundeinstellung des Eingewiesenen durchaus förderlich sein, wenn er zumindest den Eindruck erhält, er könne in der Therapie etwas Sinnvolles lernen. So berichtet ein Eingewiesener aus dem Landeskrankenhaus Brandenburg stolz, er bearbeite zwar nicht seine eigentliche Tat (Kindesmissbrauch), sondern er lerne „wie verteidige ich mich richtig“ und dies sei schließlich ja auch sinnvoll.[367] Den auf seine Straftat bezogenen therapeutischen Nutzen eines Selbstbehauptungstrainings hat er dabei jedoch nicht wirklich verstanden, wenn er gleichzeitig berichtet, die Straftat des Kindesmissbrauchs habe damit zusammengehangen, dass er sich von den Müttern der betroffenen Kinder als Aufsichtsperson ausgenutzt gefühlt und sich ihren Ansprüchen wehrlos ausgeliefert gesehen habe.

Insbesondere was ihre Selbstbestimmungsrechte als Patienten angeht, fühlen sich eine Reihe von Eingewiesenen allzu stark eingeschränkt. Ein 29-jähriger Sexualstraftäter klagt: „Ich darf noch nicht einmal entscheiden, ob und wann ich rauchen darf. Ich werde behandelt wie ein kleines Kind und kann

[362] S003
[363] M001
[364] B006
[365] M006
[366] M015
[367] B005

keinen Schritt selbständig tun."[368] Den Erfolg seiner Therapie sieht er dadurch gefährdet: „Ich weiß gar nicht mehr, wie ich mich verhalten soll, wenn ich dann wieder draußen bin und keine ständigen Vorschriften mehr bekomme."[369]

8.2.4 Zur Selbsteinschätzung der Rückfallwahrscheinlichkeit

Die Selbsteinschätzung eines wegen Schuldunfähigkeit in den Maßregelvollzug Eingewiesenen ist sicherlich mit einer gewissen Zurückhaltung zu bewerten, wenngleich die in den Interviews der vorliegenden Untersuchung geäußerten Einschätzungen fast durchweg sehr selbstkritisch sind. Verbreitet ist dabei die Meinung, einen Rückfall am besten vermeiden zu können, wenn weitere therapeutische Begleitung sichergestellt ist.[370] Einer Reihe von Eingewiesenen erscheint auch die Perspektive eines betreuten Wohnens als hilfreich.

Wenn ein Eingewiesener äußert: „Im Moment is (sic!) keine Gefährlichkeit"[371], so kann dies sicherlich während des Maßregelvollzuges wegen der regelmäßigen Einnahme ruhig stellender Medikamente nachvollzogen werden, wenn die Regelmäßigkeit der Einnahme allerdings nicht mehr kontrolliert wird, dann kann durchaus die vor der begangenen Straftat vorliegende Gefährlichkeit wieder zu Tage treten. Ein wegen sexuellen Missbrauchs im Klinikum Hamburg Einsitzender berichtet in diesem Zusammenhang recht offen, er habe schon einmal „kurz vor der Entlassung" gestanden und ausgiebige Vollzugslockerungen in Anspruch nehmen können. Er habe dann jedoch die auf freiwilliger Basis verordnete Medikamenteneinnahme abgesetzt, weil „sexuelle Befriedigung nicht mehr ging." Danach sei „der Drang zu Frauen wieder da" gewesen, und er habe sich „Schnitzer" erlaubt, die letzten Endes dann dazu geführt hätten, dass seine Entlassungsprognose negativ ausgefallen sei und die Vollzugslockerungen wieder rückgängig gemacht wurden. Vor diesem Hintergrund äußert sich der Betroffene skeptisch über seine Rückfallprognose.[372]

Zum Teil haben sich die Eingewiesenen während ihrer Therapien eingehend mit der Aufarbeitung ihrer Straftat sowie mit deren Motiven und Rahmenbe-

---

[368] M016
[369] Ebd.
[370] B001
[371] B002
[372] S001

dingungen auseinandersetzen können. Sie glauben daher fest daran, in Zukunft nicht mehr rückfällig zu werden. Ein wegen Kindesmissbrauchs Verurteilter meint, er sei im Grunde ohnehin nicht „sexuell auf Kinder fixiert" und werde „durch Kinder nicht sexuell erregt." Er ist sich sicher, nicht mehr rückfällig zu werden, weil er die Rahmenbedingungen seiner Tat meiden würde: „Ich würde nicht wieder auf anderer Leute Kinder aufpassen."

Wirklich sicher sind sich nur recht wenige Befragte, dass sie keine Gefahr mehr darstellen. Hier gibt es auf die entsprechende Frage Antworten wie: Ich habe „kein Rückfallrisiko"[373] oder „es passiert nicht mehr, weil ich mir das geschworen habe."[374] Ein wegen schwerer Körperverletzung (Messerstecherei) Einsitzender ist der festen Überzeugung: „Das Thema Gewalt ist für mich total abgeschlossen. Rückfallwahrscheinlichkeit ist Null, ja Null."[375] Diese Selbsteinschätzungen wirken in aller Regel wenig durchdacht, zeigen aber, wie wichtig es wäre, an dieser Problematik gemeinsam mit den Eingewiesenen zu arbeiten.

Anders steht es um Aussagen wie: „ Ich gehe davon aus, dass, wenn diese Situation noch mal passiert, dann muss ich mich ganz ganz warm anziehen"[376], die zeigen, dass sowohl die Tat (Tötungsdelikt) als auch Motive und Rahmenbedingungen verarbeitet worden sind. Eine solche eher skeptische Selbsteinschätzung ist sicherlich auch höher zu bewerten als pauschale Aussagen wie z.B. „meine Rückfallwahrscheinlichkeit beträgt 30 %", wenngleich diese Perspektive inhaltlich ehrlich damit begründet wird, dass der Befragte „viele Sachen […] gar nicht selber einschätzen" könne.[377]

Eine Reihe von Befragten schätzen ihre Rückfallwahrscheinlichkeit vor dem Hintergrund skeptisch ein, dass es sich bei ihnen bereits um Rückfalltäter handelt. Sie können sich trotz entsprechender therapeutischer Aufarbeitung nicht erklären, wie es zu ihren Rückfällen kommen konnte und warum sie die entsprechenden Situationen trotz guter Vorsätze nicht zu meiden in der Lage waren. Ein wegen wiederholten Kindesmissbrauchs in den Maßregelvollzug Eingewiesener sagte dazu: „Mit Kindern habe ich eigentlich nichts am Hut. Ich kann auch nicht sagen, warum das passiert ist." Er schätzt vor diesem Hintergrund seine Rückfallwahrscheinlichkeit pauschal „mit 25 %" ein.[378]

---

[373] B013
[374] B017
[375] B021
[376] M003
[377] M009
[378] S003

Bezüglich der Rückfallfrage gibt es nicht selten auch einen ausgeprägten Fatalismus. So meint ein wegen sexuellen Missbrauchs von Jugendlichen Einsitzender ganz lapidar: „Die Rückfallwahrscheinlichkeit kann keiner einschätzen […]. Ich bin vorbestraft und habe keine Chance mehr.“[379] Genau dieser Fatalismus ist es, der zeigt, dass eine Erweiterung der Patientenrechte im Maßregelvollzug entscheidend dazu beitragen könnte, die Grundlagen der Therapien und somit auch die Prognoseergebnisse zu verbessern. Nur ein Eingewiesener, der die Chance sieht, sich auf der Basis eigener Mitarbeit und Mitverantwortlichkeit die Möglichkeit einer Entlassung zu erarbeiten, wird bereit sein, sich auf therapeutische Programme wirklich einzulassen.

8.2.5 Zur Einschätzung der Gutachter und ihrer Prognostik

Es scheint prima vista auf der Hand zu liegen, dass die Arbeit der Sachverständigen von den meisten Eingewiesenen mit großer Skepsis gesehen wird. Dies ist jedoch bei den im Rahmen der vorliegenden Untersuchung Befragten keineswegs durchgängig der Fall. So gibt es in den Interviews durchaus Aussagen wie: „Der Gutachter konnte mich beurteilen, und ich habe mich in dem Gutachten wieder erkannt.“[380] Ein anderer Eingewiesener fühlt sich durch den Gutachter „teil teil (sic!)“ verstanden, und das Gutachten „stimmt“.[381]

Gelegentlich wird auch davon ausgegangen, der Gutachter habe seine Einstellung zum Eingewiesenen zu verändern, damit letzterer eine realistische Freiheitsperspektive haben könne: „Wenn es so bleibt, dass mir solche Motive unterstellt werden [Kindesmissbrauch in mehreren Fällen], dann werde ich hier nie wieder rauskommen.“[382] Eine solche Einschätzung des Gutachters scheint zunächst einmal darauf hinzuweisen, dass Tat und Motive noch in keiner Weise verarbeitet worden sind, darüber hinaus verweist sie aber auch auf das tief empfundene Bedürfnis, durch Teilnahme an der Therapie noch einmal eine Chance zu bekommen.

Für die Einschätzung der gutachterlichen Tätigkeit durch den Eingewiesenen hängt offenbar viel davon ab, ob der Sachverständige grundsätzlich als freundlich empfunden wurde, oder ob der Straftäter den Eindruck gewinnen

---

[379] S002
[380] B017
[381] B018
[382] B005

konnte, dieser sei ihm gegenüber von vornherein voreingenommen und „unfreundlich", wie es ein Eingewiesener formuliert hat.[383]

Ein weiteres wichtiges Kriterium dafür, ob der Eingewiesene sich und seine Straftat angemessen im Gutachten gewürdigt sieht, ist ganz offensichtlich die Zeit, die sich ein Gutachter für seine Untersuchung nimmt. „Mit dem Gutachten war ich einverstanden"[384] meint eine junge Brandstifterin nach einem 4-stündigen Untersuchungsgespräch, während sich ein 29-jähriger Sexualstraftäter vehement darüber beklagt, dass der Gutachter sich für ihn nicht mehr als 1 Stunde Zeit genommen habe. Nahezu zwangsläufig sieht sich dieser Straftäter im Gutachten auch völlig fehl interpretiert und missverstanden.[385]

Die Einschätzung der gutachterlichen Tätigkeit kann auch von allgemein in der Klinik vorherrschenden Stimmungen abhängen. So äußert sich ein Eingewiesener des Klinikums Brandenburg in fatalistischer Weise: „Kein Patient hat mehr 'ne Zuversicht hier. [...] Kein Gutachter traut sich heute mehr zu sagen: Gut, ich übernehme die Verantwortung."[386]

Dabei sind eine Reihe von Eingewiesenen durchaus bereit, sich zur Ergänzung ihrer Begutachtung neurologischen Analysen zu unterziehen, zumal sie sehen, dass der öffentliche Druck auf die Gutachtertätigkeit inzwischen so groß geworden ist, dass für eine Ungefährlichkeitsprognose zusätzliche Absicherungsinstrumente notwendig sind.[387]

Vielfach ist von den Befragten die Kompetenz einzelner Gutachter infrage gestellt worden. Hier stand jedoch nicht eine ärztliche oder psychologische Fachkompetenz im Vordergrund, sondern eine auf die spezielle Situation von Eingewiesenen bezogene Erfahrungskompetenz. Diese sei notwendig, um die Situation von einsitzenden Straftätern tatsächlich verstehen zu können. Ein Befragter schlug dabei ganz konkret vor, Gutachter und im Maßregelvollzug als Therapeuten Eingesetzte sollten im Verlauf ihrer Fachausbildung wenigstens einmal für 14 Tage inkognito als ganz normale Gefangene im Strafvollzug oder im Maßregelvollzug verbringen, wie das nach seiner Kenntnis vor Jahren tatsächlich einmal Vorschrift gewesen sei.[388]

---

383 M007
384 M010
385 M016
386 B006
387 B017
388 M016

8.2.6. Vollzugslockerungen, soziale Kontakte und Nachbetreuung

Vollzugslockerungen werden den im Rahmen der vorliegenden Untersuchung Befragten in unterschiedlicher Art und unterschiedlichem Ausmaß gewährt. Hier klaffen die Einschätzungen der Betroffenen jedoch in einem Ausmaß auseinander, das auf der einen Seite mit subjektiven Befindlichkeiten zusammenhängen mag, auf der anderen Seite aber die allgemeine Stimmungslage unter den Eingewiesenen der verschiedenen Landeskrankenhäuser widerspiegelt.

Wenn in der Spannungssituation, in der sich die eingewiesenen Straftäter befinden, Parolen verbreitet werden, ein zuständiger ärztlicher Direktor habe geäußert: „So lange ich hier bin, ist noch keiner rausgekommen“[389], dann hat das unabhängig vom Wahrheitsgehalt dieser Aussage fatale Auswirkungen auf die Abläufe rund um das Thema Vollzugslockerungen.

Dabei werden auch durchaus erhebliche Lockerungen von den Eingewiesenen z.T. eher abfällig beurteilt. So merkt ein Befragter an, der zweimal pro Woche begleitete Freigänge „in die Stadt“ genehmigt bekommen hat, diese Freigänge seien für ihn „eigentlich uninteressant.“[390] Es ist also keineswegs so, dass das Ausmaß der Lockerungen in einem unmittelbaren Verhältnis zur Zufriedenheit derjenigen steht, denen sie gewährt werden. Im Unterschied zu dem soeben zitierten Befragten berichten andere Eingewiesene durchaus hochzufrieden davon, dass sie auf dem Anstaltsgelände spazieren gehen dürften,[391] oder dass sie Gelegenheit zu einer sinnvollen Arbeit bekommen.[392]

Auf der anderen Seite werden Rücknahmen oder Einschränkungen einmal gewährter Vollzugslockerungen als sehr ungerecht empfunden. Ein Befragter beschwert sich bitter: „Wer sich beschwert, gilt als Querulant und bekommt z.B. die Schreibmaschine weggenommen.“[393]

Gerade auch um der Vollzugslockerungen willen ist es für die Eingewiesenen wichtig, sich durch soziales Wohlverhalten innerhalb des Vollzuges zu bewähren. Wer das Pflegepersonal zu Aussagen provoziert wie „bei den Nazis wärt ihr alle tot.“, wie dies in einem der Interviews[394] berichtet worden

[389] B013
[390] B005
[391] B017
[392] B013
[393] B008
[394] B006

ist, hat sicherlich keine Aussicht auf Gewährung von Vollzugslockerungen. Ähnliches gilt für paranoid wirkende Einstellungen wie diejenige, man müsse sich im Maßregelvollzug als „Normaler" ständig nur gegen die „Übergriffe psychisch Kranker" wehren.

In diesem Zusammenhang ist anzumerken, dass ein enger Familienkontakt für fast alle Befragten von zentraler Bedeutung ist. Selbst wenn der Kontakt zur Familie nur „ganz gut" ist, wie ihn ein Befragter beschreibt, so wird in vielen Aussagen, die der Betreffende im Verlauf des durchgeführten Interviews macht, deutlich, welche innere Stabilität ihm dieser Kontakt verleiht.[395] Im Einzelfall kann eine Einweisung in den Maßregelvollzug sogar den Familienzusammenhalt stärken. So berichtet eine wegen eines an ihrem Ehemann begangenen Tötungsdeliktes Eingewiesene, sie habe erst im Vollzug wirklich gemerkt, was „für tolle Kinder" sie habe,[396] und eine junge Brandstifterin sieht deswegen eine Chance in ihrer Therapie, weil „die Familie voll hinter [ihr] steht."[397]

Allerdings kann auf der anderen Seite ganz offenbar eine Einweisung in den Maßregelvollzug, bzw. die ihr vorausgegangene Tat und die Auseinandersetzung damit für Familien eine Belastungsprobe darstellen, der sie auf Dauer nicht gewachsen sind. So berichtet ein Eingewiesener davon, sein Bruder habe nach einiger Zeit den Kontakt zu ihm abgebrochen, weil er der Belastung nicht mehr gewachsen gewesen sei.[398] Ein anderer Eingewiesener klagt, er sei durch seine Tat (Kindesmissbrauch) und die Einweisung in den Maßregelvollzug derart stigmatisiert, dass weder seine Familie weiterhin Kontakt zu ihm haben wolle, noch dass er eine echte Beziehung zu anderen Menschen (gemeint sind von ihm Frauen) aufbauen könne.[399]

In vielen Fällen ist als Folge mangelnder sozialer Kontakte nach außen eine Verbitterung der Betroffenen spürbar, die sicherlich den therapeutischen Zielen zuwider läuft. Hier wären die Anstalten gut beraten, Maßnahmen zu ergreifen, die Außenkontakte solcher Eingewiesener gezielt zu fördern geeignet sind.

Zum Thema einer, wie weiter oben beschrieben worden ist, durchaus in der Maßregelkonzeption einiger forensischer Kliniken enthaltenen gezielten und kontinuierlichen Nachsorge im Falle einer Entlassung konnten die Befragten

---

[395] B017
[396] M003
[397] M010
[398] B005
[399] S002

inhaltlich nicht allzu viel sagen, weil ihnen naturgemäß hier die einschlägige persönliche Erfahrung fehlt. Dennoch ist hier durchweg von den Befragten reges Interesse geäußert worden. Dies war zumal dann der Fall, wenn die eigene Rückfallwahrscheinlichkeit eher skeptisch eingeschätzt wurde. Die Angst vor einer Freiheit ohne unterstützende Betreuung ging im Einzelfall so weit, dass anderenfalls Eingewiesene einen dauerhaften Verbleib im Maßregelvollzug nachgerade eingefordert haben.[400]

8.2.7 Zur Rolle der Medien

Den meisten Eingewiesenen ist völlig klar, dass sie und ihre Taten von den allermeisten Medien, von weiten Teilen der Bevölkerung und von der Politik äußerst kritisch beobachtet und als mehr oder weniger latent vorhandene Gefahr eingeschätzt werden. Es wird in diesem Zusammenhang von den Befragten auch durchaus erkannt, dass es für Sachverständige angesichts der aktuellen Stimmungslage sehr schwierig ist, sich mit einem positiven Entlassungsvotum gegen den allgemeinen öffentlichen Druck zu behaupten. Dabei, so eine Reihe von kritischen Anmerkungen, spielten die Medien eine in mehrfacher Hinsicht fatale Rolle: Sie produzierten durch ihre Berichterstattung Anschlusstäter, „die es auch einmal ins Fernsehen schaffen" wollten, sie erzeugten in der Öffentlichkeit ein falsches Bild von der tatsächlichen Bedrohungslage und sie setzten die Politik und in sowohl direkter als auch indirekter Weise die Gutachter unter Druck.[401]

Manche Eingewiesene fühlen sich dadurch sogar in eine gewisse Machtposition versetzt. Ein wegen Kindesmissbrauch Eingewiesener gesteht ganz offen: „Wenn ich mal ‚rauskomme und Mist baue, dann ist erstmal die Anstaltsleitung dran."[402] Ein anderer wegen Doppelmordes Verurteilter fühlt sich durch Fernsehberichte und Bildzeitungslektüre nachgerade in seinen Taten bestätigt: „Is [sic] doch nix Besonderes, wat ich da jemacht hab', liest man doch alle Tage von."[403]

Auf jeden Fall sind einige Eingewiesene sehr genau über die Rolle der Medien in der öffentlichen Diskussion über den Maßregelvollzug informiert. Ein wegen wiederholter Notzuchtvergehen Verurteilter bringt das auf den Punkt: „Ich lese das alles, weil hier geht es ja um uns, und ob man hier ir-

[400] B013
[401] S002, B006 und B017
[402] B025
[403] B028

gendwann wieder rauskommt. Keiner traut sich hier mehr was. Die Verantwortung will keiner haben. Jemand, der ein Gutachten schreibt, wo er einen Fehler gemacht hat, der wird an's Messer geliefert.“[404] Viele Eingewiesene haben sehr deutlich das Gefühl, in einer aussichtslosen Lage zu sein, in der es eigentlich kaum noch darauf ankommt, ob sie an ihrer Wiedereingliederung mitarbeiten oder nicht. So äußert sich ein Eingewiesener des Klinikums Brandenburg in fatalistischer Weise: „Kein Patient hat mehr ne Zuversicht hier. [...] Kein Gutachter traut sich heute mehr zu sagen: Gut, ich übernehme die Verantwortung.“[405]

Ein wegen mehrfachen Vergewaltigungen Verurteilter klagt ausdrücklich die Medien an: „Wenn ich das alles nicht immer wieder gelesen hätte, dann wär' das nicht passiert. Das können Sie glauben [...] wenn Sie wollen oder auch nicht. Die haben mich doch erst richtig scharf gemacht und drauf gebracht. Und wenn ich das hier im Vollzug lese, dann macht mich das immer noch an. Wenn ich hier jemals wieder rauskommen würde, dann zeig' ich's allen noch mal. Das macht mich an, wenn ich in die Bildung [gemeint ist die Bildzeitung] komme. Finde ich echt geil.“[406]

Insgesamt lässt sich ein ausgesprochen ambivalentes Verhältnis vieler Eingewiesener vor allem zu den Printmedien feststellen: „Ich find's einfach total spannend, was die so über Kriminalfälle und Verbrechen schreiben, ich denke dann immer, wie das bei mir war, und wie ich das gemacht hab'. Aber diese fetten Arschlöcher sorgen dafür, dass wir hier Riesenschwierigkeiten haben, und dass die [gemeint ist die psychiatrische Betreuung] immer alles ganz genau wissen wollen“[407], so äußert sich ein wegen Totschlags und anderer Delikte Eingewiesener. Bei einigen Verurteilten erzeugen die Medien offensichtlich eine gewisse Faszination für die eigene Tat.[408]

Folgerichtig berichten einige Eingewiesene davon, dass ihnen, wenn auch nur vorübergehend, der Zugang zu Printmedien untersagt worden ist.[409] Die Einschätzung von Volckart und Grünebaum: „Praktisch wird [der Entzug von Medien] nur bei gewissen („harten“) pornographischen Erzeugnissen in Betracht kommen, wenn der Bezieher rechtswidrige Taten gegen die sexuelle Selbstbestimmung begangen hat und derartige Taten weiter von ihm drohen oder wenn die Weitergabe der Zeitschrift im Krankenhaus an solche

[404] S018
[405] B006
[406] H018
[407] H020
[408] Vgl. auch oben H018
[409] S016, S026, B017

Patienten nicht verhindert werden kann",[410] wird durch die vorliegenden Interviews eher infrage gestellt. Inwieweit jedoch solche Maßnahmen einer rechtlichen Überprüfung standhalten würden, kann im Rahmen der vorliegenden Studie nicht weiter untersucht werden.[411]

8.2.8 Grundrechte und Patientenrechte: zum Subjektstatus von Eingewiesenen

Die im Rahmen der vorliegenden Arbeit durchgeführten Interviews mit Eingewiesenen in den Maßregelvollzug nach § 63 StGB ergeben wenig explizite Hinweise auf Grundrechtsverletzungen. Notwendige Einschränkungen im Bereich der Besuchsregelungen und der Vollzugslockerungen werden zwar bedauert: „Meine Familie sehe ich überhaupt nicht mehr, ich bin von allen abgekapselt,"[412] aber in aller Regel als angemessen akzeptiert: „Es jeht ja nich anders, ne?. Ick komm' ja mit keinem klar. Und ick bin dann immer fix und fertig."[413]

Schwerer fällt es den Eingewiesenen, Einschränkungen ihrer Informations- und Kommunikationsfreiheit zu akzeptieren. Ein Eingewiesener beschwert sich: „Ich fühle mich hier ohnehin wie eingemauert, jetzt haben die mir auch noch die Zeitung weggenommen."[414] Ein anderer klagt über die Wegnahme seiner Schreibmaschine, mit der er allerdings vor allem Beschwerdebriefe zu Papier gebracht hat: „Ick gelte hier nur noch als Querulant. Damit ick mir nicht mehr beschweren kann, haben sie mir die Schreibmaschine weggenommen."[415]

Hinweise auf körperliche Misshandlungen sind äußerst selten. Ein Eingewiesener in das Landeskrankenhaus Brandenburg klagt: „ Ich werde gefoltert, misshandelt [...],"[416] wobei hier von der Interviewerin nicht näher nachgefragt wurde, weil der Interviewte sich in einem Zustand äußerster Erregung befand.

---

[410] Volckart/ Grünebaum (2003) S. 104
[411] Vgl. oben Kap. 5.1
[412] B029
[413] Ebd.
[414] M026
[415] B010
[416] B006

Ein wichtiges Problem für viele Eingewiesene sind ihr Selbstbestimmungsrecht und ihr Lebensspielraum. Ihr Subjektstatus wird vielfach nicht ausreichend respektiert. Ein Eingewiesener des Landeskrankenhauses Brandenburg klagt: „Ich will doch nur in Ruhe jelassen (sic!) werden. Alle sagen mir hier wat, ich weiß gar nicht mehr wo mir der Kopf stehn tut. Ick bin da nur noch ganz hilflos.“[417]

Hier wird recht deutlich, dass sich viele Eingewiesene ausschließlich als ‚Objekt' therapeutischer Maßnahmen sehen, deren Sinn sie nicht wirklich durchschauen, und deren Zielsetzung man ihnen auch nicht erklärt hat. Ein Eingewiesener der Asklepios-Klinik in Stadtroda bringt das auf den Punkt: „Die machen mit mir hier sowieso nur was sie wollen.“[418]

Nun wäre es sicherlich verfehlt, den Eingewiesenen selbst die Definition der Maßregeln zu ihrer Wiedereingliederung zu überlassen. Umso wichtiger wäre es dann jedoch, die Eingewiesenen an der Planung der therapeutischen Maßnahmen im Verlauf des Maßregelvollzuges zu beteiligen und sie einzubeziehen, damit das Gefühl des Ausgeliefert-Seins und der Fremdsteuerung nicht auch hier mögliche Therapieerfolge von vornherein ersticken. Objekt von Therapiemaßnahmen zu sein, deren Zielsetzung weder durchschaut noch mit innerer Überzeugung angenommen wird, kann weder in Freiheit noch im Maßregelvollzug zum gewünschten Erfolg führen. Wenn ein Eingewiesener des Landeskrankenhauses in Stadtroda in Bezug auf seine Therapie äußert: „Ich wusste gar nicht, was ich da soll“[419], dann verweist dies auf ein erhebliches Manko in seiner Therapie. Auch hier hätte es darum gehen müssen, den Subjektstatus des Patienten zu stärken und ihn viel mehr als dies offenbar geschehen ist, in die Therapie einzubinden.

Ein anderer Patient äußert die Auffassung: „Solange die mir nicht sagen, was hier eigentlich läuft, kann ich eigentlich gar nichts machen. Die machen was mit mir, aber ich kann selber nicht mitmachen. Aber ich habe Angst, da was gegen zu sagen. Dann wird alles nur schlimmer.“[420] Hier äußert sich das Gefühl, ohne eigene Beteiligung der Anstalt oder dem Therapeuten ausgeliefert zu sein und keinen eigenen Handlungsspielraum zu besitzen. Ein eingewiesener Sexualstraftäter äußert in diesem Zusammenhang die Hoffnung: „Wenn ich denn mal wenigstens meine Krankenakte lesen dürfte, dann wüsste ich, worum es geht, und könnte selber an mir arbeiten.“[421]

---

[417] B014
[418] S002
[419] S003
[420] S027
[421] S029

Allerdings gibt es in diesem Zusammenhang auch Ausnahmen, die von den Interviewten ausdrücklich erwähnt werden. Viele von ihnen verfügen ja wegen mehrfacher Verlegungen über einen gewissen Überblick. In Moringen sei es eben kein „Ankommen, Reden und dann Alleingelassenwerden," so äußert sich eine Eingewiesene.[422] Allerdings, so meint sie, wäre es sicherlich von Nutzen, wenn „mein Therapeut mir deutlicher machen würde, welche Schritte er mit mir plant. Vielleicht hätte ich ja da auch eine Idee dazu."[423]

Gerade diejenigen Eingewiesenen, die im Grunde mit ihrer Therapie zufrieden sind, wünschen sich eine stärkere Einbindung in die Therapieplanung. Es ist ihnen einfach zu wenig, nur fremd gesteuertes Objekt von Maßnahmen zu sein. Sie wollen ganz bewusst eine Stärkung ihres Subjektstatus und sind sich sicher, dass dies die Erfolgsaussichten ihrer Therapie stark verbessern würde.

Ein 29-jähriger Sexualstraftäter, der zuvor häufig aus anderen Landeskrankenhäusern verlegt worden war, weil er sich mit Pflegepersonal und Mithäftlingen angelegt und „den Lauten gemacht" hatte, hat in Moringen nunmehr einen „Therapeuten gefunden, dem [er] vertrauen kann."[424] Er spürt deutlich, dass er Hilfe bekommt, wenngleich auch er kritisiert: „Ich wüsste gern mehr darüber, wohin der Weg in der Therapie führt."[425]

Sicherlich ist es für den Erfolg eines Maßregelvollzuges nicht unbedingt notwendig, dass Eingewiesene sich euphorisch in dem Sinne äußern, wie „ich finde es hier sehr schön"[426] oder ich „bin sehr glücklich, dass ich hier bin."[427] Entscheidend für den Erfolg der Maßregel ist es aber durchaus, dass die Eingewiesenen sich grundsätzlich wohl fühlen und die Hoffnung haben, dass ihnen im Maßregelvollzug durch therapeutische Maßnahmen geholfen wird.

Insbesondere was ihre Selbstbestimmungsrechte als Patienten angeht, fühlen sich eine Reihe von Eingewiesenen allzu stark eingeschränkt. Ein 29-jähriger Sexualstraftäter klagt: „Ich darf noch nicht einmal entscheiden, ob und wann ich Rauchen darf. Ich werde behandelt wie ein kleines Kind und kann

[422] M003
[423] Ebd.
[424] M016
[425] Ebd.
[426] M006
[427] M015

keinen Schritt selbständig tun.“[428] Den Erfolg seiner Therapie sieht er dadurch gefährdet: „Ich weiß gar nicht mehr, wie ich mich verhalten soll, wenn ich dann wieder draußen bin und keine ständigen Vorschriften mehr bekomme.“[429]

Die meisten Eingewiesenen haben sich jedoch mit ihrer Lage arrangiert: „Das war schon immer so, und ich sehe auch keinen Ausweg.“[430] Genau dieser Fatalismus ist es jedoch, der zeigt, dass eine Erweiterung der Patientenrechte im Maßregelvollzug und vor allem eine Stärkung ihres Subjekt-Status entscheidend dazu beitragen könnte, die Grundlagen der Therapien und somit auch die Prognoseergebnisse zu verbessern. Nur ein Eingewiesener, der die Chance sieht, sich auf der Basis eigener Mitarbeit die Möglichkeit einer Entlassung zu erarbeiten, wird bereit sein, sich auf therapeutische Programme wirklich einzulassen und davon zu profitieren.

Von zentraler Bedeutung ist dabei die Rolle der Therapeuten und Gutachter sowie vor allem der Anstaltsleitung. Sie prägen gleichsam den ‚Stil des Hauses’. Hier ist vieles von Stimmungen abhängig, die Teil einer gewissen ‚Unternehmenskultur’ sind, die ein Landeskrankenhaus insgesamt prägt. Diese Stimmungen sind in den seltensten Fällen rational zu erfassen. Hier stößt auch die im Rahmen der vorliegenden Untersuchung gewählte Interviewtechnik auf ihre Grenzen.

Wenn jedoch in der Spannungssituation, in der sich die eingewiesenen Straftäter befinden, Parolen verbreitet werden, ein zuständiger ärztlicher Direktor habe geäußert: „So lange ich hier bin, ist noch keiner rausgekommen“[431], dann hat das unabhängig vom Wahrheitsgehalt dieser Aussage fatale Auswirkungen auf die Abläufe rund um das Thema Vollzugslockerungen. Hier wird der Objekt-Status von Eingewiesenen gleichsam festgeschrieben. Welcher Patient kann unter solchen Voraussetzungen noch dazu motiviert werden, an seiner Therapie mitzuarbeiten?

Sicherlich auch vor dem Hintergrund von Kostenerwägungen werden Patientenrechte vielfach nur eingeschränkt umgesetzt. Viele Klagen von Eingewiesenen beziehen sich auf ihre Wohnsituation. Vor allem wird über die Unterbringung in Mehrbettzimmern geklagt: „Ich hab’ nix (sic!) für mich selber,“[432] so klagt ein Eingewiesener des Landeskrankenhauses in Stadtroda.

[428] M016
[429] Ebd.
[430] H028
[431] B013
[432] B019

Er müsse sich sein Zimmer mit drei weiteren Personen teilen. Wenn vor diesem Hintergrund über „menschenunwürdige" Verhältnisse[433] berichtet wird, so darf zum einen die Frage gestellt werden, ob in dieser Hinsicht in den Landeskrankenhäusern menschenrechtliche Mindeststandards eingehalten werden. Zum anderen sollte aber auch der Aspekt des Schutzes der psychischen Gesundheit von Eingewiesen nicht außer Acht gelassen werden.

Wenn ein Eingewiesener berichtet, er könne weder sein Eigentum noch seine Post vor seinen Mitbewohnern schützen, so ist hier sicherlich auch der grundgesetzliche Schutz eines unantastbaren Geheimbereichs tangiert. Ein Eingewiesener aus Moringen klagt in diesem Zusammenhang: „Die anderen [Eingewiesenen] lesen sogar die Briefe von meiner Frau und hänseln mich, weil ich so an ihr hängen tu."[434]

Wenn zugrunde gelegt wird, was weiter oben von den gesetzlich fixierten Grundsätzen des Maßregelvollzuges geschrieben worden ist,[435] so kann festgestellt werden, dass es in aller Regel hier noch erhebliche Handlungsspielräume für Verbesserungen gibt. Der Angleichungsgrundsatz, das Leben der Patienten im Maßregelvollzug sei so weit wie möglich den allgemeinen Lebensverhältnissen anzugleichen, ist in den meisten Fällen auch nicht annähernd so erfüllt, wie es den Krankenhäusern auch ohne großen Kostenaufwand möglich wäre.

Dies gilt vor allem auch für die Frage, bis zu welchem Grad ein Eingewiesener über persönlichen Besitz verfügen darf. „Mir haben sie alles weggenommen, auch meine Bilder," so klagt ein Eingewiesener des Landeskrankenhauses Stadtroda.[436] Allerdings muss hier eingeräumt werden, dass er in ein Mehrbettzimmer eingewiesen wurde, und dass von daher die Platzverhältnisse das Aufhängen von Bildern nicht unbedingt begünstigen.

Darüber hinaus muss sicherlich dem Recht von Eingewiesenen, eigene Dinge zu besitzen, auch die Befugnis der Anstalt gegenübergestellt werden, Gesichtspunkte der Ordnung und Sicherheit durchzusetzen. Wenn ein Eingewiesener erbost berichtet, die Anstaltsleitung habe ihm das Hören von Musik untersagt,[437] so kann die Begründung hierfür auch im Schutz von Mitbewohnern vor überlauter Beschallung liegen. Hier geht es in der Regel um

[433] H022
[434] M018
[435] Vgl. oben Kap. 5.1
[436] B021
[437] M023

Güterabwägungen im Zusammenhang mit der Frage, was denn „angemessene“ Einschränkungen sind.

Ein wichtiges Thema bei einer Vielzahl von Interviews war immer wieder das Besuchsrecht. In diesem Zusammenhang ist anzumerken, dass ein enger Familienkontakt für fast alle Befragten von zentraler Bedeutung ist. Selbst wenn der Kontakt zur Familie nur „ganz gut“ ist, wie ihn ein Befragter beschreibt, so wird in vielen Aussagen, die der Betreffende im Verlauf des durchgeführten Interviews macht, deutlich, welche innere Stabilität ihm dieser Kontakt verleiht.[438] In Bezug auf das Besuchsrecht gibt es bei den Interviewten recht wenige Klagen. Mehrere Eingewiesene beschweren sich allerdings darüber, dass das Besuchsrecht auf Mittwoch- und Sonntagnachmittag beschränkt worden sei.[439]

Auch über gelegentliche Eingriffe in das Recht, einen freien und geschützten Schriftwechsel zu führen, wird von einigen Eingewiesenen Klage geführt. Ein Betroffener berichtet, seine Briefe würden von Anstaltsleitung und Therapeuten gelesen und sein Telefon werde abgehört.[440] Hier kann jedoch keinesfalls verallgemeinert werden, zumal solche Berichte nur sehr selten vorgetragen werden, und es stellt sich die Frage, ob der Eingewiesene hier nur einen Eindruck schildert, oder ob ihm handfeste Anhaltspunke für einen solchen Eingriff in seine Grundrechte vorliegen.

In aller Regel werden Vollzugslockerungen von den Eingewiesenen, bis auf geringfügige Ausnahmen, von denen bereits die Rede war, angestrebt und sehr wichtig genommen. Ein Eingewiesener aus Moringen sagt in diesem Zusammenhang: „Dass ich hier raus darf und nicht andauernd auf Mauern blicken muss, das hält mich am Leben.“[441] Auf der anderen Seite werden Rücknahmen oder Einschränkungen einmal gewährter Vollzugslockerungen als sehr ungerecht empfunden. Ein Befragter beklagt sich bitter: „Wer sich beschwert, gilt als Querulant.“ Dann würden Vollzugslockerungen zurückgenommen.[442]

Viele Interviewte wünschen sich vermehrte Möglichkeiten für einen offenen Vollzug, zumal dann, wenn von ihnen keine Gefährdung der Allgemeinheit mehr ausgeht. Ein wegen Verstoßes gegen das sexuelle Selbstbestimmungsrecht Eingewiesener des Hamburger Landeskrankenhauses meint treuherzig:

---

[438] B017
[439] H012, B007
[440] B011
[441] M016
[442] B008

„Ich würd' ja von selber immer wieder zurückkommen. Weiß doch gar nicht, wo ich sonst hin soll, und draußen mach' ich auch nichts mehr. Ich hab' draus gelernt."[443]

Rücknahmen von Vollzugslockerungen werden häufig auch akzeptiert. Ein wegen Kindesmissbrauchs Eingewiesener aus Stadtroda berichtet: „Mich haben'se beim Freigang am Kinderspielplatz gesehen. Jetzt darf ich erstmal nicht mehr raus."[444] Dieser Widerruf einer Vollzugslockerung war wegen des therapiewidrigen Verhaltens des Patienten notwendig und angemessen, auch wenn er keine erneute Straftat begangen hatte.

Eine tragfähige Variante ist in diesem Zusammenhang offenbar der begleitete Ausgang, wobei es sich bei den Begleitpersonen nicht unbedingt um Anstaltspersonal handeln muss. Ein wegen Totschlags Eingewiesener berichtet: „Wenn ich Ausgang habe, dann gehen meistens entweder meine Frau oder meine Tochter mit. Da wissen alle, dass dann nichts passiert."[445] Um diese Möglichkeit auszubauen, könnte man sicherlich auch an den Einsatz von ehrenamtlichen Laienhelfern denken.

Insbesondere bei den thematischen Implikationen von Grundrechten und Patientenrechten weisen die im Rahmen der vorliegenden Arbeit durchgeführten Interviews deutlich darauf hin, dass es in diesem Bereich noch erhebliche Handlungsspielräume der betroffenen Landeskrankenhäuser gibt. Letztlich würde ein Ausschöpfen dieser Handlungsspielräume Therapieerfolge und Wiedereingliederungsaussichten der Eingewiesenen erheblich verbessern. Wenn der Subjekt-Status von Eingewiesenen verstärkt berücksichtigt würde, wenn der grundsätzliche Respekt vor ihren Grundrechten, vor allem vor ihrer Menschenwürde, einen höheren Stellenwert im Maßregelvollzug erlangen könnte, dann diente dies sicherlich nicht nur dem subjektiven Wohlbefinden der Betroffenen, sondern in letzter Instanz auch den berechtigten Schutzinteressen der Allgemeinheit. Nachhaltige Therapieerfolge können auf der Grundlage eines humanen Maßregelvollzuges nur in dem Maße erzielt werden, in dem Eingewiesene an der Ausgestaltung ihrer Therapien beteiligt und umfassend über ihre Ziele und Fortschritte informiert werden. Und in eben diesem Maße sollten verantwortbare Freiheitsspielräume dann auch tatsächlich gewährt werden.

---

[443] H018
[444] B020
[445] S016

9. Fazit

Die vorliegende Arbeit hat einen weiten Bogen geschlagen. Er reicht im theoretischen Bereich von den begrifflichen Implikationen von Kriminalprognostik über die Widersprüche zwischen medizinischem, psychiatrischem und juristischem Krankheitsbegriff bis hin zur Problematik von dichotomen Wahrscheinlichkeitsaussagen und schließlich zur Anwendung strafökonomischer Kriterien auf den Maßregelvollzug.

Dabei ist nicht nur gezeigt worden, dass die wissenschaftliche Diskussion auf diesem wichtigen Rechtsgebiet noch bei weitem nicht abgeschlossen ist. Die vorliegende Untersuchung hat darüber hinaus auch den öffentlichen Druck thematisiert, dem die gesamte Problematik des Maßregelvollzuges und der Sexualdelinquenz unterliegt. In diesem Zusammenhang sind eine Reihe von Vorschlägen und Forderungen formuliert worden, die nach Auffassung der Autorin der vorliegenden Arbeit in eine Reform sowohl des Maßregelrechts als auch des Maßregelvollzuges münden sollten.

Wie nicht zuletzt die mit den Eingewiesenen durchgeführten Interviews erkennen lassen, geht es hier um Menschen, die am unteren Ende der sozialen Hierarchie rangieren, mit denen in aller Regel niemand etwas zu tun haben will, weder als Verwandter noch gar als Nachbar einer psychiatrischen Klinik. Doch auch diese Menschen brauchen einen humanen Vollzug, der ihnen für ihr weiteres Leben noch eine Chance lässt und auf keinen Fall darauf verzichtet, ihnen immer wieder Rehabilitationsangebote zu machen.

Eine solche Verfahrensweise wäre nicht zuletzt auch aus straf- und rechtsökonomischen Gründen sinnvoll, da die durchschnittliche Verweildauer im Maßregelvollzug auf diese Weise abgesenkt werden könnte. Hier bedürfte es jedoch mutiger politischer Entscheidungen, die allerdings angesichts des von den Medien verbreiteten öffentlichen Drucks in absehbarer Zeit kaum zu erwarten sein dürften.

Die Mediendemokratie bringt jedoch eher eine ausgeprägte populistische Geschmeidigkeit hervor, als dass sie zu unpopulären Entscheidungen insbesondere im Bereich von Sexualität und Sexualdelinquenz ermutigen würde.

Und dennoch: Die Menschen, die zum Teil seit Jahrzehnten im Maßregelvollzug einsitzen und teilweise nur unzureichend therapeutisch betreut werden können, sie wären um ihrer Würde willen ein mutiges Engagement wert.

In diesem Zusammenhang, so haben wir festgestellt, kann die Gesellschaft von den legislativ und exekutiv Handelnden zumindest eines verlangen, nämlich, dass sie eine interessengerechte und effektive Verteilung fiskalischer Mittel und Ressourcen vornehmen. In der Realität des Maßregelvollzuges wird jedoch allzu oft nur an den Symptomen herumkuriert. Selbst wenn man ausschließlich juristische Gesichtspunkte heranzöge, könnte der Maßregelvollzug effektiver finanziert werden.

Ökonomisch formuliert geht es hier jedoch um eine nachhaltige Verbesserung des Produktes ‚Maßregelvollzug'. Hierzu gehört nach den Regeln der Ökonomie eine klare Produktbeschreibung, die von den mit dem Maßregelvollzug angestrebten Zielen ausgeht, und auf dieser Basis die zu kalkulierenden Kosten festlegt.

Bei exakt definierter Klarheit über die Ziele des Maßregelvollzuges sind die diesen Zielen entsprechenden Strukturen, Organisationsformen, Kompetenzen und Normen neu zu gestalten. Wichtig ist dabei: Die Ziele bestimmen an erster Stelle die Strukturen und Organisationsformen des psychiatrischen Maßregelvollzugs. Danach haben die Kompetenzzuweisungen und Normen ausgerichtet zu werden. In diesem Zusammenhang muss dann auch die Frage gestellt und beantwortet werden, welche der bisher geltenden Normen und Organisationsstrukturen sich gemessen an den gestellten Zielen tatsächlich bewährt haben, und welche Strukturen und Normen veränderten, zeitgemäßen Erfordernissen angepasst werden sollten.

Darüber hinaus stellt sich allerdings auch die Frage, ob im Zuge einer solchen Reform des Maßregelvollzuges nicht auch die ‚humane' Seite dieser Vollzugsform ausgebaut werden könnte. Ein verstärktes Eingehen auf die tatsächlichen Behandlungsbedürfnisse der Eingewiesenen und ein verbessertes Vorhalten von Rehabilitationsangeboten dürfte sich durchaus ebenfalls als effizienzsteigernd erweisen, wobei das regelmäßige und flächendeckende Vorhalten einer ambulanten psychiatrischen Nachsorge bei vielen Entlassenen zusätzlich die Rückfallgefährdung reduzieren würde.

Wenn hier einer Effizienzsteigerung des Maßregelvollzuges das Wort geredet wird, so soll dies jedoch keineswegs bedeuten, dass nach meiner Auffassung nur noch oder vorwiegend ökonomische Gesichtspunkte bei der Gestaltung des Maßregelvollzuges zur Geltung kommen sollten. Insbesondere auch die Interviews mit den Eingewiesenen haben gezeigt, dass in vielfacher Hinsicht die Grundsätze eines humanen Vollzuges nicht umgesetzt sind.

In diesem Zusammenhang ist auch die Forderung nach einer Stärkung der Patientenrechte im Maßregelvollzug zu sehen. Sie erscheint nicht nur rechtlich geboten, sondern würde nach Auffassung von Experten sicherlich auch dazu beitragen, die Erfolgsaussichten therapeutischer Maßnahmen durch eine stärkere Beteiligung von Eingewiesenen an der Planung von Therapieabläufen zu verbessern. Eine solche Sichtweise wird auch durch die Interviews mit Eingewiesenen bestätigt. Es ist in jeder Hinsicht sinnvoll, ihren Subjekt-Status zu stärken. Auf andere Weise lassen sich nachhaltige Therapieerfolge nur schwerlich erzielen.

Bemerkenswert ist dabei, dass viele der ökonomisch gebotenen und sinnvollen Maßnahmen auch die Qualität des Vollzuges für die Eingewiesenen signifikant verbessern würden. So könnte z.B. durch ein verbessertes Sachverständigenwesen sicherlich die durchschnittliche Verweildauer der Eingewiesenen im Maßregelvollzug vermindert werden, was nicht nur ein Kostensenkungsbeitrag wäre. Dies gilt auch für eine Effizienzsteigerung und Intensivierung der therapeutischen Betreuung.

Insbesondere könnte ein gezielter Ausbau der therapeutischen Nachsorge eine überlange Verweildauer im Maßregelvollzug zu vermeiden helfen. Die durchgeführten Interviews haben vielfache Hinweise darauf gegeben, dass sich eine signifikante Anzahl von Eingewiesenen im durchaus vorhandenen Bewusstsein ihrer Persönlichkeitsstörungen sehr unsicher sind, ob sie den Herausforderungen einer nach Jahren wieder gewonnenen Freiheit gerecht werden können. Diese Patienten äußerten den Wunsch, auf Dauer im Maßregelvollzug verbleiben zu können, wo sie sich ‚geschützt' und gleichsam ‚zu hause' fühlten. Gezielte Nachsorge hätte vor diesem Hintergrund nicht nur den ökonomischen Effekt einer Einsparung von Unterbringungskosten. Sie wäre darüber hinaus auch ein Beitrag zur Steigerung der Sicherheit sowohl für Entlassene als auch für die Bevölkerung.

Insofern kann die vorliegende Untersuchung auch als ein Plädoyer dafür gelesen werden, einen neu zu interpretierenden, konstruktiven Zusammenhang zwischen effizienter Strafökonomie einerseits und einem humanen Maßregelvollzug andererseits anzuerkennen.

Es ist sicherlich eine zugespitzte Zusammenfassung der Erkenntnisse der vorliegenden Untersuchung; sie mag jedoch im Rahmen eines Fazits erlaubt sein: Ein humaner Maßregelvollzug im Sinne einer Stärkung des Subjekt-Status' von Eingewiesenen und eines Ausbaus ihrer Patientenrechte wäre nicht nur rechtlich geboten, darüber hinaus wäre eine solche Neuorientierung des Maßregelvollzuges auch kostensparend und diente mit einer Verbesserung seiner nachhaltigen Wirksamkeit auch den Sicherheitsinteressen der Allgemeinheit.

Literaturverzeichnis

Albert, H.: Theorie und Prognose in den Sozialwissenschaften. In: Topitsch, E. (Hrsg.): Logik der Sozialwissenschaften. Köln 1971, S. 126-143

Albrecht, H.-J./ Entorf, H. (Hrsg.): Kriminalität, Ökonomie und Europäischer Sozialstaat. Heidelberg 2003

Ang, I.: Radikaler Kontextualismus und Ethnografie in der Rezeptionsforschung. In: Hepp, A. / Winter, R. (Hrsg.): Kultur- Medien –Macht. Cultural Studies und Medienanalyse. 3. Aufl. Opladen / Wiesbaden 2006, S. 61-79

Appelbaum, P.S.: The parable of forensic psychiatrist: Ethics and the problem of doing harm. In: International Law Psychiatry, 13/1990, S. 249-259

Assmann, H-D./ Kirchner, Ch./ Schanze, E.: Ökonomische Analyse des Rechts. Tübingen 1993

Bachmann, G. / Wittel, A.: Medienethnographie. In: Ayaß, R./ Bergmann, J. (Hrsg.): Qualitative Methoden der Medienforschung. Reinbek 2006, S. 183-219

Baltzer, U.: Der Sachverständige in der Hauptverhandlung - Kompetenzkonflikte zwischen Sachverständigen und Strafjuristen. In: de Boor, W./ Haffke, B. (Hrsg.): Psychiatrisch-Psychologische Sachverständige im Strafprozess. Glück oder Pech im forensischen Lotteriespiel. Essen 1998, S. 53-75

Baltzer, U.: Gefährliche Straftäter im Strafvollzug. In: Egg, Rudolf (Hrsg.): Gefährliche Straftäter. Eine Problemgruppe der Kriminalpolitik (KrimZ) Wiesbaden 2005, S. 59-72

Baltzer, U.: Die Sicherung des gefährlichen Gewalttäters. Eine Herausforderung an den Gesetzgeber. Wiesbaden 2005

Balzer, U.: Der Fall G. zur Diskussion über die nachträgliche Sicherungsverwahrung nach der Erledigung der Unterbringung. Recht und Psychiatrie R & P 3 (2008), S. 146- 155

Blasius, D.: Der verwaltete Wahnsinn: Eine Sozialgeschichte des Irrenhauses. Frankfurt/M. 1980

Blasius, D.: „Einfache Seelenstörung". Geschichte der deutschen Psychiatrie 1800-1945. Frankfurt 1994

Bochnik, H.J.: Krankheit. In: Sieverts, R./ Schneider, H.J. (Hrsg.): Handwörterbuch der Kriminologie. Bd. 1, Berlin 1966

Boers, K.: Kriminalprognose und kriminologische Prognoseforschung http://www.worldhighway.net/sexoffender/Prognosetafeln/Boers (2003) download 03.04.2007

Boetticher, A. / Nedopil, N. / Bosinski,H. / Saß, H.: Mindestanforderungen für Schuldfähigkeitsgutachten. In: NStZ 2 (2005) S. 57-62

Boetticher, A./ Kröber, H.L./ Müller-Isberner, R./ Böhm, K.M./ Müller-Metz, R./ Wolf, T.: Mindestanforderungen für Prognosegutachten. In: NStZ 10 (2006) S. 537-544

Bron, K.: Maßregelvollzug. Parlamentarischer Beratungs- und Gutachterdienst des Landtags NRW. 2004

Brosius, H.B.: „Agenda-Setting nach einem Vierteljahrhundert Forschung: Methodischer und theoretischer Stillstand? In: Publizistik 39/1994, S. 269-288

Bühring, P.: Sexualstraftäter im Maßregelvollzug: Medien verstärken Kriminalitätsfurcht. In: Deutsches Ärzteblatt, April 2003 S. 161-162

Calabresi, G.: Some Thoughts on Risk Distribution and Law of Torts. Yale 1961

Castel, R.: Die psychiatrische Ordnung. Frankfurt 1979

Clifford, J./ Marcus, G.E.: Writing Culture: The Poetics and Politics of Ethnography. Berkeley 1986

Cornel, H.: Die Gefährlichkeit von Gefährlichkeitsprognosen. In: Neue Kriminalpolitik 1994, S. 21-25

Dahle, K.P.: Kriminalprognosen im Strafrecht. Psychologische Aspekte Individueller Verhaltensvorhersagen. In: Steller, M./ Volbert, R. (Hrsg.): Psychologie im Strafverfahren. Ein Handbuch. Bern 1997, S. 119-139

Dahle, K.P.: Die Berliner CRIME-Studie. Zwischenbericht für die Deutsche Forschungsgemeinschaft (DFG) 2004

Dahle, K.P.: Psychologische Kriminalprognose. Wege zu einer integrativen Methodik für die Beurteilung der Rückfallwahrscheinlichkeit bei Strafgefangenen. Herbolzheim 2005

Dahle, K.P.: Grundlagen und Methoden der Kriminalprognose. In: Kröber, H.L./ Dölling, D./ Leygraf, N./ Sass, H. (Hrsg.): Handbuch der Forensischen Psychiatrie. Bd. 3, Psychiatrische Kriminalprognose und Kriminaltherapie. Darmstadt 2006, S. 1-68

Dahle, K.P./ Erdmann,K.: Die Vberliner CRIME-Studie. Berlin 2001

Dessecker, A.: Gefährlichkeit und Verhältnismäßigkeit. Eine Untersuchung zum Maßregelrecht. Berlin 2004

Dittmann, V.: Was kann die Kriminalprognose heute leisten? In: Bauhofer / Bolle/ Dittmann (Hrsg.): Gemeingefährliche Straftäter. Zürich 2000, S. 67-95

Dönisch-Seidel, U./ van Treeck B./ Geelen A./ Siebert M./ Rahn E./ Scherbaum N./ Kutscher S.-U.: Zur Vernetzung von forensischer Psychiatrie und Allgemeinpsychiatrie. Recht und Psychiatrie, R & P 4 / 2007, S. 184-188

Dörner, K.: Wohin sollen wir den Krankheitsbegriff in der Psychiatrie entwickeln? In: Psychiatrische Praxis R & P 1/1974, S. 123-129

Dörner, K.: Bürger und Irre. Zur Sozialgeschichte und Wissenschaftssoziologie der Psychiatrie. Frankfurt 1975

Dörner, K.: Tödliches Mitleid. Zur Frage der Unerträglichkeit des Lebens oder: Die soziale Frage: Entstehung, Medizinisierung, NS-Lösung, heute, morgen. Gütersloh 1988

Egg, Rudolf (Hrsg.): Gefährliche Straftäter. Eine Problemgruppe der Kriminalpolitik (KrimZ) Wiesbaden 2005

Eher, R./ Rettenberger, M./ Schilling, F./ Pfäfflin, F.: Validität oder praktischer Nutzen? Rückfallvorhersagen mittels Static-99 und SORAG. Eine prospektive Rückfallstudie an 275 Sexualstraftätern. In: Recht und Psychiatrie R & P 26/ 2008, S. 79-88

Eidenmüller, H.: Effizienz als Rechtsprinzip. Möglichkeiten und Grenzen der ökonomischen Analyse des Rechts. 2. Aufl. Tübingen 1998

Eisenberg, U.: Beweisrecht. 4. Aufl. München 2002

Elz, J.: Legalbewährung und kriminelle Karrieren von Sexualstraftätern: Sexuelle Gewaltdelikte. Wiesbaden (KrimZ) 2002

Endres, J.: Die Kriminalprognose im Strafvollzug. Grundlagen, Methoden und Probleme der Vorhersage von Straftaten. In: Psychiatrie und Recht R & P 2/2000, S. 67-83

Entorf, H.: Evaluation des Maßregelvollzugs: Grundssätze einer Kosten-Nutzen-Anayse. Darmstadt 2007

Entorf, H./ Meyer, S./ Möbert, J.: Evaluation des Justizvollzugs. Ergebnisse einer bundesweiten Feldstudie. Heidelberg 2008

Erbring, L.: Nachrichten zwischen Professionalität und Manipulation. Journalistische Berufsnormen und politische Kultur. In: Massenkommunikation: Theorien – Methoden- Befunde (Hrsg.) Kaase, M./ Schulz W., Opladen 1989, S. 301-313

Eynern, G. von: Grundriss der politischen Wirtschaftslehre. Köln/ Opladen 1968

Fabricius, D.: Die Verachtung des Täters ist Grundlage für die Zumessung der Strafe. In: Psyche. Sonderheft Beschämung – Ressentiment – Vergeltung. 62. Jg. Sept. / Okt. 2008, S. 1039-1067

Fabricius, D./ Wulff, E. : Der Fall Paul L. Stein. Psychiatrisches Lebenslänglich nach einem Pelzdiebstahl. Recht und Psychiatrie, R & P 1/84, S. 15 – 23

Fabricius, D.: Generalprävention oder: Die beste Kriminalpolitik ist eine gute Rechtspolitik: In: Kriminalpolitik und ihre wissenschaftlichen Grundlagen: Festschrift für H.D. Schwind zum 70. Geburtstag (Hrsg.) Feltes, T.; Pfeiffer, C.; Steinhilfer, G. Heidelberg 2006

Flick, U./ v. Kardorff, E./ Steinke, I.: Qualitative Sozialforschung. 4. Aufl. Reinbek 2005

Flick, U.: Qualitative Sozialforschung. 6. Aufl. Reinbek 2002

Forster, R.: Psychiatrische Macht und rechtliche Kontrolle. Wien 1997

Foucault, M.: Wahnsinn und Gesellschaft. Eine Geschichte des Wahns im Zeitalter der Vernunft. 1. Aufl. Frankfurt 1969

Foucault, M.: Überwachen und Strafen. Die Geburt des Gefängnisses. 9. Aufl. Frankfurt / Main 1994

Frenz, L.: Faktizität des Rechts in der forensischen Psychiatrie. Eine Untersuchung im LKH Moringen. Rechtswissenschaftliche Dissertation. Universität Frankfurt/ Main. Frankfurt / Main 2005

Friedrichs, J.: Methoden der empirischen Sozialforschung. 14. Aufl. Opladen 1990

Frisch, W.: Strafrechtliche Prognoseentscheidungen aus rechtswissenschaftlicher Sicht. Von der Prognose zukünftigen Verhaltens zum normorientierten Umgang mit Risikosachverhalten. In: Frisch, W. (Hrsg.): Prognoseentscheidungen in der strafrechtlichen Praxis. Baden-Baden 1994, S. 55-136

Geertz, C.: Dichte Beschreibung. Bemerkungen zu einer deutenden Theorie von Kultur. Frankfurt / Main 1987

Gerhards, J./ Neidhardt, F.: Strukturen und Funktionen moderner Öffentlichkeit: Fragestellungen und Ansätze. In: Müller-Dohm, S./ Neumann-Braun, K. (Hrsg.): Öffentlichkeit, Kultur, Massenkommunikation. Oldenburg 1991, S. 31-89

Gottfredson, M.R. / Hirschi, T.: A general theory of crime. Stanford, California 1990

Grotius, H.: De iure belli et pacis libri tres. Leiden 1939

Grünebaum, R.: Zur Privatisierung des Maßregelvollzugs – Wie eine Diskussion haarscharf am Kern vorbeigeht. Recht und Psychiatrie, R & P 2/2006 S. 55- 59

Haffke, B.: Die gesellschaftliche Reaktion auf Sexualstraftaten: Der Ruf nach dem Gesetzgeber. In: De Boor, W./ Haffke, B./ Lange-Joest, C. (Hrsg.): Was tun mit den Sexualstraftätern? Rationalität und Irrationalität der Reaktionen in Politik, Justiz und Gesellschaft. (Schriftenreihe des Instituts für Konfliktforschung, Heft 20) Köln 2000, S. 31-86

Haffke, B.: Autoritäres Staatsdenken in Justiz, Medien und Politik. In: Forum Justizgeschichte 2007 http://www.forumjustizgeschichte.de (download 05.09.07)

Hall, S.: Cultural Studies and its Theoretical Legacies. In: Grossberg, L./ Nelson, C./ Treichler, P. (Hrsg.): Cultural Studies. New York 1997, S. 277-294

Heinz, W.: Bedeutung der Rückfallforschung. In: Heinz, W./ Jehle, J.M. (Hrsg.): Rückfallforschung. (KrimZ) Wiesbaden 2004

Heinz, W.: Sanktionen und ihre kriminologischen Grundlagen. 2006

Helfferich, C.: Die Qualität qualitativer Daten. Manual für die Durchführung qualitativer Interviews. 2. Aufl. Wiesbaden 2005

Helmchen, H.: Krankheitsbegriff und Anspruch auf medizinische Leistungen. In: Nervenarzt 74/2003, S. 395-397

Hemphil, J.F./ Templeman, R./ Wong, S.: Psychopathy and crime: recidivism and criminal careers. In: Cooke et al. Psychopathy: Theory, research and implications for society. Dordrecht 1998, S. 375-399

Hemphill, J.F./ Hare, R.D./ Wong, S.: Psychopathy and recidivism. A review. In: Legal and Criminological Psychology, 3 / 1998, S. 139-170

Hilgartner S.,/ Bosk C.L.: The rise and fall of sozial problems: a puplic arena model. In: The american Journal of Sociology, S. 53-78

Hinz, S.: Gefährlichkeitsprognosen bei Straftätern: Was zählt? Eine experimentelle Untersuchung zum Gebrauch der Eingangsinformation bei der Vorhersage eines sozial definierten Kriteriums durch klinische Urteiler. Frankfurt 1986

Hinz, S.: Gefährlichkeitsprognose im Maßregelvollzug. In: Recht und Psychiatrie R & P 4 / 1986, S. 122-127

Höffe, O. (Hrsg.): Einführung in die utilitaristische Ethik. Stuttgart 1975

Hollweg, M./ Nedopil, N.: Rückfallprognosen bei Sexualstraftätern. In: Nervenarzt 77/2006, S. 587-595

Huber, J./ Müller, A. (Hrsg.): Raum und Verfahren. Basel 1987

Jansing, J.-D. : Nachträgliche Sicherungsverwahrung. Entwicklungslinien in der Dogmatik der Sicherungsverwahrung. Münster 2004

Jarrem, O./ Altmeppen K.D./ Schulz W.: Beziehungsspiele – Politiker: Öffentlichkeitsarbeit und Journalisten in der politischen Kommunikation. Hamburg 1993

Jarrem, O./ Grothe, O./ Rybarcyk, T.: Medien und Politik – eine Problemskizze. In: Donsbach, W./ Jarrem, O./ Klepplinger, H.M./ Pfetsch, B. (Hrsg.): Beziehungsspiele – Medien und Politik in der öffentlichen Diskussion. Fallstudien und Analysen. Gütersloh 1993, S. 9-44

Jeschek, H./ Weigend, T.: Lehrbuch des Strafrechts. Berlin 1996

Jonas, H.: Das Prinzip Verantwortung. Versuch einer Ethik für die technologische Zivilisation. Frankfurt 1979

Jüttemann, G./ Thomae, H. (Hrsg.): Biographische Methoden in den Sozialwissenschaften. Weinheim 2001

Kaiser, G.: Kriminologie. Ein Lehrbuch. Heidelberg 2005

Kammeier, H.: Maßregelrecht: Kriminalpolitik, Normgenese und systematische Struktur einer schuldunabhängigen Gefahrenabwehr. Berlin 1996

Kammeier, H.: Maßregelvollzugsrecht. Kommentar. 2 Aufl. Berlin / New York 2002

Kammeier, H.: Der Preis der Sicherheit – Aufwendungen der Bundesländer für den Maßregelvollzug. Recht und Psychiatrie R & P 3/2002. S. 168 - 176

Kammeier, H.: Abschied von den Dogmen? – Der Maßregelvollzug nach § 63 StGB im Spannungsfeld zwischen Sanktionen- und Leistungsrecht. Thesen zum 21. Expertengespräch „Zeitgemäße Organisationsmodelle des Maßregelvollzugs" des Landschaftsverbandes Westfalen-Lippe am 04./05. Dezember 2005 in Dortmund

Kammeier, H.: Föderale Vielgestaltigkeit im psychiatrischen Maßregelvollzug. Empirische und rechtspolitische Anmerkungen. In: Rode, I./ Kammeier, H./ Leipert, M. (Hrsg.): Einsperren statt behandeln? Neue Wege im Straf- und Maßregelvollzug. Berlin 2007

Kammeier, H.: Schöner Sichern = Sicheres Bessern? In: Psychiatrie und Recht, R & P 8. Jg. 1990, S. 2-14

Kammeier, H.: Hessen will seinen Maßregelvollzug wieder voranbringen. In: Psychiatrie und Recht, R & P 11. Jg. 1993, S. 196-198

Kargl, W.: Krankheit, Charakter und Schuld. Beitrag zu einem kritischen Dialog zwischen Strafrecht und Kriminalpsychiatrie. In: NJW 1975, S. 558-563

Kargl, W.: Kritik des Schuldprinzips. Eine rechtssoziologische Studie zum Strafrecht. Frankfurt 1982

Kinzig, J.: Die Sicherheitsverwahrung auf dem Prüfstand. Ergebnisse einer theoretischen und empirischen Bestandsaufnahme des Zustandes einer Maßregel. Freiburg 1996

Kinzig, J.: Der Hang zu erheblichen Straftaten – und was sich dahinter verbirgt. In: NZS. 18/1998, S. 14-19

Kirstein, R.: Law and Economics in Germany. In: Bouckaert, B./ de Geest, G. (Hrsg.): Encyclopedia of Law and Economics. Vol. 1, Cheltenham 2000, S. 160-227

Kirstein, R.: Ökonomische Analyse des Rechts. In: Minthe, E. (Hrsg.): Neues in der Kriminalpolitik. Konzepte, Modelle, Evaluation. Wiesbaden 2003, S. 49-74

Koboldt, C./ Leder, M./ Schmidtchen, D.: Ökonomische Analyse des Rechts. In: Berthold, N. (Hrsg.): Allgemeine Wirtschaftstheorie. München 1992, S. 13-47

Köhler, M.: Selbstbestimmung im Rechtsverhältnis zwischen Patient und Arzt. In: Hettinger, M. (Hrsg.): Festschrift für W. Küper. Heidelberg 2007

Konrad, N.: Die Entdeckung des psychiatrischen Krankenhauses als Primärprävention – Verhinderung der Entwicklung einer delinquenz-relevanten Paraphilie als Maßregelzweck? In Recht und Psychiatrie, R&P 2008, S. 34-36

Korioth, St.: Der Finanzausgleich zwischen Bund und Ländern. Tübingen 1997

Kröber, H.L.: Die psychiatrische Diskussion um die verminderte Zurechnungs- und Schuldfähigkeit. In: Kröber, H.L./ Albrecht, H.J.(Hrsg.): Verminderte Schuldfähigkeit und psychiatrische Maßregel. Baden-Baden 2001, S. 33-68

Kröber, H.L.: Die Wiederbelebung des „geborenen Verbrechers" – Hirndeuter, Biologismus und die Freiheit des Rechtsbrechers. In: Hillenkamp, T. (Hrsg.): Neue Hirnforschung – Neues Strafrecht? Baden-Baden 2006, S. 63-83

Kröber, H.L.: Kriminalprognostische Begutachtung. In: Kröber, H.L./ Dölling, D./ Leygraf, N./ Sass, H. (Hrsg.): Handbuch der Forensischen Psychiatrie. Bd. 3, Psychiatrische Kriminalprognose und Kriminaltherapie. Darmstadt 2006, S. 69-192

Kröber, H.L.: Was ist und wonach strebt forensische Psychiatrie? In: Kröber, H.L./ Dölling, D./ Leygraf, N./ Sass, H. (Hrsg.) Handbuch der forensischen Psychiatrie. Bd. 1, Heidelberg 2007a, S. 1-12

Kröber, H.L.: Steuerungsfähigkeit und Willensfreiheit aus psychiatrischer Sicht. In: Kröber, H.L./ Dölling, D./ Leygraf, N./ Sass, H. (Hrsg.): Handbuch der forensischen Psychiatrie. Bd. 1, Heidelberg 2007, S. 159-218

Kühl, J./ Schumann, K.F.: Prognosen im Strafrecht – Probleme der Methodologie und Legitimation. In: Recht und Psychiatrie R & P 7. Jg. 1989, S. 126-148

Lamnek, S.: Qualitative Sozialforschung. Bd. 1 Methodologie. Weinheim 1993

Lamnek, S.: Theorien abweichenden Verhaltens. 6. Aufl. München 1996

Lamnek, S.: Qualitative Sozialforschung. 4. Aufl. Weinheim/ Basel 2005

Lautmann, R.: Die Lust am Kind. Portrait des Pädophilen. Hamburg 1994

Laux, L.: Persönlichkeitspsychologie. Stuttgart 2003

Legemaate, J.: Die Rechte des Psychiatriepatienten: Zwischen Rechtsverwirklichung und Schutzbedürfnis. In: Recht und Psychiatrie R & P 1998, S. 80-83

Lehne, W.: Das Risiko von Gefährlichkeitsprognosen. In: Krim-Info 14/ 1996, S. 6-10

Leonhardt, M./ Foerster, K.: Forensische Psychiatrie im Nationalsozialismus. In: Recht und Psychiatrie R & P 1996, S. 163-169

Lewin, K.: Feldtheorie in den Sozialwissenschaften. Bern 1963

Leygraf, N.: Psychisch kranke Straftäter. Berlin/ Heidelberg/ New York/ London 1988

Leygraf, N.: Sexualstraftäter im Maßregelvollzug. Medien verstärken Kriminalitätsfurcht. In: Deutsches Ärzteblatt 4/2003, S. 161-164

Leygraf, N.: Psychiatrischer Maßregelvollzug (§ 63 StGB). In: Kröber, H.L./ Dölling, D./ Leygraf, N./ Sass, H. (Hrsg.): Handbuch der Forensischen Psychiatrie. Bd. 3, Psychiatrische Kriminalprognose und Kriminaltherapie. Darmstadt 2006, S. 193-220

Lincoln, T./ Hodgins, S./ Müller-Isberner, R./ Jöckel, D./ Freese, R./ Born, P./ Eucker, S./ Schmidt, P./ Gretenkord, L.: Sind sie gefährlich? – Entlassene Patienten des psychiatrischen Maßregelvollzuges und der Allgemeinpsychiatrie im Vergleich. Krankenhauspsychiatrie, Klinische Psychiatrie, Gemeindepsychiatrie Weiterbildung 2/2005, S. 47-56

Lindemann, M.: Nachträgliche Sicherheitsverwahrung – Jenseits von Strafvollzug und Maßregelvollzug? Bielefeld 2005

Martinek, M.: Unsystematische Überregulierung und kontraintentionale Effekte. In: Grundmann, S. (Hrsg.): Systembildung und Systemlücken in Kerngebieten des Europäischen Privatrechts. Tübingen 2000, S. 511-532

Mauz,G.: Wohin? In: Der Spiegel 41/1995

Mayring, P.: Einführung in die Qualitative Sozialforschung. Eine Anleitung zum qualitativen Denken. 5. Aufl. Weinheim/ Basel 2002

Melzer, K.: Psychisch kranke Straftäterinnen. Frauen im Maßregelvollzug. Rechtswissenschaftliche Dissertation. Universität Frankfurt/ Main. Frankfurt/ Main 2001

Müller, C.: Das Gewohnheitsverbrechergesetz vom 24.November 1933. Baden-Baden 1997

Müller, F.: Maßregelvollzug aus der Innensicht eines Betroffenen. In: Blau, G./ Kammeier, H. (Hrsg.): Straftäter in der Psychiatrie. Situationen und Tendenzen des Maßregelvollzuges. Stuttgart 1984, S. 107-120

Müller-Isberner, J.R./ Jöckel, D.: Die Klinik für gerichtliche Psychiatrie, Krankenhauspsychiatrie. 1994

Müller-Isberner, R./ Rohdich, R./ Gonzales-Cabeza, S.: Zur Effizienz ambulanter Kriminaltherapie. In: Bewährungshilfe, 44/1997, S. 272-285

Murach, M.: Zwischen Würfeln und Wissenschaft. Zur Missbrauchsprognose im Strafvollzug. In: Recht und Psychiatrie, R & P 1989, S. 57-67

Mushoff, T.: Ärztliche Fürsorge und das Selbstbestimmungsrecht der Patienten der forensischen Psychiatrie. In: Recht und Psychiatrie 2008, S. 152-155

Nedopil, N./ Stadtland, C.: Basisraten für kriminelle Rückfälle – Ergebnisse eine Literaturübersicht. In: Nedopil, N.: Prognosen in der forensischen Psychiatrie – Ein Handbuch für die Praxis. Lengerich/ Berlin/ Bremen/ Miami/ Riga/ Viernheim/ Wien/ Zagreb 2006, S. 65-280

Nedopil, N./ Stadtland, C.: Rückfallforschung und Prognosen in der Forensischen Psychiatrie. In: Duncker, H./ Dimmek, B./ Kluttig, T./ Küper, C. Hrsg): Forensische Psychiatrie und Psychotherapie. Lengerich/ Berlin/ Bremen/ Miami/ Riga/ Viernheim/ Wien/ Zagreb 2006, S. 7-28

Nedopil, N.: Die Bedeutung von Persönlichkeitsstörungen für die Prognose künftiger Delinquenz. In: Monatsschrift für Kriminologie und Strafrechtsreform, 80/1997, S. 79-92

Nedopil, N.: Forensische Psychiatrie. 2. Aufl. Stuttgart / New York 2000

Nedopil, N.: The boundaries of of courtroom expertise. Jb. Forensic Psychiatry 13 (2002) S. 494-498

Nedopil, N.: Zum Rollenverständnis des forensischen Psychiaters zwischen Psychiatrie und Justiz. In: Kammeier, H./ Michalke, R. (Hrsg.): Streben nach Gerechtigkeit. Festschrift für Prof. Dr. Günter Tondorf zum 70. Geburtstag am 08. Juli 2004. Münster 2004 Nedopil, N.: Prognosen in der forensischen Psychiatrie – Ein Handbuch für die Praxis. Lengerich/ Berlin/ Bremen/ Miami/ Riga/ Viernheim/ Wien/ Zagreb 2006

Neidhardt, F.: Öffentlichkeit, Öffentliche Meinung, Soziale Bewegung. Opladen 1994

Oefele, v. K.: Forensische Psychiatrie. Leitfaden für die klinische und gutachterliche Praxis. Stuttgart/ New York 1998 Pfeiffer, C.: Dämonisierung des Bösen. In: AkS-Rundbrief 1/2004, S. 5-19

Peters, H.P.: Wissenschaftliche Experten in der öffentlichen Kommunikation über Technik, Umwelt und Risiken. In: Neidhardt, F. (Hrsg.): Öffentlichkeit, Öffentliche Meinung, Soziale Bewegungen. Opladen 1994

Pfeiffer, C.: Die Medien, das Böse und wir. Zu den Auswirkungen der Mediennutzung auf Kriminalitätswahrnehmung, Strafbedürfnisse und Kriminalpolitik. In: Monatsschrift für Kriminologie und Strafrechtsreform MSchKrim 6/2004, S. 415-435

Pfeiffer, C.: Die Dämonisierung des Bösen. In: http://www.kfn/version/kfn/assets/daemonisierung.pdf (download 04.07.2007). Das Essay ist ebenfalls in leicht gekürzter Fassung am 05.03.2004 in der Frankfurter Allgemeinen Zeitung unter dem Titel "Dämonisierung des Bösen" erschienen.

Pieroth, B./ Schlick, B.: Grundrechte. Staatsrecht II. 16. neubearb. Aufl. 2000

Posner, R.: Economic Analysis of Law. 3. Auflage Boston, Toronto 1986.

Pothast, U.: Die Unzulänglichkeit der Freiheitsbeweise. Frankfurt 1980

Quinsey, V.L.: Sexual Abuse and Sexual Violence – From Understanding to Protection and Prevention. Wien 2002

Rasch, W. / Konrad, N.: Forensische Psychiatrie. 3. Aufl. Stuttgart 2004

Rasch, W.: Die Frage nach der strafrechtlichen Verantwortlichkeit. In: Giese, H. (Hrsg.): Psychopathologie der Sexualität. Stuttgart 1962, S. 598-618

Rasch, W.: Angst vor der Abartigkeit. NStZ 2 (1982) S. 177-183

Rasch,W.: Verhaltenswissenschaftliche Kriminalprognose. In: Frisch, W./ Vogt, T. (Hrsg.): Prognoseentscheidungen in der strafrechtlichen Praxis. Baden-Baden 1997, S. 17-29

Rasch, W.: Forensische Psychiatrie. 2. Aufl. Stuttgart 1999

Rasch, W.: Die Prognose im Maßregelvollzug als kalkuliertes Risiko. In: Schwindt, H.D. (Hrsg.): Festschrift für G. Blau. Berlin 1985 S. 309-325

Rasch, W.: In: Pohlheimer Psychiatrie heute (1987) S. 10 ff

Sack, F.: Definition von Kriminalität als politisches Handeln: der labeling approach. In: KrimJ 1972, S. 3-31

Saxer, U.: Soziologische Aspekte der Wissensvermittlung durch Medien. In: Wissensvermittlung, Medien und Gesellschaft. Ein Symposium der Bertelsmannstiftung 1989

Schalast, N./ Desseker, A./ von der Haar, M.: Unterbringung in der Entziehungsanstalt: Entwicklungstendenzen und gesetzlicher Regelungsbedarf. Recht und Psychiatrie, R & P 1 (2005), S. 3- 10

Schetsche, M.: Die Karriere sozialer Probleme: Soziologische Einführung. München 1996

Schmidtchen, D.: Prävention und Menschenwürde – oder: Kants Instrumentalisierungsverbot und die ökonomische Theorie der Strafe. Saarbrücken 2002

Schnell, R./ Hill, P.B./ Esser, E. (Hrsg.): Methoden der empirischen Sozialforschung. 4. Aufl. München/ Wien 1993

Schöch, H.: Die Schuldfähigkeit. In: Kröber, H.L./ Dölling, D./ Leygraf, N./ Sass, H. (Hrsg.) Handbuch der forensischen Psychiatrie. Bd. 1, Heidelberg 2007, S. 92-158

Schott, M.: Zur Versorgungsqualität im Maßregelvollzug, Psychiatrie und Recht R & P 21/ 2003, S. 3-4

Schumann, K.H.: Prognosen in der strafgerichtlichen Praxis und deren empirische Grundlagen. In: Frisch, W./ Vogt, T. (Hrsg.): Prognoseentscheidungen in der strafrechtlichen Praxis. Baden-Baden 1994, S. 31-41

Seelmann, K. : Vertragsmetaphern zur Legitimation des Strafens im 18. Jahrhundert. In: Stolleis, u.a. (Hrsg.): Die Bedeutung der Wörter. Studien zur Europäischen Rechtsgeschichte. München 1991, S. 441-459

Seelmann, K.: Rechtsphilosophie. 2. Aufl. München 2001

Serin, R.C./ Amos, N.L.: The role of psychopathy in the assessment of dangerousness. In: International Journal of Psychiatry & Law 18, S. 231-238

Strodthoff, G.G./ Hawkins, R. P./ Schoenfeld, A.C.: Media Roles in a Social Movement: A Model of Ideology Diffusion. In: The journal of Communication 35/1985, S. 134-153

Stübinger, S.: Schuld, Strafrecht und Geschichte. Die Entstehung der Schuldzurechnung in der deutschen Strafrechtshistorie. Köln/ Weimar/ Wien 2000

Tänzer, A.: Vom Urteil zur Teilhabe. Referat, vorgestellt auf der Tagung „Integration forensischer Patienten – eine Herausforderung für Tagesstätten“ am 22.11.2006 in Wunstorf (Manuskript)

Vogt, H.: Pädophilie. Leipziger Studie zur gesellschaftlichen und psychischen Situation pädophiler Männer. Lengerich/ Berlin/ Bremen/ Miami/ Riga/ Viernheim/ Wien/ Zagreb 2006

Volckart, B./ Grünebaum, R.: Maßregelvollzug. Das Recht des Vollzuges der Unterbringung nach §§ 63, 64 StGB in einem psychiatrischen Krankenhaus und in einer Entziehungsanstalt. 6. Aufl. München / Neuwied 2003

Volckart, B.: Zur Bedeutung der Basisrate in der Kriminalprognose. Was zum Teufel ist eine Basisrate? In: R & P 20 / 2002, S. 105-114

Volckart, B.: Maßregelvollzug. 5. Aufl. Neuwied 1999

Volckart, B.: Praxis der Kriminalprognose: Methodologie und Rechtsanwendung. München 1997

Volckart, B.: Rechtsbehelfe zwangsweise Untergebrachter gegen Maßnahmen des Krankenhauses. In: Recht und Psychiatrie, R& P 2.Jg. 1984, S. 60-68

Winter, R.: Ethnographie, Interpretation und Kritik: Aspekte der Methodologie der Cultural Studies. In: Göttlich, U./ Mikos, L./ Winter, R. (Hrsg.): Die Werkzeugkiste der Cultural Studies. Perspektiven, Anschlüsse, Interventionen. o.O. 2003, S. 43-62

Wolf, T.: Gefährliche Straftäter. Gesichtspunkte der Strafvollstreckungsgerichte. In: Egg, Rudolf (Hrsg.): Gefährliche Straftäter. Eine Problemgruppe der Kriminalpolitik? (KrimZ) Wiesbaden 2005, S. 73-84

Zinkler, M.: Früher entlassen – schneller im Maßregelvollzug? Zum Verhältnis von allgemeiner und forensischer Psychiatrie. Recht und Psychiatrie R & P 2/2008 S. 102 - 105

FRANKFURTER KRIMINALWISSENSCHAFTLICHE STUDIEN

Band 1 Peter Böning: Die Lehre vom Unrechtsbewußtsein in der Rechtsphilosophie Hegels 100 S., 1978.

Band 2 Wolfgang Schneider: Kriminelle Straßenverkehrsgefährdung (§ 315c Abs. 1 Ziff. 2, Abs. 3 StGB). Eine kriminologische und strafrechtliche Untersuchung zur Problematik dieser Verkehrsstraftaten unter Berücksichtigung ausländischer Rechte. 342 S., 1978.

Band 3 Lothar Kuhlen: Die Objektivität von Rechtsnormen. Zur Kritik des radikalen labeling approach in der Kriminalsoziologie. 178 S., 1978.

Band 4 Günther Grewe: Straßenverkehrsdelinquenz und Marginalität. Untersuchungen zur institutionellen Regelung von Verhalten. 148 S., 1978.

Band 5 Dieter Haberstroh: Strafverfahren und Resozialisierung. Eine Studie über Verstehen und Nicht-Verstehen, über Verstanden-Werden und Nicht-Verstanden-Werden und deren Bedingungen in der Hauptverhandlung. 202 S., 1979.

Band 6 Thomas Vogt: Die Forderungen der psychoanalytischen Schulrichtungen für die Interpretation der Merkmale der Schuldunfähigkeit und der verminderten Schuldfähigkeit (§§ 51 a.F., 20, 21 StGB). 182 S., 1979.

Band 7 Andreas Michael: Der Grundsatz in dubio pro reo im Strafverfahrensrecht. Zugleich ein Beitrag über das Verhältnis von materiellem Recht und Prozeßrecht. 214 S., 1981.

Band 8 Ilias G. Anagnostopoulos: Haftgründe der Tatschwere und der Wiederholungsgefahr (§§ 112 Abs. 3, 112 a StPO). Kriminalpolitische und rechtssystematische Aspekte der Ausweitung des Haftrechts. 1984.

Band 9 Helga Müller: Der Begriff der Generalprävention im 19. Jahrhundert. Von P.J.A. Feuerbach bis Franz v. Liszt. 1984.

Band 10 Frowin Jörg Kurth: Das Mitverschulden des Opfers beim Betrug. 1984.

Band 11 Martin J. Worms: Die Bekenntnisbeschimpfung im Sinne des § 166 Abs. 1 StGB und die Lehre vom Rechtsgut. 1984.

Band 12 Jong-Dae Bae: Der Grundsatz der Verhältnismäßigkeit im Maßregelrecht des StGB. 1985.

Band 13 Helmut Fünfsinn: Der Aufbau des fahrlässigen Verletzungsdelikts durch Unterlassen im Strafrecht. 1985.

Band 14 Christoph Krehl: Die Ermittlung der Tatsachengrundlage zur Bemessung der Tagessatzhöhe bei der Geldstrafe. 1985.

Band 15 Walter-Hermann Kiehl: Strafrechtliche Toleranz wechselseitiger Ehrverletzungen - Zur ratio legis der §§ 199, 233 Strafgesetzbuch -. 1986.

Band 16 Matthias Krahl: Die Rechtsprechung des Bundesverfassungsgerichts und des Bundesgerichtshof zum Bestimmtheitsgrundsatz im Strafrecht (Art. 103 Abs. 2 GG). 1986.

Band 17 Patrick Carroll Campbell: § 220a StGB. Der richtige Weg zur Verhütung und Bestrafung von Genozid? 1986.

Band 18 Winfried Hassemer (Hrsg.): Strafrechtspolitik. Bedingungen der Strafrechtsreform. 1987.

Band 19 Felix Herzog: Prävention des Unrechts oder Manifestation des Rechts. Bausteine zur Überwindung des heteronom-präventiven Denkens in der Strafrechtstheorie der Moderne. 1987.

Band 20 Astrid Michalke-Detmering: Die Mindestanforderungen an die rechtliche Begründung des erstinstanzlichen Strafurteils. Zur Auslegung des § 267 StPO. 1987.

Band 21 Lothar Kuhlen: Die Unterscheidung von vorsatzausschließendem und nichtvorsatzausschließendem Irrtum. 1987.

Band 22 Michael Buttel: Kritik der Figur des Aufklärungsgehilfen im Betäubungsmittelstrafrecht (§ 31 BtMG). 1988.

Band 23 Matthias Kögler: Die zeitliche Unbestimmtheit freiheitsentziehender Sanktionen des Strafrechts. Eine vergleichende Untersuchung zur Rechtslage und Strafvollstreckungspraxis in der Bundesrepublik Deutschland und den USA. 1988.

Band 24 Klaus Lüderssen/Cornelius Nestler-Tremel/Ewa Weigend(Hrsg.): Modernes Strafrecht und ultima-ratio-Prinzip. 1990.

Band 25 Jürgen Taschke: Die behördliche Zurückhaltung von Beweismitteln im Strafprozeß. 1989.

Band 26 Daniela Westphalen: Karl Binding (1841-1920). Materialien zur Biographie eines Strafrechtsgelehrten. 1989.

Band 27 Sigrid Jans: Die Aushöhlung des Klageerzwingungsverfahrens. 1990.

Band 28 Dimitris Spirakos: Folter als Problem des Strafrechts. Kriminologische, kriminalsoziologische und (straf-)rechtsdogmatische Aspekte unter besonderer Berücksichtigung der Folterschutzkonvention und der Pönalisierung der Folter in Griechenland. 1990.

Band 29 Stephan Moll: Strafrechtliche Aspekte der Behandlung Opiatabhängiger mit Methadon und Codein. 1990.

Band 30 Stefan Werner: Wirtschaftsordnung und Wirtschaftsstrafrecht im Nationalsozialismus. 1991.

Band 31 Xanthi Bassakou: Beiträge zur Analyse und Reform des Absehens von Strafe nach § 60 StGB. 1991.

Band 32 Rainer Runte: Die Veränderung von Rechtfertigungsgründen durch Rechtsprechung und Lehre. Moderne Strafrechtsdogmatik zwischen Rechtsstaatsprinzip und Kriminalpolitik. 1991.

Band 33 Olaf Hohmann: Das Rechtsgut der Umweltdelikte. Grenzen des strafrechtlichen Umweltschutzes. 1991.

Band 34 Klaus Jochen Müller: Das Strafbefehlsverfahren (§§ 407 ff. StPO). Eine dogmatisch-kriminalpolitische Studie zu dieser Form des schriftlichen Verfahrens unter besonderer Berücksichtigung der geschichtlichen Entwicklung – zugleich ein Beitrag zum StVÄG 1987. 1993.

Band 35 Sang-Don Yi: Wortlautgrenze, Intersubjektivität und Kontexteinbettung. Das strafrechtliche Analogieverbot. 1991.

Band 36 Birgit Malsack: Die Stellung der Verteidigung im reformierten Strafprozeß. Eine rechtshistorische Studie anhand der Schriften von C. J. A. Mittermaier. 1992.

Band 37 Rüdiger Schäfer: Die Privilegierung des "freiwillig-positiven" Verhaltens des Delinquenten nach formell vollendeter Straftat. Zugleich ein Beitrag zum Grundgedanken des Rücktritts vom Versuch und zu den Straftheorien. 1992.

Band 38 Cornelius Nestler-Tremel: AIDS und Strafzumessung. 1992.

Band 39 Christine Gutmann: Freiwilligkeit und (Sozio-)Therapie – notwendige Verknüpfung oder Widerspruch? 1993.

Band 40 Walter Kargl: Der strafrechtliche Vorsatz auf der Basis der kognitiven Handlungstheorie. 1993.

Band 41 Jürgen Rath: Zur strafrechtlichen Behandlung der aberratio ictus und des error in objecto des Täters. 1993.

Band 42 Martin Fischer: Wille und Wirksamkeit. Eine Untersuchung zum Problem des *dolus alternativus*. 1993.

Band 43 Regina Harzer: Der Naturzustand als Denkfigur moderner praktischer Vernunft. Zugleich ein Beitrag zur Staats- und Rechtsphilosophie von Hobbes und Kant. 1994.

Band 44 Helmut Pollähne: Lockerungen im Maßregelvollzug. Eine Untersuchung am Beispiel der Anwendung des nordrhein-westfälischen Maßregelvollzugsgesetzes im Westfälischen Zentrum für Forensische Psychiatrie (Lippstadt). 1994.

Band 45 Hans-Joachim Leonhardt: Rechtsmittelermessen der Staatsanwaltschaft. Eine Gegenüberstellung von § 296 StPO mit Nummern 147 und 148 Richtlinien für das Strafverfahren und das Bußgeldverfahren (RiStBV). 1994.

Band 46 Rolf Grünebaum: Zur Strafbarkeit des Therapeuten im Maßregelvollzug bei fehlgeschlagenen Lockerungen. 1996.

Band 47 Barbara Bialas: Promille-Grenzen, Vorsatz und Fahrlässigkeit. 1996.

Band 48 Christine Pott: Die Außerkraftsetzung der Legalität durch das Opportunitätsdenken in den Vorschriften der §§ 154, 154a StPO. Zugleich ein Beitrag zu einer kritischen Strafverfahrensrechtstheorie. 1996.

Band 49 Wolfgang Köberer: *Iudex non calculat.* Über die Unmöglichkeit, Strafzumessung sozialwissenschaftlich-mathematisch zu rationalisieren. 1996.

Band 50 Institut für Kriminalwissenschaften Frankfurt a.M. (Hrsg.): Vom unmöglichen Zustand des Strafrechts. 1995.

Band 51 Petra Kamberger: Treu und Glauben (§ 242 BGB) als Garantenstellung im Strafrecht? 1996.

Band 52 Anastassios Triantafyllou: Das Delikt der gefährlichen Körperverletzung (§ 223a StGB) als Gefährdungsdelikt. (Zugleich ein Beitrag zur Dogmatik der Gefährdungsdelikte). 1996.

Band 53 Norbert Kissel: Aufrufe zum Ungehorsam und § 111 StGB. Grundrechtlicher Einfluß bei der Feststellung strafbaren Unrechts. 1996.

Band 54 Susanne Ehret: Franz von Liszt und das Gesetzlichkeitsprinzip. Zugleich ein Beitrag wider die Gleichsetzung von Magna-charta-Formel und Nullum-crimen-Grundsatz. 1996.

Band 55 Stefan Braum: Geschichte der Revision im Strafverfahren von 1877 bis zur Gegenwart. Zugleich eine Kritik der Kontinuität politischer Macht im Recht. 1996.

Band 56 Katja Diel: Das Regreßverbot als allgemeine Tatbestandsgrenze im Strafrecht. 1997.

Band 57 Christoph Koller: Die Staatsanwaltschaft – Organ der Judikative oder Exekutivbehörde? Die Stellung der Anklagebehörde und die Gewaltenteilung des Grundgesetzes. 1997.

Band 58 Frank Schößler: Anerkennung und Beleidigung. Rechtsgut und Strafzweck des § 185 StGB. 1997.

Band 59 Regina Engelstädter: Der Begriff des Unfallbeteiligten in § 142 Abs. 4 StGB. Zugleich eine Kritik an aktuellen Zurechnungslehren. 1997.

Band 60 Jörg Reinhardt: Der Ausschluß und die Ablehnung des befangen erscheinenden Staatsanwaltes. 1997.

Band 61 Jens Christian Müller-Tuckfeld: Integrationsprävention. Studien zu einer Theorie der gesellschaftlichen Funktion des Strafrechts. 1998.

Band 62 Peter Maria Rohe: Verdeckte Informationsgewinnung mit technischen Hilfsmitteln zur Bekämpfung der Organisierten Kriminalität. Zugleich eine rechtsvergleichende Analyse der polizeilichen Abhörbefugnisse in den U.S.A. 1998.

Band 63 Dirk Fabricius: Was ein Lehrbuch lehrt ... Eine exemplarische Untersuchung von Jakobs *Strafrecht – Allgemeiner Teil.* 1998.

Band 64 Stefan Sinner: Der Vertragsgedanke im Strafprozeßrecht. 1999.

Band 65 Sebastian Schattenfroh: Die Staatsphilosophie Giovanni Gentiles und die Versuche ihrer Verwirklichung im faschistischen Italien. 1999.

Band 66 Athanassia Dionyssopoulou: Der Tatbestand der Geldwäsche. Eine Analyse der dogmatischen Grundlagen des § 261 StGB. 1999.

Band 67 Klaus von Lampe: *Organized Crime.* Begriff und Theorie organisierter Kriminalität in den USA. 1999.

Band 68 Christian Hanssen: "Trennung der Märkte". Rechtsdogmatische und rechtspolitische Probleme einer Liberalisierung des Drogenstrafrechts. 1999.

Band 69 Institut für Kriminalwissenschaften und Rechtsphilosophie Frankfurt a.M. (Hrsg.): Irrwege der Strafgesetzgebung. 1999.

Band 70 Konstantinos Chatzikostas: Die Disponibilität des Rechtsgutes Leben in ihrer Bedeutung für die Probleme von Suizid und Euthanasie. 2000.

Band 71 Bettina Wirmer-Donos: Die Strafrechtstheorie Karl Christian Friedrich Krauses als theoretische Grundlage des spanischen Korrektionalismus. 2001.

Band 72 Christine Löw: Die Erkundigungspflicht beim Verbotsirrtum nach § 17 StGB. 2001.

Band 73 Florian Ufer: Der Verwertungswiderspruch in Theorie und Praxis. Prozessuale Obliegenheiten des Verteidigers und ihre Bedeutung für die Rechtsposition des Beschuldigten. 2002.

Band 74 Katja Melzer: Psychisch kranke Straftäterinnen. Frauen im Maßregelvollzug. 2001.

Band 75 Gregor Kuntze-Kaufhold: Lebenswelt und Unparteilichkeit. Kriterien für eine Rechtsanwendungslehre am Beispiel der Analyse von fünf Hauptverhandlungen in Strafverfahren. 2002.

Band 76 Iris Kristina Passek: Die erstinstanzliche Zuständigkeit der Oberlandesgerichte in Staatsschutzstrafsachen. Historische Entwicklung und aktuelle Probleme. 2002.

Band 77 Michael Krebs: Die Weisungsgebundenheit des Staatsanwalts unter besonderer Berücksichtigung des rechtstatsächlichen Aspekts. 2002.

Band 78 Kerstin Degenhardt: Europol und Strafprozeß. Die Europäisierung des Ermittlungsverfahrens. 2003.

Band 79 Domenico Siciliano: Das Leben des fliehenden Diebes: Ein strafrechtliches Politikum. 2003.

Band 80 Marc Colussi: Produzentenkriminalität und strafrechtliche Verantwortung. 2003.

Band 81 Thilo Lars Hild: Grenzen einer strafrechtlichen Regulierung des Kapitalmarktes. Eine kriminalrechtliche Untersuchung von Börsengängen und Aktienhandel in Deutschland und den USA. 2004.

Band 82 Philipp Rau: Schweigen als Indiz der Schuld. Ein Vergleich des deutschen und englischen Rechts zur Würdigung des Schweigens des Beschuldigten. 2004.

Band 83 Alexandra Pfeiffer: Die Regelung der Lebendorganspende im Transplantationsgesetz. 2004.

Band 84 Elena Fischer: Recht auf Sterben?! Ein Beitrag zur Reformdiskussion der Sterbehilfe in Deutschland unter besonderer Berücksichtigung der Frage nach der Übertragbarkeit des Holländischen Modells der Sterbehilfe in das deutsche Recht. 2004.

Band 85 Jörg Ziethen: Grundlagen probabilistischer Zurechnung im Strafrecht. 2004.

Band 86 Stefanie Schork: Ausgesprochen schuldig. Dogmatische und metadogmatische Untersuchungen zum Schuldspruch. 2005.

Band 87 Claudia Schubert: Verbotene Worte? Versuch einer Neubestimmung im Umgang mit rassistischen Äußerungen jenseits des Strafrechts. 2005.

Band 88 Ulfrid Neumann / Cornelius Prittwitz (Hrsg.): Kritik und Rechtfertigung des Strafrechts. 2005.

Band 89 Denis Basak: Die Zuständigkeitsregeln internationaler Strafgerichte und Art. 101 GG. Zum Verhältnis der deutschen Strafgerichtsbarkeit zu den Internationalen Tribunalen für Jugoslawien und Ruanda sowie zum Ständigen Internationalen Strafgerichtshof. 2005.

Band 90 Hsiao-Wen Wang: Der universale Strafanspruch des nationalen Staates. Eine Untersuchung über das Weltrechtsprinzip im Internationalen Strafrecht. 2005.

Band 91 Leonie Frenz: Faktizität des Rechts in der forensischen Psychiatrie. Eine Untersuchung im LKH Moringen. 2005.

Band 92 Eva-Maria Unger: Schutzlos ausgeliefert? Der Europäische Haftbefehl. Ein Beispiel für die Missachtung europäischer Bürgerrechte. 2005.

Band 93 Marcus Bastelberger: Die Legitimität des Strafrechts und der *moralische Staat*. Utilitaristische und retributivistische Strafrechtsbegründung und die rechtliche Verfassung der Freiheit. 2006.

Band 94 Marc Reiß: Rechtliche Aspekte der Präimplantationsdiagnostik. Unter besonderer Berücksichtigung der Rechte der von einem Verbot betroffenen Paare. 2006.

Band 95 Alexander Kolz: Einwilligung und Richtervorbehalt. 2006.

Band 96 Vasco Reuss: Eine Kritik der juristischen Vernunft. Rezeptionsversuche der Negativen Dialektik Adornos für die Dogmatik des Strafrechts. 2007.

Band 97 Lutz Eidam: Die strafprozessuale Selbstbelastungsfreiheit am Beginn des 21. Jahrhunderts. 2007.

Band 98 Christiane Rüdiger: Schutzinteresse und Deliktsstruktur der „Bestechungsdelikte" (§§ 331 ff. StGB). 2007.

Band 99 Urte Eisenhardt: Das nemo tenetur-Prinzip: Grenze körperlicher Untersuchungen beim Beschuldigten. Am Beispiel des § 81a StPO. 2007.

Band 100 Institut für Kriminalwissenschaften und Rechtsphilosophie Frankfurt a. M. (Hrsg.): Jenseits des rechtsstaatlichen Strafrechts. 2007.

Band 101 Nils Möckelmann: Die rechtliche, psychiatrische und gesellschaftliche Beurteilung jugendlicher Straftäter in der jüngeren deutschen Geschichte. Eine Analyse anhand zweier Strafverfahren mit Gutachten des Psychiaters Ernst Rüdin aus den Jahren 1915/1917 unter Berücksichtigung der Entwicklungen bis zur Gegenwart. 2007.

Band 102 Alexa Albrecht: Zur Erosion der Menschenrechte im demokratischen Rechtsstaat. Reaktionen der Systeme und der Zivilgesellschaft. 2007.

Band 103 Dirk Lange: Die politisch motivierte Tötung. 2007.

Band 104 Ulfrid Neumann / Cornelius Prittwitz (Hrsg.): „Personale Rechtsgutslehre" und „Opferorientierung im Strafrecht". 2007.

Band 105 Lisa Kathrin Sander: Grenzen instrumenteller Vernunft im Strafrecht. Eine Kritik der Präventionsdoktrin aus strafrechtsgeschichtlicher und empirischer Perspektive. 2007.

Band 106 Stephan Werner: Zur Notwendigkeit der Verteidigeranwesenheit während der polizeilichen Beschuldigtenvernehmung. 2008.

Band 107 Inti Schubert: Europol und der virtuelle Verdacht. Die Suspendierung des Rechts auf informationelle Selbstbestimmung. 2008.

Band 108 Bong-Jin Ko: Menschenwürde und Biostrafrecht bei der embryonalen Stammzellenforschung. 2008.

Band 109 Wanja Andreas Welke: Die Repersonalisierung des Rechtskonflikts. Zum gegenwärtigen Verhältnis von Straf- und Zivilrecht. 2008.

Band 110 Jan Helmrich: Die Berufung gewerblicher Sicherheitskräfte auf Notwehr und Nothilfe. Zugleich ein Beitrag zu den Grundlagen des Notwehr- und Nothilferechts. 2008.

Band 111 Alexander Köstler-Loewe: Strafrecht US-Style: „Three Strikes and You're Out!" Baseball, Rückfall und Kriminalpolitik? 2008.

Band 112 Christina Bott: Die Medienprivilegien im Strafprozess. Zeugnisverweigerungsrecht und Beschlagnahmeverbot zum Schutz der Medien im Strafverfahren. 2009.

Band 113 Mario Riechmann: Organisierte Kriminalität und Terrorismus. Zur Funktionalisierung von Bedrohungsszenarien beim Abbau eines rechtsstaatlichen Strafrechts. 2009.

Band 114 Dirk Simon: Präzeptoraler Sicherheitsstaat und Risikovorsorge. 2009.

Band 115 Stefan Kirsch: Der Begehungszusammenhang der Verbrechen gegen die Menschlichkeit. 2009.

Band 116 Heng-da Hsu: Zurechnungsgrundlage und Strafbarkeitsgrenze der Fahrlässigkeitsdelikte in der modernen Industriegesellschaft. 2009.

Band 117 Dennis Teschner: Die soziale Kontrolle im virtuellen Raum. Eine juristische, soziologische und soialpsychologische Untersuchung der Instrumentalisierbarkeit von Internetkriminalität. 2009.

Band 118 Daniel Schilling: Fragmentarisch oder umfassend? Wege strafrechtlichen Zugriffs bei der Veruntreuung fremden Vermögens am Beispiel des deutschen und des italienischen Untreuestrafrechts. 2009.

Band 119 Andreas Stüdemann: Die Entwicklung der zwischenstaatlichen Rechtshilfe in Strafsachen im nationalsozialistischen Deutschland zwischen 1933 und 1945. Kontinuität und Diskontinuität im Auslieferungsrecht am Beispiel der Rechtsentwicklung im NS-Staat. 2009.

Band 120 Matthias Achenbach: Strafrechtlicher Schutz des Wettbewerbs? Eine kritische Analyse von Sinn und Zweck der Straftatbestände zum Schutz des Wettbewerbs. 2009.

Band 121 Vera Backhaus: Der gesetzliche Richter im Staatsschutzstrafrecht. Zur Verfassungsmäßigkeit des § 120 Abs. 2 GVG. 2010.

Band 122 Verena Maria Brenneis: Rechtspolitische Implikationen von Gefährlichkeitsprognosen im Vollzug von Maßregeln nach § 63 StGB. Zum Subjektstatus von Eingewiesenen. 2010.

www.peterlang.de